HARMONIA & ESTILOS PARA TECLADOS

Antonio Adolfo

Nº Cat.: HEPT

Irmãos Vitale Editores Ltda.
vitale.com.br
Rua Raposo Tavares, 85 São Paulo SP
CEP: 04704-110   editora@vitale.com.br   Tel.: 11 5081-9499

Editado por Irmãos Vitale Editores Ltda. - São Paulo - Rio de Janeiro - Brasil.
Todos os direitos autorais reservados para todos os países. *All rights reserved*.

CIP-BRASIL. CATALOGAÇÃO NA FONTE
SINDICATO NACIONAL DOS EDITORES DE LIVROS - RJ.

A186h
  Adolfo, Antonio, 1947-
    Harmonia & estilos para teclados / Antonio Adolfo. - São Paulo : Irmãos Vitale, 2010.
  216p. : música

  ISBN 978-85-7407-305-7

  1. Instrumentos de teclado - Instrução e estudo.
  2. Harmonia (Música).
    I. Título.
    II. Título: Harmonia e estilos para teclado.

10-5274.   CDD: 786
                                                                     CDU: 780.616.43

13.10.10   27.10.10   022232

Copyright © 1994 Antonio Adolfo.

Todos os direitos reservados

Capa:
Bruno Liberati

Revisão de texto:
Nerval Mendes Gonçalves

Composição e diagramação:
Didado Azambuja e Antonio Adolfo

Índice

Introdução 5

Parte I

1ª Aula Pentacórdio maior 7
2ª Aula Acordes de três sons (tríades básicas) 8
3ª Aula Modalidades universais (acompanhamento em canção/balada ou música pop) 10
4ª Aula Modalidades universais para acompanhamento (continuação) 12
5ª Aula Tríades básicas (tríade diminuta e tríade aumentada) 13
6ª Aula Modalidades universais para acompanhamento (continuação) 15
7ª Aula Tríades complementares (tríade com quarta e tríade dois) 20
8ª Aula Modalidades para solo (canção/balada e outros...) 21
9ª Aula Tríades (inversões e posição aberta) 25
10ª Aula Modalidades para solo (canção/balada) 27
      Uso dos acordes abertos 27
11ª Aula Modalidades para solo e acompanhamento (slow rock, rock-balada) 28
      Balada/blues 12/8 ou 6/8 28
12ª Aula Balada/blues (solo) 31
13ª Aula Encadeamentos 34
14ª Aula A melodia atua como primeira voz (mais aguda) 35
15ª Aula Tonalidades 38
16ª Aula Rock 41
17ª Aula Tríades diatônicas (modo maior) 43
18ª Aula Baião e toada (salsa e rhythm & blues) 45
19ª Aula Tríades diatônicas (modo menor) 49
20ª Aula Tríades com baixo trocado 50
21ª Aula Encadeamentos com tríades diatônicas 54

Adendo Escalas pentatônicas 58

Parte II

1ª Aula Tétrades 61
2ª Aula O uso das tétrades nas modalidades já vistas 64
3ª Aula Acorde 7/4 ou 7sus 66
4ª Aula O estilo swing 66
5ª Aula Modalidades para acompanhamento e solo (swing) 68
6ª Aula Tétrades/inversões 70
7ª Aula Walking bass 73
8ª Aula Variações para walking bass 76
9ª Aula Encadeamentos com tétrades 77
10ª Aula Técnicas simples e avançadas para walking bass (acompanhamento) 79
11ª Aula Encadeamentos de tétrades com tríades 83
12ª Aula Choro 87
13ª Aula Tétrades: a melodia atua como primeira voz 88
14ª Aula A nota mais aguda (1ª voz) não é nota do acorde 91
15ª Aula Tétrades diatônicas do modo maior 94
16ª Aula Complemento de pulsação 95
17ª Aula Tétrades diatônicas do modo menor 96
18ª Aula Choro (solo) 98
19ª Aula Encadeamentos com tétrades diatônicas 99
20ª Aula Ornamentos: uma rápida abordagem (apogiaturas e mordentes) 102
21ª Aula Encadeamentos com acordes abertos para a mão esquerda 103
22ª Aula Marchas harmônicas com tétrades 106

Parte III

1ª Aula Tríades com sexta 109
2ª Aula Samba-canção 112
3ª Aula Tríade com nona (acorde add9) 115
4ª Aula Baladas e toadas 117
5ª Aula Tétrades com nona 119
6ª Aula Tétrades com nona a três vozes 121
7ª Aula Bossa nova (acompanhamento I) 124
8ª Aula Tétrades com décima primeira 128
9ª Aula Bossa nova (acompanhamento II) 133
10ª Aula Tétrades com décima terceira 135
11ª Aula Samba (acompanhamento) 140
12ª Aula Encadeamentos e continuação do estudo das tétrades com décima terceira 141
13ª Aula A melodia atua como primeira voz em bossa nova e em samba 144
14ª Aula Acordes com sétima e quarta (7 sus) 145
15ª Aula Ornamentos (um estudo mais aprofundado) 148
16ª Aula Acordes com baixo trocado (um estudo mais aprofundado) 151
17ª Aula Baixo-pedal 161

Parte IV Harmonia avançada

1ª Aula Modos da escala maior 165
2ª Aula Perda de diatonicidade do IIIm7 e do VIm7 168
3ª Aula Acordes (blocos) baseados nos modos (parte I) 170
4ª Aula Tonalidades menores 174
5ª Aula Acordes baseados nos modos (parte II) 177
6ª Aula Acordes não-diatônicos 179
7ª Aula Utilização dos modos 184
8ª Aula Utilização dos modos - tensão proposital 187
9ª Aula Acordes baseados nos modos (parte III) 188
10ª Aula Rearmonização 192

Repertório adicional 207

Introdução

A didática da música popular e do jazz é recente e portanto não se conseguiu ainda um resultado muito eficiente: ou condiciona o estudante a padrões americanos, ou este tem que chegar a conclusões por si mesmo, através da observação e experiência, o que exige tempo e muito talento.

Harmonia e estilos para teclado apresenta explicações, exemplos, práticas e exercícios sobre questões básicas de harmonia, bem como o detalhamento dos estilos mais usados em música popular. Pode ser usado por qualquer estudante de música que possua um conhecimento básico elementar de leitura, teoria e técnica no instrumento.

Partindo do princípio de que a música popular é uma arte que, como qualquer outra, exige técnica, desempenho e desembaraço, a prática e os exercícios são a tônica deste livro. Existem estudantes que têm tendência para teorizar. A teoria não deve atrapalhar o crescimento do artista.

Exercícios adicionais, bem como práticas, são sugeridos no decorrer de nosso estudo e não devem ser ignorados nem pelo estudante nem pelo mestre.

O livro mostra como formar qualquer tipo de acorde, como e quando utilizá-los. Mostra diferentes estilos usados em música popular e que deverão ser entendidos e apresentados com os quatro elementos musicais (melodia, harmonia, pulsação e linha do baixo).

Noções gerais de arranjo são também apresentadas, e as práticas harmônicas que aqui são sugeridas deverão ser seguidas.

Harmonia e estilos para teclado está dividido, segundo o *estudo de harmonia*, em quatro partes:

1. Tríades
2. Tétrades
3. Tétrades com notas de tensão (sextas, nonas, décimas primeiras, décimas terceiras)
4. Harmonia avançada

Em termos de *estilos musicais,* são elaborados:

na parte 1: Balada, Canção, Balada 12/8, Blues, Baião, Toada e Rock
na parte 2: Swing e Choro
na parte 3: Samba-Canção, Bossa Nova e Samba
na parte 4: Estilos com influência jazzística

Para esses estilos deverão ser trabalhadas todas as formas para solo e acompanhamento.

Os assuntos do livro são divididos em *aulas*, sem exigência com relação ao tempo que o estudante e/ou professor levará para assimilá-las ou ministrá-las.

O repertório (tipo *songbooks*) deverá ser adicionado ao estudo para que o aluno possa aplicar os conhecimentos adquiridos e aplicado conforme os assuntos estudados.

Dependendo do progresso alcançado pelo aluno, poderão ser consultadas simultaneamente aulas mais adiantadas. Por exemplo, a partir da metade da Parte III o aluno poderá estudar a Parte IV.

Assuntos referentes à Parte II, como, por exemplo, formação do acorde tipo 7 e walking bass facilitado, podem também ser colocados durante o estudo da Parte I.

Acordes com sexta, ou mesmo Bossa Nova, que integram a Parte III do livro, podem ser antecipados superficialmente durante o estudo da Parte II ou até mesmo da Parte I.

Noções de ornamentos, de improvisação (uso de pentatônicas por campo tonal ou mesmo por acordes em separado) poderão ser utilizados como recursos estimulantes ao estudo.

Tudo isso, enfim, deverá ser feito com cautela e sem perder a consistência do estudo, que só existirá se o aluno cumprir todas as etapas (exercícios e práticas) e se a orientação do professor for racional e oportuna. Ou seja, quanto mais experiente for o mestre e quanto maior o empenho do aluno melhores resultados poderão ser obtidos.

Os estilos não abordados serão facilmente assimiláveis, uma vez que o aluno domine estilos básicos como os que apresentamos neste livro.

Portanto, estude e pratique bastante tudo o que apresentamos em *Harmonia e estilos para teclado* e . . .

Boa sorte!

Antonio Adolfo

PARTE I

1ª AULA
pentacórdio maior

O pentacórdio maior pode servir de base para a formação das tríades (acordes de três sons) e é formado pelas cinco primeiras notas de uma escala maior. Apresentamos, como modelo, o pentacórdio de Dó maior.

modelo = Dó Maior

No pentacórdio maior temos: semitom (menor distância entre duas teclas) entre III e IV graus.
tom (soma de dois semitons) entre I e II graus, II e III graus, IV e V graus.

Pentacórdio de Sol maior

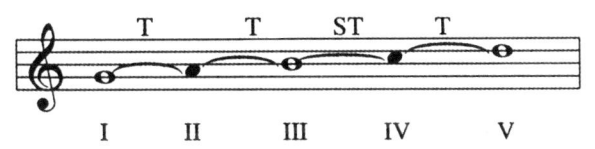

Pentacórdio de Mib maior

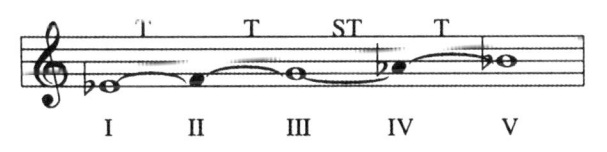

Note que num pentacórdio não podemos usar notas cromáticas: 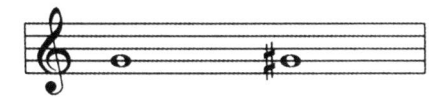   e sim notas diatônicas:

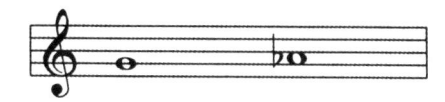

Exercício 1: Seguindo os modelos acima, forme pentacórdios maiores a partir das seguintes notas:

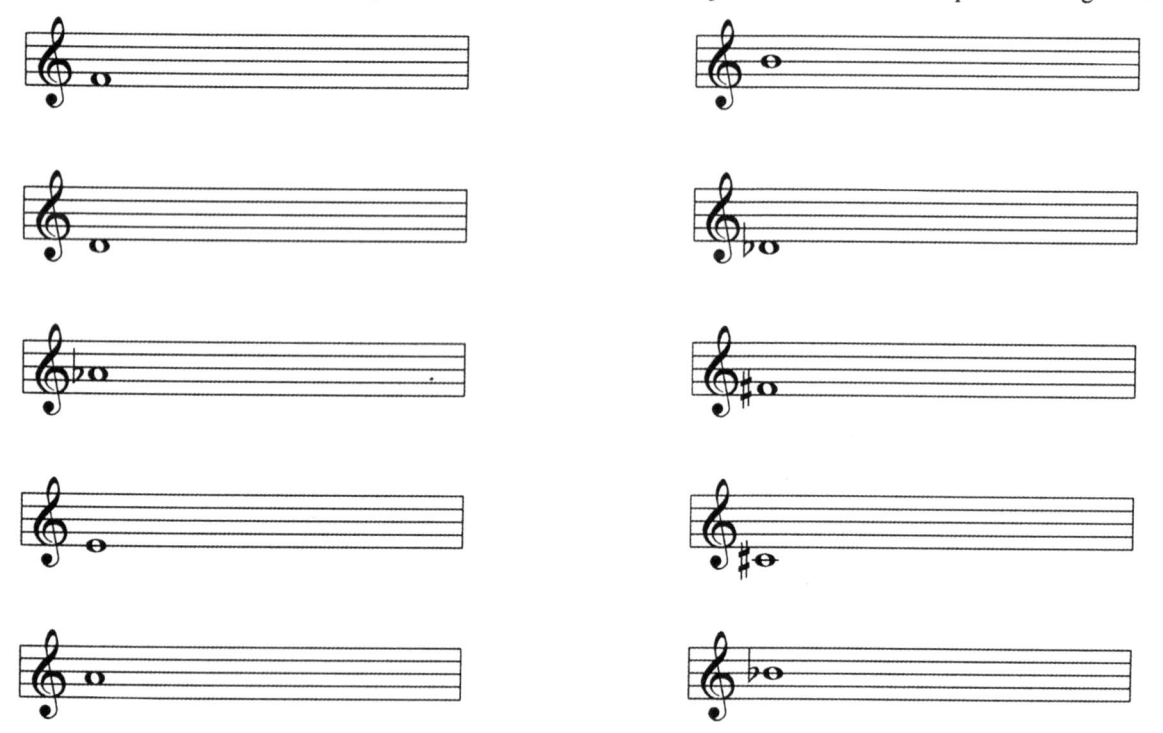

2ª AULA
acordes de três sons (tríades básicas)

Tríade maior

Se tomarmos a primeira nota (fundamental), a terceira nota (terça maior) e a quinta nota (quinta justa) do pentacórdio, teremos uma tríade maior:

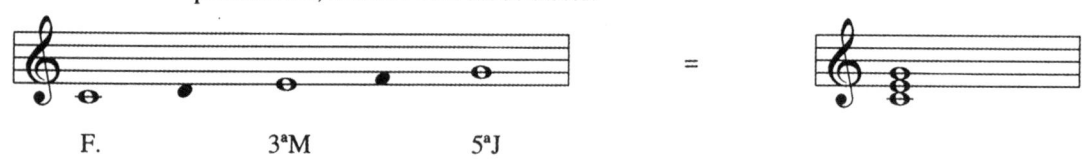

F.   3ªM   5ªJ

As notas da tríade poderão ser tocadas simultaneamente:

ou arpejadas (uma a uma):

Em qualquer dos casos temos uma tríade de **C** (Dó maior)

Cifragem das tríades

A	=	Lá maior	Am	=	Lá menor
B	=	Si maior	Bm	=	Si menor
C	=	Dó maior	Cm	=	Dó menor
D	=	Ré maior	Dm	=	Ré menor
E	=	Mi maior	Em	=	Mi menor
F	=	Fá maior	Fm	=	Fá menor
G	=	Sol maior	Gm	=	Sol menor

Temos também tríades cujas fundamentais podem estar acompanhadas de sustenidos ou bemóis:

C# m	=	Dó sustenido menor
Ab	=	Lá bemol maior

Exercício 2: Escrever e tocar os seguintes acordes maiores (tocar primeiramente o acorde com a mão direita, usando o baixo-fundamental na esquerda e depois tocar o acorde somente com a mão esquerda).

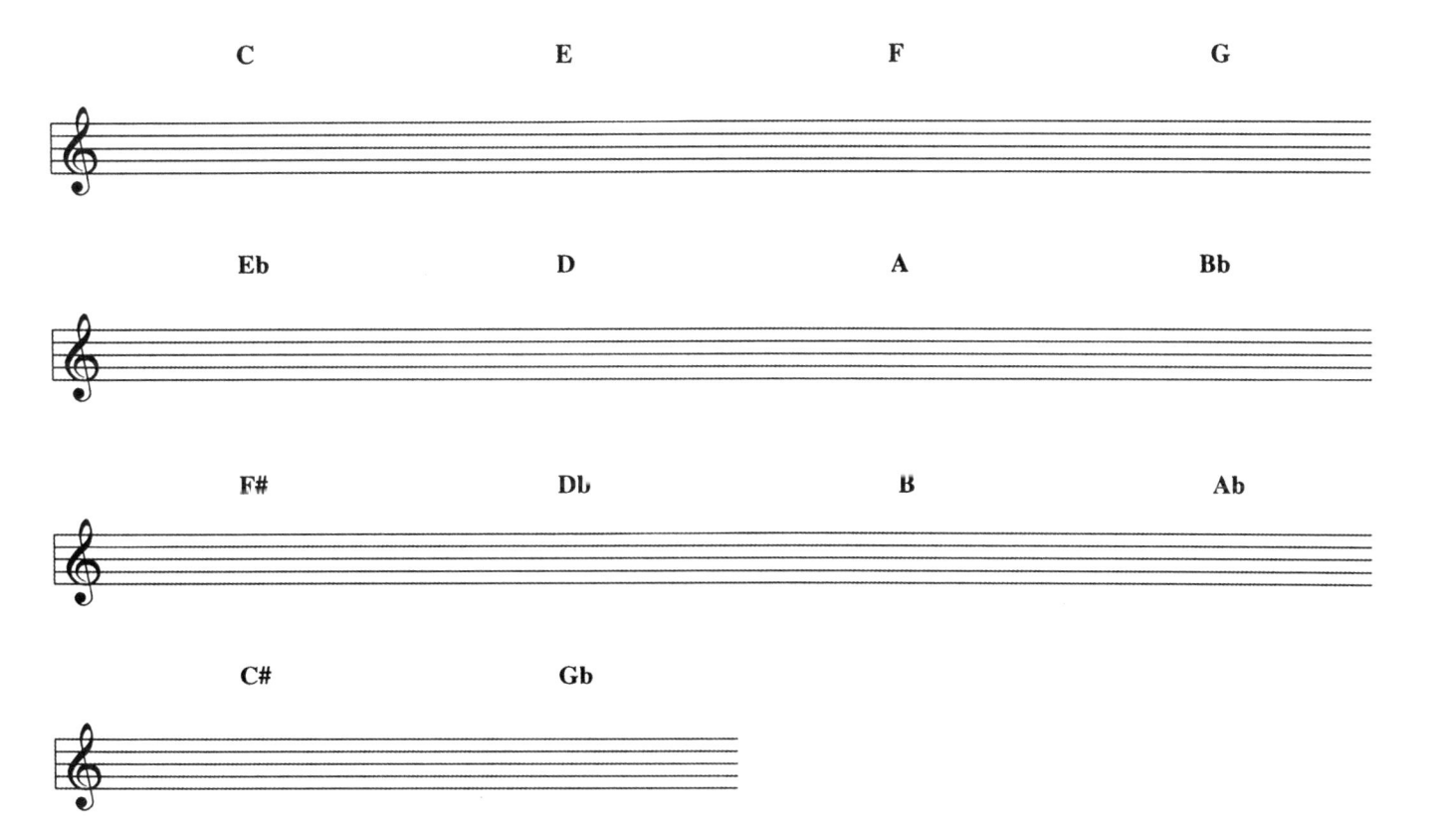

C   E   F   G

Eb   D   A   Bb

F#   Db   B   Ab

C#   Gb

Tríade menor

Para obtermos uma tríade menor basta diminuirmos um semitom da terça (nota do meio) da tríade maior.

Exemplo:

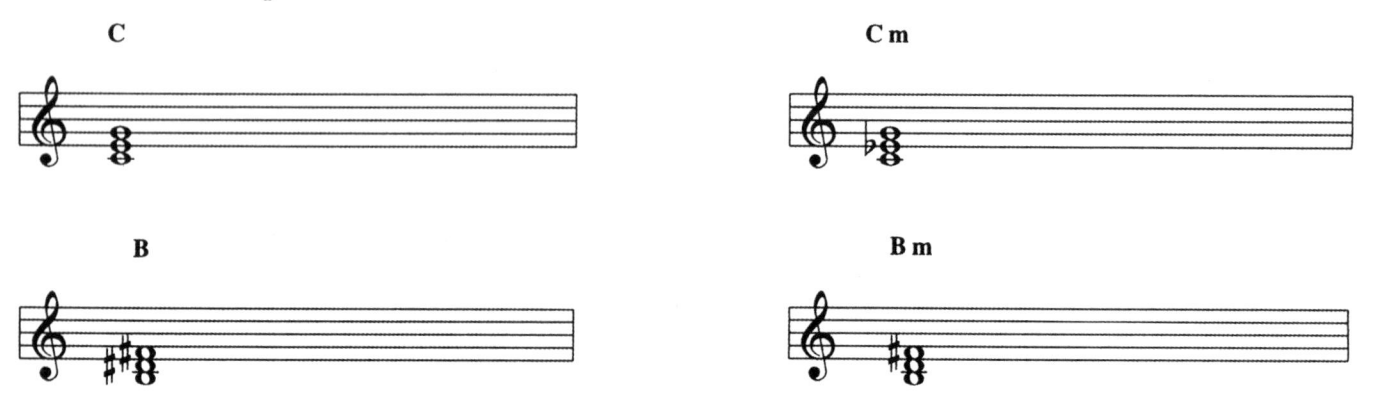

C   C m

B   B m

Exercício 3: Transformar as tríades do exercício anterior em menores.

Exemplo:

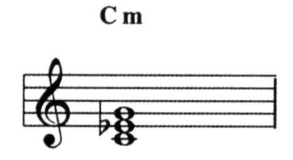

C m

Exercício adicional: O professor toca tríades maiores e menores e o aluno identifica visual e auditivamente.

Exercício adicional: O professor toca tríades maiores e menores e o aluno identifica auditivamente.

Observação: Estes exercícios deverão ser dados a cada aula enquanto o aluno estiver estudando o capítulo Tríades. No mínimo por mais quatro aulas.

3ª AULA
modalidades universais
acompanhamento em canção/balada ou música pop

Agora que já sabemos formar tríades maiores e menores, podemos começar a aplicá-las em músicas. Primeiramente só algumas modalidades mais fáceis para acompanhamento.

As modalidades para **Canção/Balada (Música Pop)** serão apresentadas em compasso 4/4 ou ¢. Quando encontrarmos músicas nesses estilos escritas em compasso 2/2 ou ¢ deveremos efetuar a conversão: o que é colcheia em 4/4 passa a ser semínima em 2/2. O que é semínima em 4/4 passa a ser mínima em 2/2 e o que é mínima passa a ser semibreve.

Modalidade a

acorde batido:

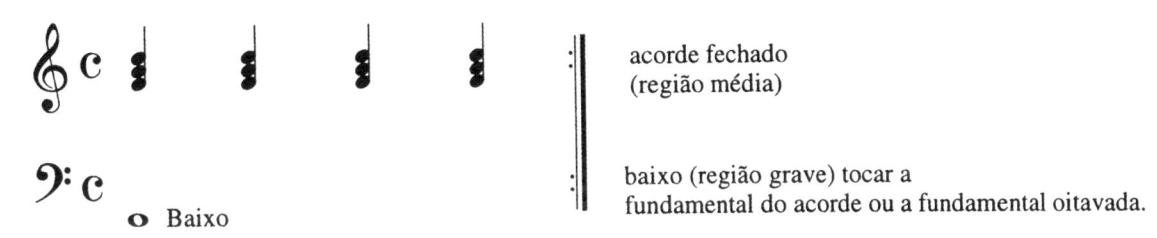

acorde fechado
(região média)

Baixo

baixo (região grave) tocar a
fundamental do acorde ou a fundamental oitavada.

Observação: O que estiver escrito na clave de sol (𝄞) deverá ser tocado pela mão direita e o que estiver escrito na clave de fá (𝄢) deverá ser tocado pela mão esquerda. Isso vale para todas as modalidades.

Exemplos de como deverá ser aplicada a modalidade (a) para acompanhamento *(O aluno deverá repetir várias vezes):*

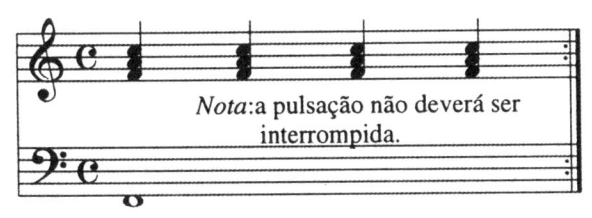

Nota: a pulsação não deverá ser interrompida.

Após praticar o suficiente com um acorde, deverão ser adicionados novos acordes a cada dois compassos *(sempre com andamento lento).*

Observação: O aluno deverá primeiramente escrever na pauta cada acorde para que, ao tocar, não interrompa a pulsação (elemento muito importante em música popular). Toque o exemplo abaixo em compasso 4/4 (quatro batidas por compasso) e em 2/2 (duas batidas por compasso).

Exemplo:

F | ⁄. | Gm | ⁄. | Am | ⁄. | Gm | ⁄. :||

Observação: ⁄. significa repetição do compasso anterior.

Exercício adicional: O professor cria séries de acordes totalizando oito compassos em diferentes tonalidades com um acorde a cada dois compassos. (pelo menos seis séries), para que o aluno toque em 4/4 e em 2/2.

Exercício 4: Tocar, utilizando a modalidade (a) para acompanhamento de **Canção/Balada**, as seguintes seqüências de acordes:

Observação: Quando em compasso quaternário houver dois acordes num mesmo compasso, tocar duas batidas (dois tempos) para cada acorde.

Seqüência 1 em compasso quaternário:

‖: C | F | C | F   :‖

| Dm | ⁄ | G | ⁄   :‖

|F   G |C   E |F   G |C   E |

|F   G |C   E |F   G |C   G   ‖

Da Cappo

Seqüência 2 em compasso binário:

‖: Fm | Cm | Fm | Cm | Fm | Cm |Ab |

| Bb | Eb | Eb ‖ Cm | Gm | Cm | Gm |

| Cm | Gm | Bb | Bb ‖ *Da Cappo*

4ª AULA
modalidades universais para acompanhamento
(continuação)

Modalidade b
acorde arpejado:

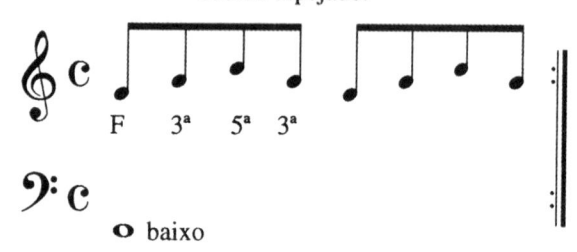

F   3ª   5ª   3ª

o baixo

<- acorde fechado arpejado

F = fundamental
3ª = terça do acorde
5ª = quinta do acorde

<- fundamental do acorde

Exemplos com a modalidade b:

Modalidade c
acorde quebrado:

Nota: Acorde quebrado significa alternar as duas notas mais agudas com a mais grave de um acorde.

Exemplos com a modalidade c:

Observação: Todas essas modalidades poderão ser aplicadas mais tarde também com acordes invertidos.

Prática: Tocar duas músicas (só acompanhamento).

Sugerimos ao aluno que aplique as diferentes modalidades para acompanhamento. O professor poderá tocar a melodia. A melodia poderá ser tocada por um colega (no caso de aula em grupo). É importante que a partir de agora o aluno já comece a utilizar elementos de arranjo mudando a modalidade de acompanhamento a cada vez que tocar uma música. Por exemplo, a primeira parte da música poderá ser apresentada com a modalidade (a). A segunda parte, com a modalidade (c), e quando repetir a música, usar modalidade(b) para a primeira parte e modalidade (a) para a segunda. Sendo assim, a música já terá uma certa variedade no acompanhamento, o que dinamicamente a enriquecerá.

Deverão ser observados também os compassos de preparação (respiração) - compasso que antecede a barra dupla. Nesses compassos o aluno deverá interromper a pulsação. Mais tarde outros recursos serão úteis.

Sugestões de músicas para serem aplicadas às modalidades de acompanhamento dadas até agora: *Imagine* em 4/4 e *All My Loving* em 2/2.

5ª AULA
tríades básicas (tríade diminuta e tríade aumentada)

A **tríade diminuta** é aquela que é formada por fundamental, terça menor (um semitom abaixo da terça maior) e quinta diminuta (um semitom abaixo da quinta justa).

Exemplo:

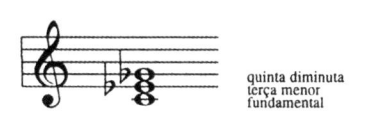

C dim

quinta diminuta
terça menor
fundamental

Exercício 5: Formar (escrever e tocar) as seguintes tríades:

C dim, F dim, G dim, D dim

A dim, E♭ dim, B♭ dim, B dim

E dim, C♯ dim, F♯ dim, G♯ dim

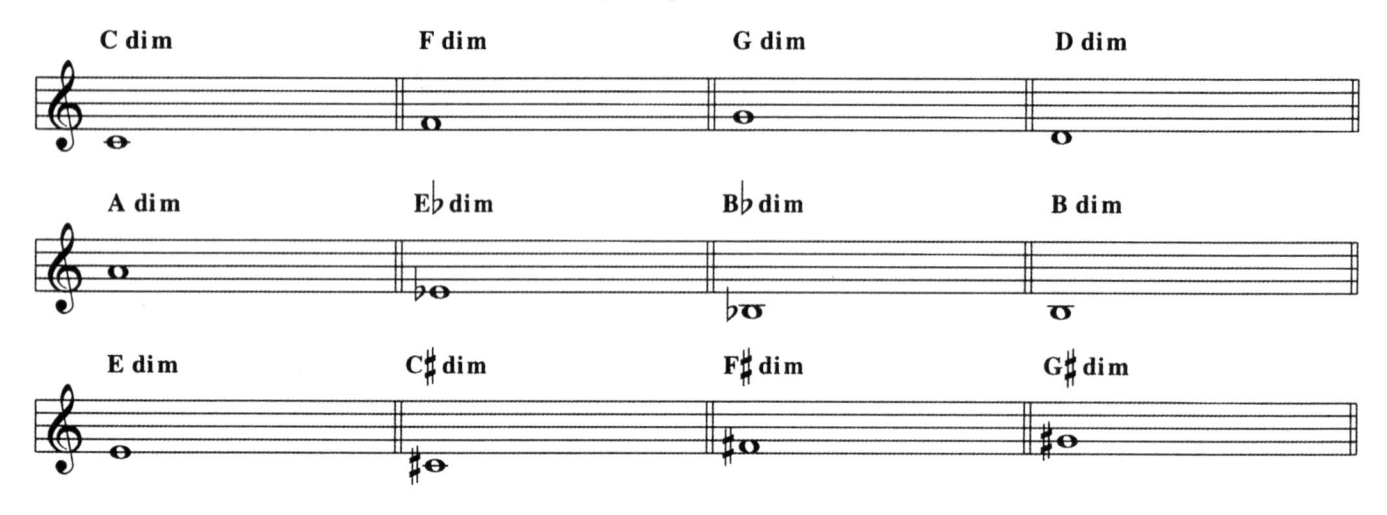

A **tríade aumentada** é formada por fundamental, terça maior e quinta aumentada (um semitom acima da quinta justa).

Exemplo: C aum — quinta aumentada, terça maior, fundamental

Exercício 6: Formar (escrever e tocar) as seguintes tríades:

C aum, F aum, G aum, D aum, A aum

E♭ aum, B♭ aum, E aum, B aum, C♯ aum

A♭ aum, D♭ aum, F♯ aum

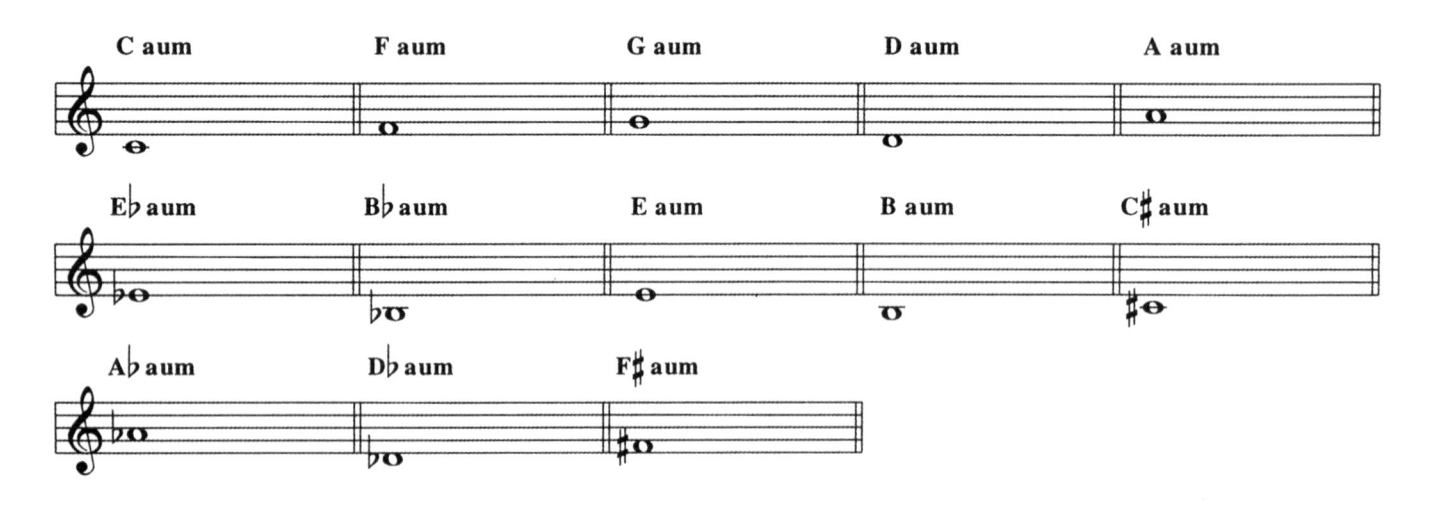

Exercício 7: Identificar os acordes (dizer de que tipo são):

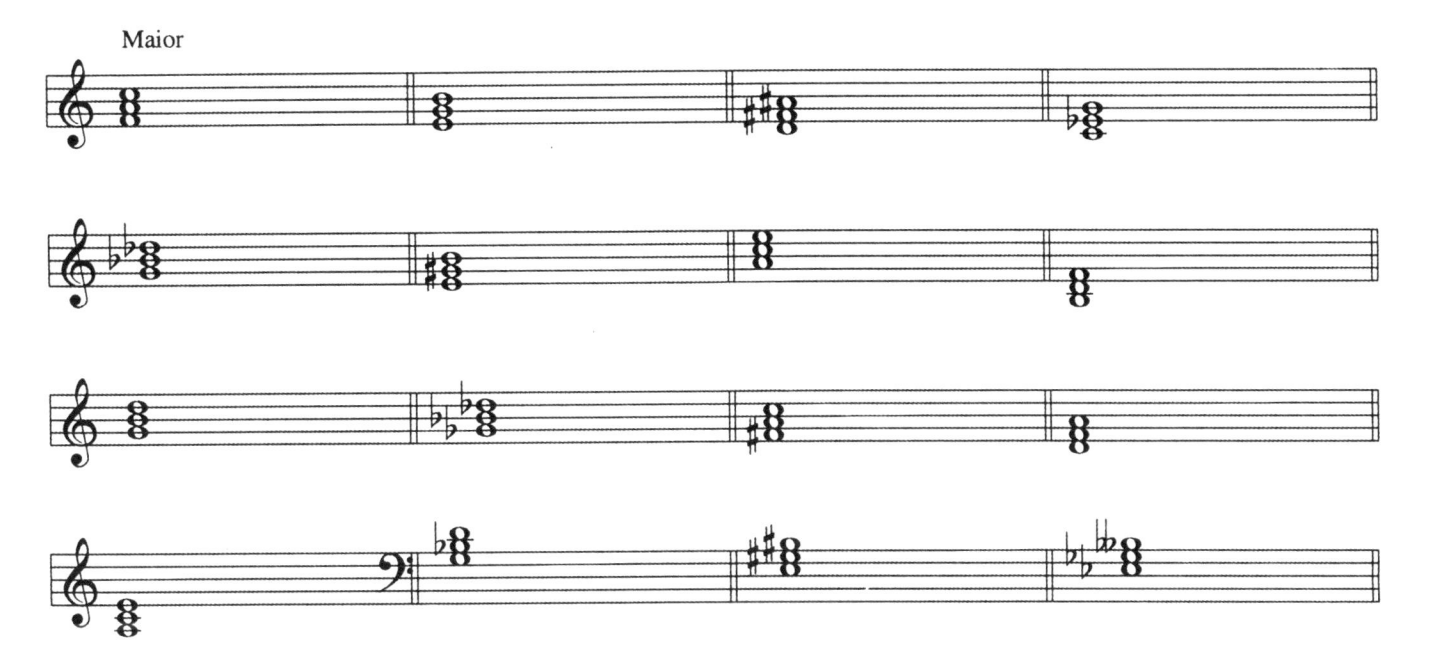

Maior

6ª AULA
modalidades universais para acompanhamento
(continuação)

Podemos agora usar modalidades mais complexas para acompanhamento em **Canção/Balada**, com o baixo repetido a cada última colcheia de cada compasso. No caso de situações onde houver dois acordes para cada compasso, o baixo deverá ser repetido a cada última colcheia de cada dois tempos. Observe os exemplos em ¢

Modalidade d (um acorde por compasso):

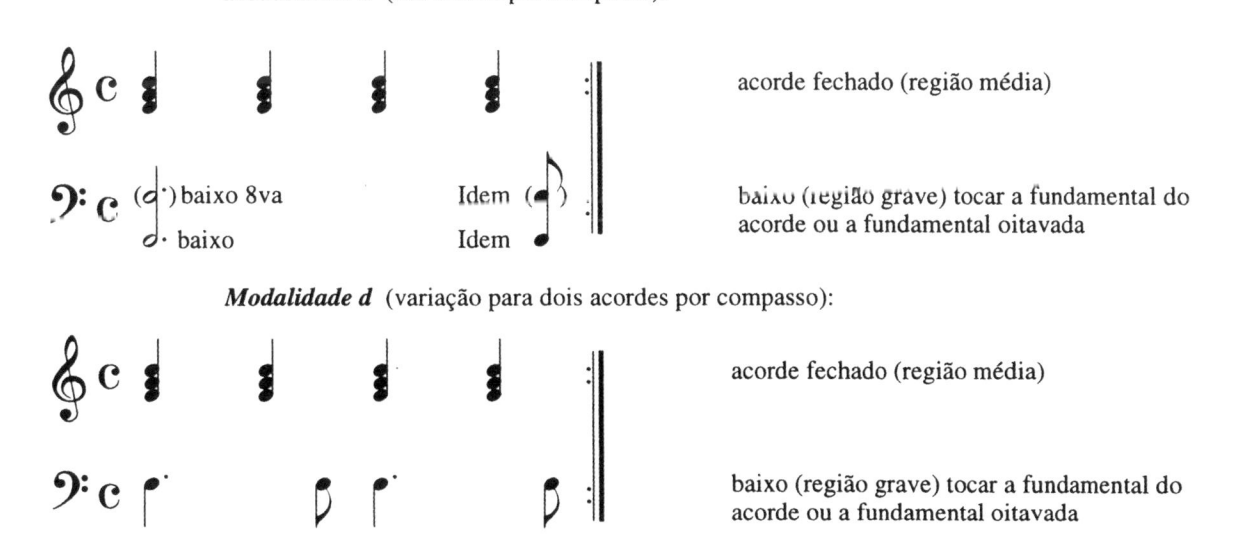

acorde fechado (região média)

(♩·) baixo 8va   Idem
♩· baixo   Idem

baixo (região grave) tocar a fundamental do acorde ou a fundamental oitavada

Modalidade d (variação para dois acordes por compasso):

acorde fechado (região média)

baixo (região grave) tocar a fundamental do acorde ou a fundamental oitavada

Modalidade e (um acorde por compasso):

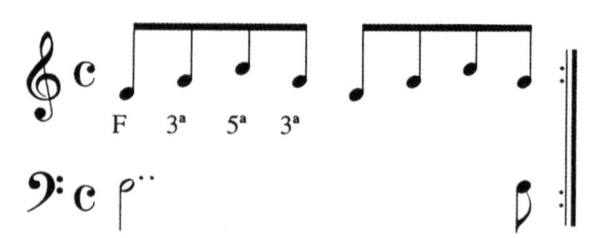

arpejar o acorde conforme especificado

baixo na fundamental

Modalidade e (dois acordes por compasso):

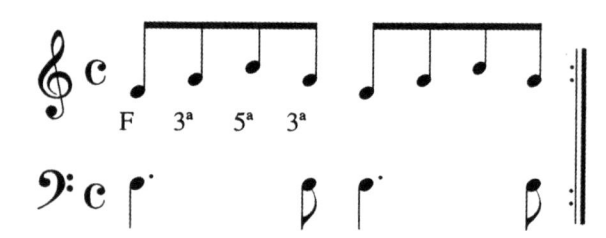

arpejar o acorde conforme especificado

baixo na fundamental

Modalidade f (um acorde por compasso):

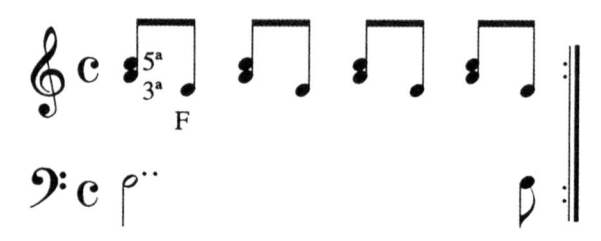

alternar terça e quinta com fundamental

baixo na fundamental

Modalidade f (dois acordes por compasso):

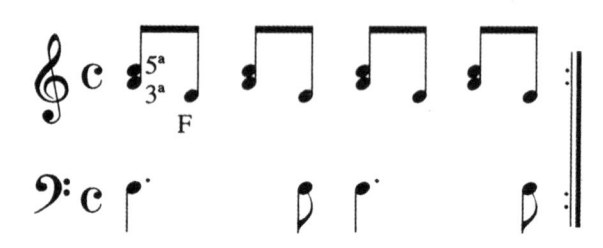

alternar terça e quinta com fundamental

baixo na fundamental

Sendo assim, podemos ter:
Exemplo com modalidade d (um acorde por compasso quaternário):

Exemplo com modalidade d (um acorde por compasso binário):

Exemplo com modalidade d (dois acordes por compasso quaternário):

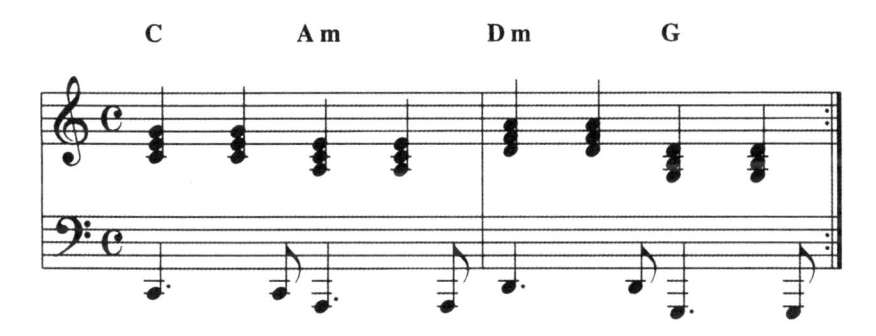

C   A m   D m   G

Exemplo com modalidade d (dois acordes por compasso binário):

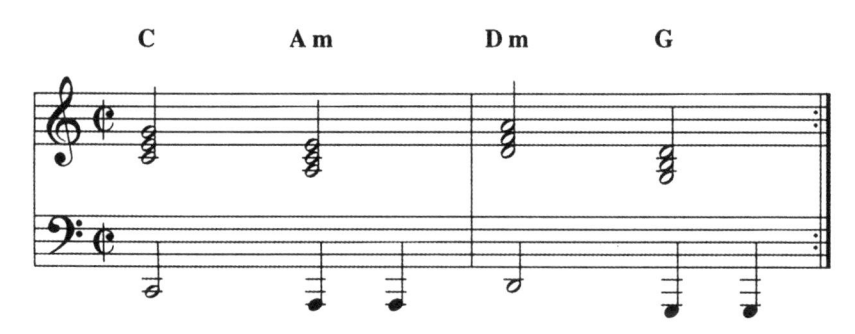

C   A m   D m   G

Exemplo com modalidade e (um acorde por compasso quaternário):

C   F

Exemplo com modalidade e (um acorde por compasso binário):

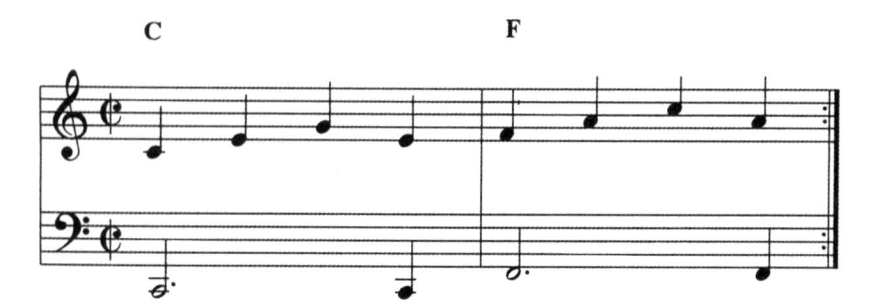

Exemplo com modalidade e (dois acordes por compasso quaternário):

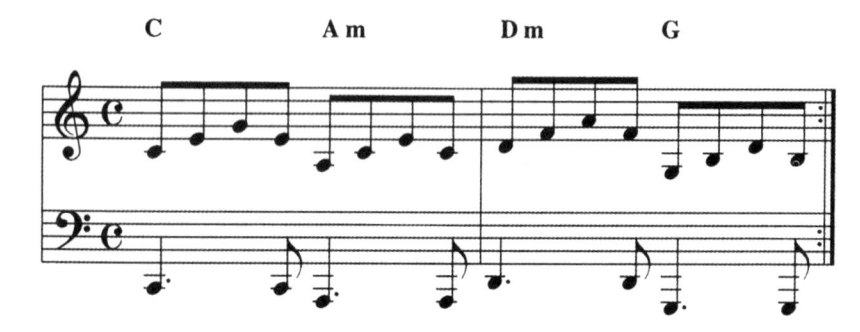

Exemplo com modalidade e (dois acordes por compasso binário): *Observação:* pouco usada

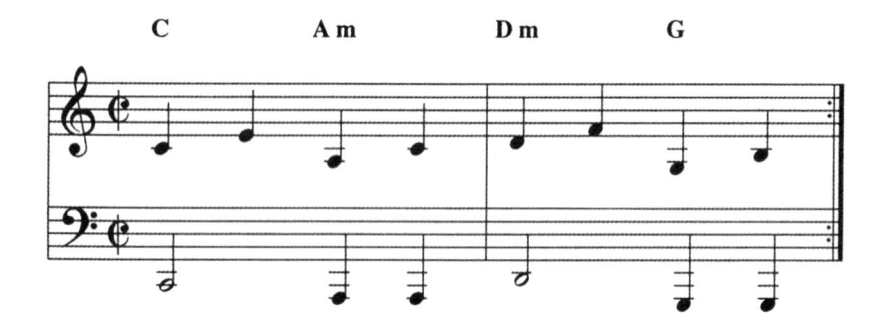

Exemplo com modalidade f (um acorde por compasso quaternário):

Exemplo com modalidade f (um acorde por compasso binário):

Exemplo com modalidade f (dois acordes por compasso quaternário):

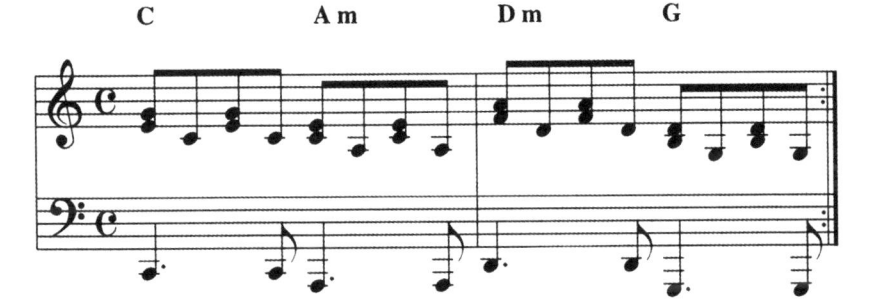

Exemplo com modalidade f (dois acordes por compasso binário):

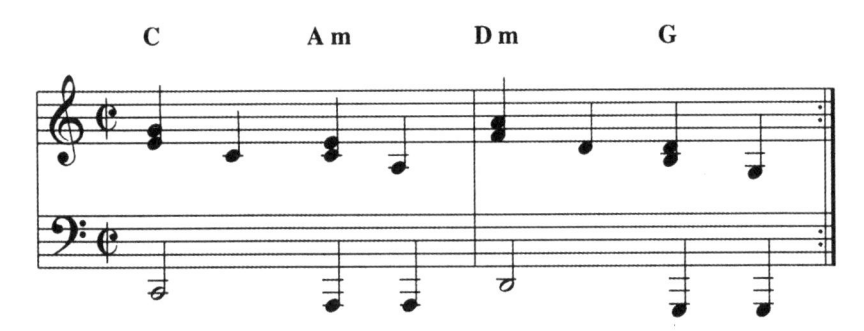

Prática: Utilizar as modalidades (a), (b), (c),(d),(e) e (f), em músicas de estilo **Canção/Balada**. No mínimo quatro músicas deverão ser trabalhadas. Eis algumas sugestões: **Songbook Rita Lee**: *Balada do Louco*; **Songbook Cazuza**: *Codinome Beija-flor*; **Songbook Caetano**: *Shymoon, Luz do Sol, Não Identificado*; **Real Book:** *Autumn Leaves*; **Song Book dos Beatles**: *And I Love Her, All My Loving, Let It Be* etc. Consulte lista adicional no final do livro.

Observação: para acordes com sétima deverão ser suprimidas as sétimas.

Exemplo:	
para C7M	tocar C
para C7	tocar C
para Cm7	tocar Cm
para Cm7 (b5)	tocar C dim
para C7M (#5)	tocar C aum
para C dim 7	tocar C dim
para C7 (b13)	tocar C aum
	etc

7ª AULA

tríades complementares (tríade com quarta e tríade dois)

Para obtermos uma **tríade com quarta** basta substituirmos a terça maior pela quarta justa (a quarta nota do pentacórdio).

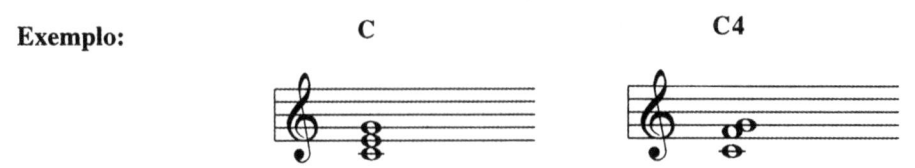

Exemplo:

C   C4

Exercício 8: Formar as seguintes tríades com quarta (escrever e tocar).

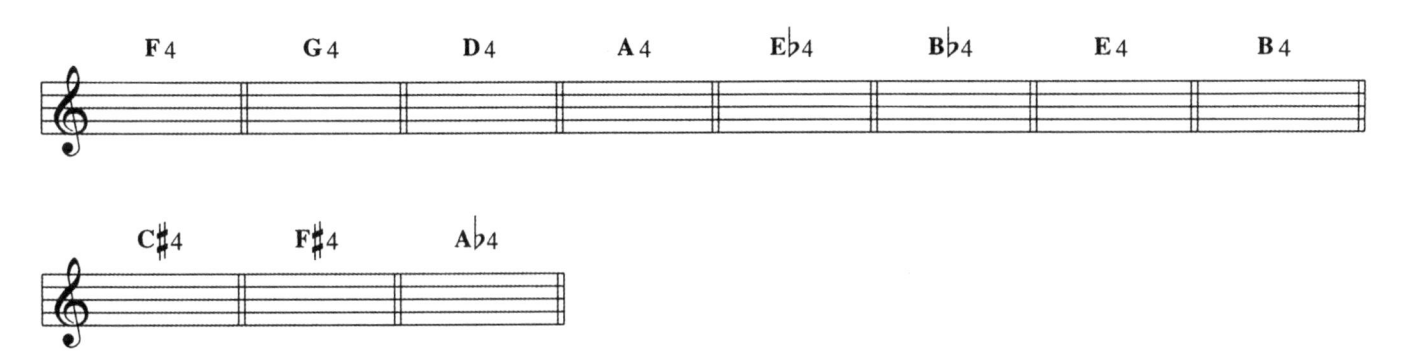

F4   G4   D4   A4   Eb4   Bb4   E4   B4

C#4   F#4   Ab4

A partir de agora, quando você encontrar um acorde do tipo **7 sus,** toque **4** (tríade com quarta).

Exemplo: Para **C7sus** ou **C7sus (9)** toque **C4**.

A **Tríade dois,** que recentemente foi incorporada à **Música Pop**, serve como variação para a tríade maior. Acrescenta a esta um colorido todo especial. Não deve, porém, ter seu uso exagerado.

Para construirmos esse tipo de tríade, basta substituirmos a terça pela segunda.

Exemplo:

C   C2

Exercício 9: Transforme as tríades do exercício anterior em tríades dois.
Exemplo:

F2   etc...

8ª AULA
modalidades para solo (canção/balada e outros...)

Modalidade g:

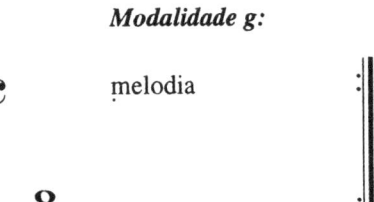

melodia

IMPORTANTE: A modalidade (g) para **Canção/Balada** (melodia na mão direita e acorde fechado parado na mão esquerda) deverá ser utilizada a partir de agora não só em músicas naqueles estilos, mas também em qualquer outro: **Swing, Bossa Nova, Samba-Canção, Blues** etc.

Exemplos com modalidade g:

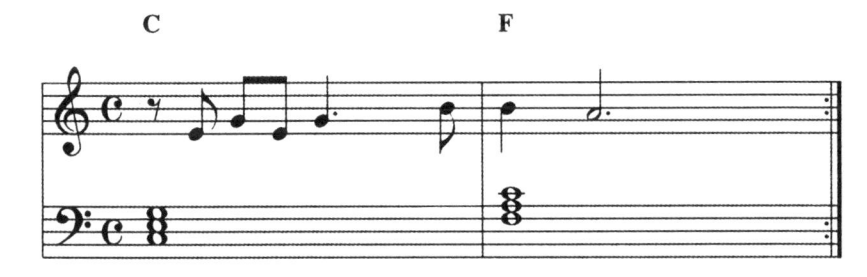

C   F

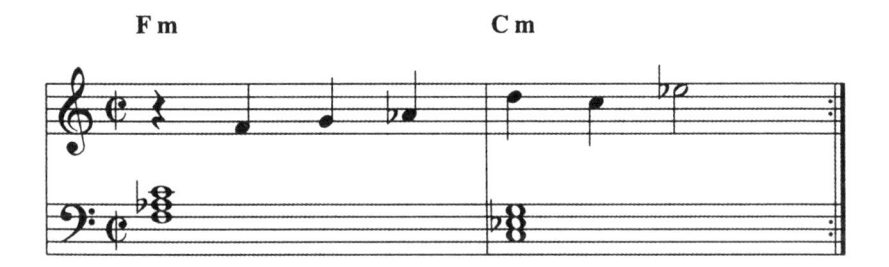

Fm   Cm

Exemplo com modalidade g (estilo Swing):

C   Bm   E

Exemplo com modalidade g (Bossa Nova):

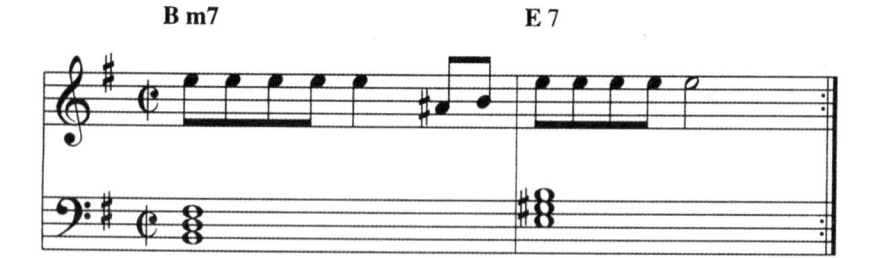

B m7   E 7

Nota: É comum encontrarmos **Bossa Nova** escrita em compasso 2/4. Para tanto, efetuamos a conversão: o que é colcheia em 2/2 passa a ser semicolcheia em 2/4. O que é semínima passa a ser colcheia. O que é mínima passa a ser semínima e o que é semibreve passa a ser mínima.

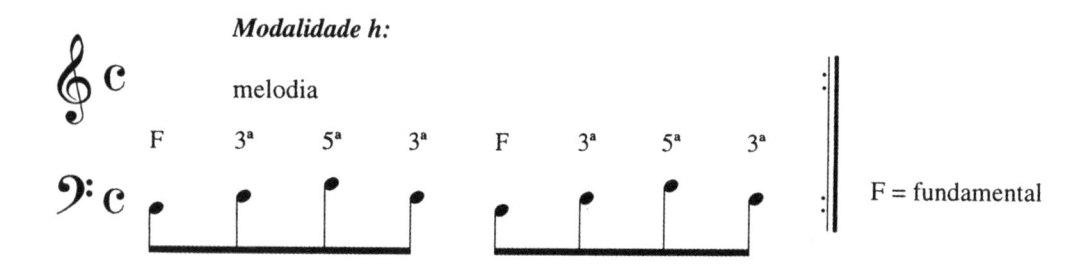

Modalidade h:

melodia

F   3ª   5ª   3ª   F   3ª   5ª   3ª

F = fundamental

IMPORTANTE: A modalidade (h) deverá ser usada a partir de agora não só em **Balada Pop (Canção/Balada)** mas também em qualquer outro tipo de **Canção,** incluindo a **Canção Brasileira**. Podemos usá-la ainda no estilo **Swing** *(Walking Bass)* se, em compasso 4/4 tocarmos semínimas acentuadas em vez de colcheias na região grave.

Exemplos com modalidade h (Balada Pop):

C   F

F m   C m

Exemplo com Canção Brasileira:

Bdim   E   A m

Exemplo com Swing:

Modalidade i:

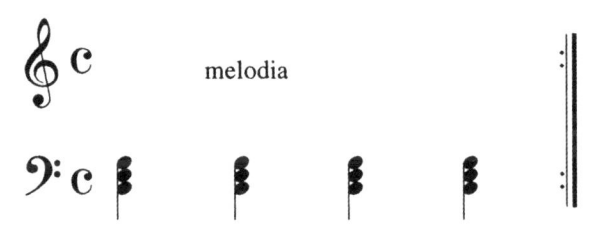

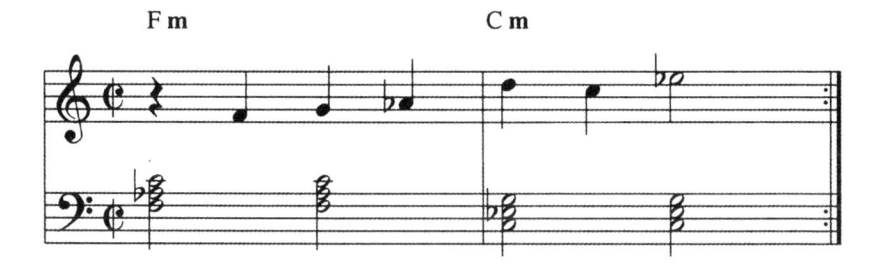

Exemplo com Swing:

Exemplo com Bossa Nova:

B m7   E 7

Nota: Atenção à conversão de valores na transformação de 2/2 para 2/4 de que falamos anteriormente.

Prática: Tocar músicas de diferentes estilos usando as três modalidades para solo dadas até agora.

Os quatro elementos da música popular:

Tendo em mente que em música popular utilizamos quatro elementos (melodia, harmonia, pulsação e linha do baixo), já podemos trabalhar com todos eles, e de diferentes maneiras. Procure apresentar as melodias em diferentes registros (diferentes oitavas). A harmonia e o ritmo poderão ser apresentados também com as diferentes modalidades já apresentadas.

Por exemplo, ao apresentarmos uma música podemos começar com a melodia tocada na região média e com a modalidade (h).

Na segunda parte continuamos com a melodia naquela região (média) e utilizamos a modalidade (i).

Ao voltarmos para a primeira parte, tocamos só o acompanhamento com a modalidade (c) e, ao atingirmos novamente a segunda parte, mudamos de registro para a melodia (oitava acima - mais aguda) com a modalidade (i).

Experimente essa última e crie outras possibilidades.

Se você já estiver apto para criar uma introdução, faça-o utilizando, por exemplo, quatro ou oito compassos do acompanhamento. Por exemplo, em *Imagine* toque ‖ C | F | C | F ‖ e então comece a melodia.

Para finalizar, é muito comum repetir-se a introdução ou um refrão.

Neste momento é importante que o aluno faça incursões por diferentes estilos musicais utilizando as modalidades dadas nesta aula.

9ª AULA
tríades (inversões e posição aberta)

As tríades podem estar em posição fechada (região média e região aguda) e em posição aberta (região grave).

Posição fechada:

F   G

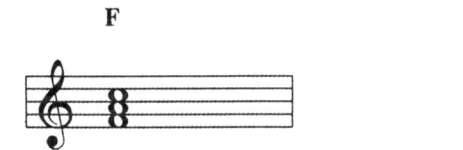

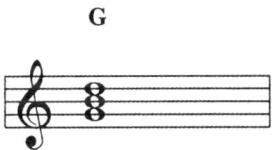

Posição aberta: (projetamos a terça para a oitava acima)

F   G

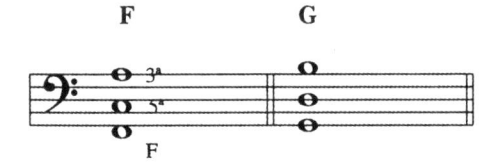

Para a posição aberta podemos tocar os acordes também arpejados:

F   G

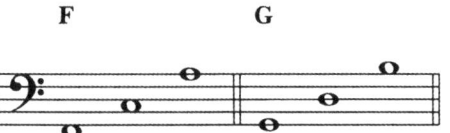

F (posição fundamental)    **F** (primeira inversão) 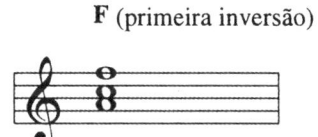   **F** (segunda inversão)

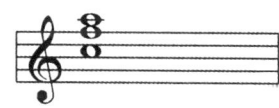

Tanto para a posição fechada como para a posição aberta podemos tocar ou escrever os acordes invertidos:

Para a posição fundamental (acordes fechados) temos intervalos eqüidistantes (terças). Para a primeira inversão temos terça e quarta:

F *(primeira inversão)*

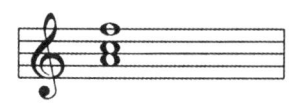

Note que a fundamental (nota que dá nome ao acorde) é sempre a de cima no intervalo de quarta. Neste caso, **Fá**.

Para a segunda inversão temos quarta e terça:

F *(segunda inversão)*

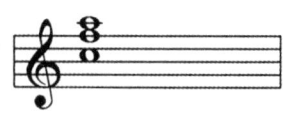

Note que a fundamental é sempre a nota de cima do intervalo de quarta. Neste caso, **Fá**.

Para a posição aberta temos a terça (ou a quarta) indo para a oitava acima:

Nota: Não inverteremos acordes abertos nem tampouco os de quarta ou **acordes dois** por enquanto.

(posição aberta)

Tríade maior
F

Tríade com quarta
F4

Tríade dois
F2

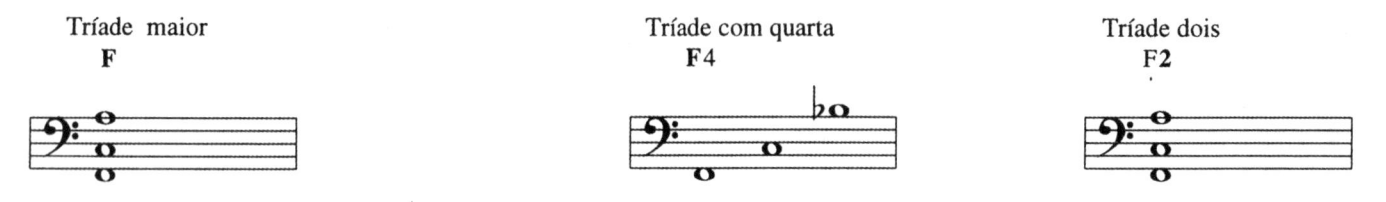

Exercício 10: Sendo assim, classifique os acordes segundo sua inversão.

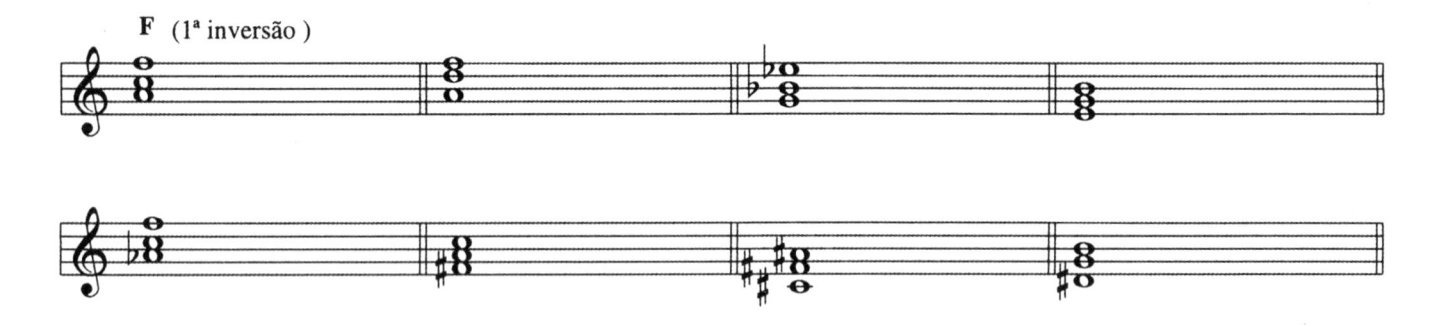

F (1ª inversão)

Exercício 11: Escrever e tocar no teclado (posição fundamental, primeira inversão e segunda inversão) os seguintes acordes:

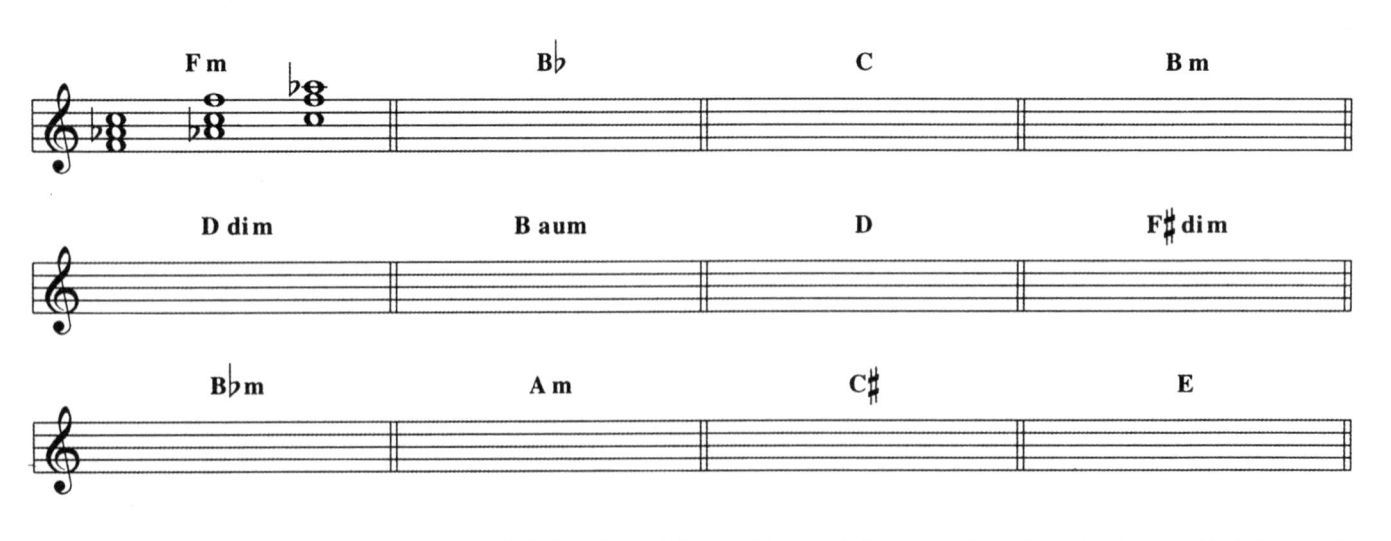

F m   B♭   C   B m

D dim   B aum   D   F♯ dim

B♭ m   A m   C♯   E

Exercício 12: Escrever e tocar (posição aberta) os seguintes acordes:

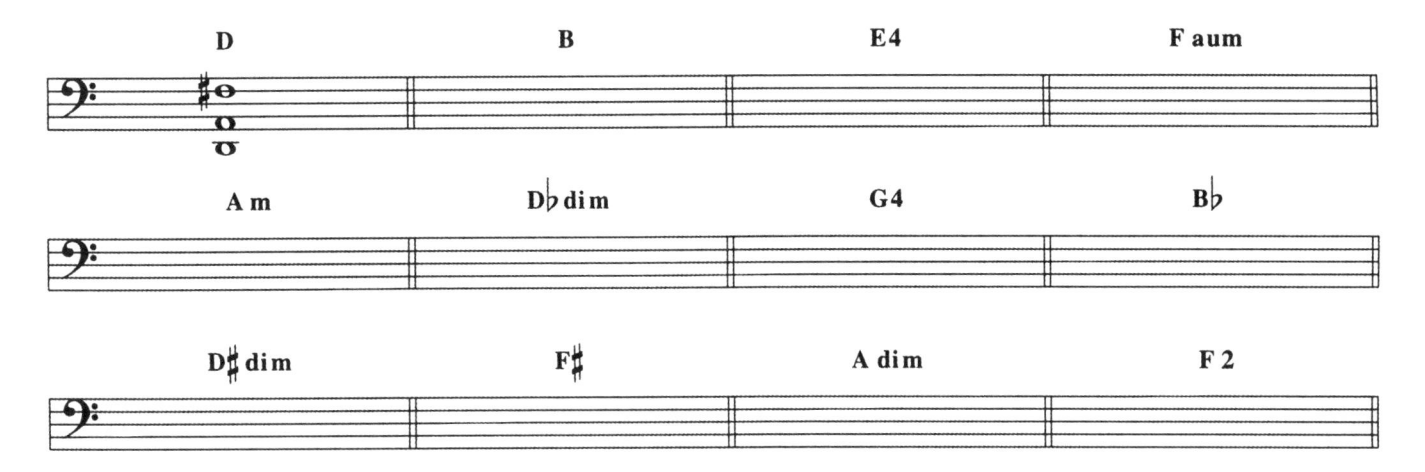

D	B	E4	F aum
A m	D♭ dim	G4	B♭
D♯ dim	F♯	A dim	F 2

10ª AULA
modalidades para solo (canção/balada) (continuação)
USO DOS ACORDES ABERTOS

Modalidade j (solo): (usada como variação para modalidade h):

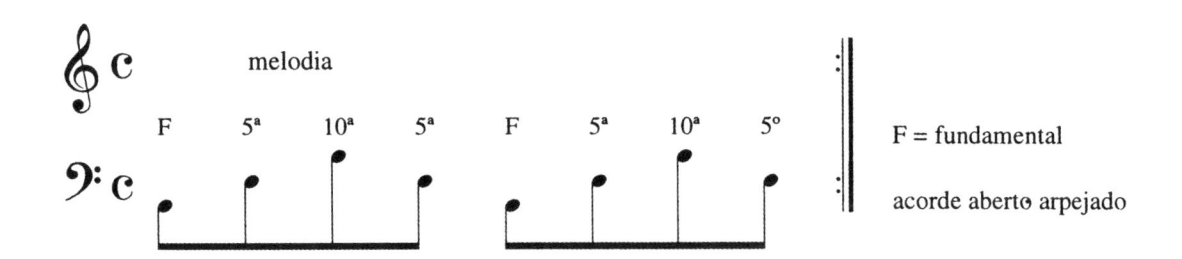

F = fundamental

acorde aberto arpejado

Nota: para acordes com quarta, a décima deverá ser substituída pela décima primeira. Ver página seguinte.

Observação: A décima tem a mesma classificação da terça e a décima primeira tem a mesma classificação da quarta.

C

C m

C dim

Caum

Para uma **tríade com quarta**:

C4

Para **tríade dois**:

C2

Modalidade k (acompanhamento)

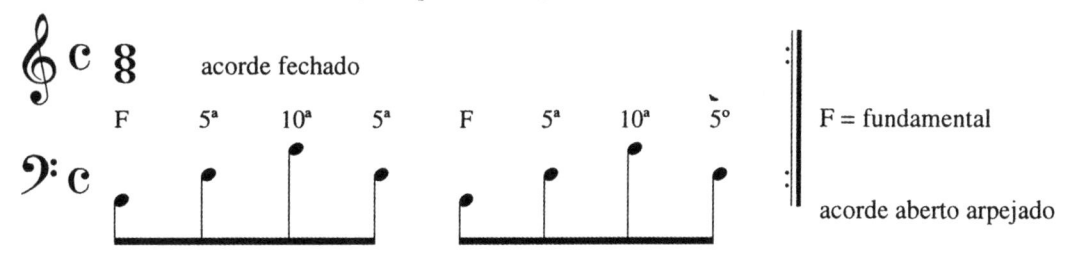

acorde fechado

F 5ª 10ª 5ª F 5ª 10ª 5º

F = fundamental

acorde aberto arpejado

Prática: Tocar **Canções/Baladas** utilizando as novas modalidades, em conjunção com as outras dadas anteriormente. Aqui vão algumas sugestões: **Songbook Caetano:** *London London, Queixa, Sampa;* **Song Book (Beatles):** *Michelle*. Consultar listas anteriores. Consulte lista adicional no final do livro.

IMPORTANTE: tanto a modalidade (j) quanto a modalidade (k) podem ser usadas em canções não necessariamente no estilo **Pop**. Podem ser usadas também em compasso binário, aplicando-se para tal a conversão já utilizada anteriormente. Modalidades com acordes fechados arpejados, tocados pela mão esquerda, deverão estar sempre na posição fundamental.

11ª AULA
modalidades para solo e acompanhamento
balada/blues 12/8 ou 6/8
(slow rock, rock-balada)

Existem diferentes nomes para se chamar esses estilos que apresentam as mesmas modalidades.

Modalidade a (acompanhamento) (um acorde por compasso):

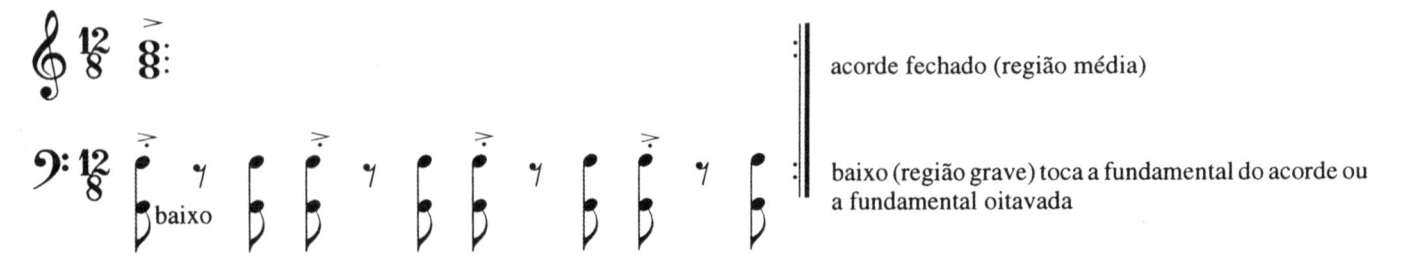

acorde fechado (região média)

baixo (região grave) toca a fundamental do acorde ou a fundamental oitavada

Exemplo em 12/8:

Exemplo em 6/8:

Modalidade b (acompanhamento) (dois acordes por compasso):

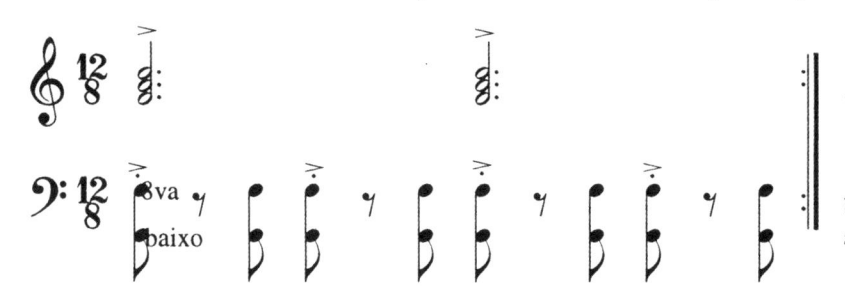

acorde fechado (região média)

baixo (região grave) toca a fundamental do acorde ou a fundamental invertida

Exemplo em 12/8:

Exemplo em 6/8:

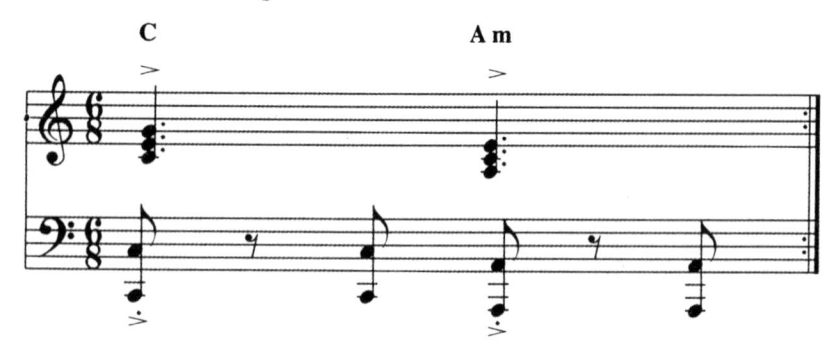

[Notação musical em 6/8 com acordes C e Am]

Exercício 13: Tocar as seguintes progressões usando *modalidade a*.

1)
12/8 | A | F#m | Bm | E :||

2)
6/8 | Cm | Fm | Cm | G :||

3)
12/8 | Gm | C | F | D :||

4)
6/8 | E | B | A | B :||

Nota: Muitas vezes uma **Balada/Blues** pode estar escrita em 4/4 ou **C** ou até mesmo em 2/2, o que a princípio faz crer não se tratar desse estilo. Porém, ao tocarmos a melodia, chegamos à conclusão de que se trata do estilo **Balada/Blues**.

Exercício 14: Tocar as seguintes progressões usando a *modalidade b*.

1)
12/8 | C Am | Dm G :||

2)
6/8 | E F#m | G#m F#m :||

3)
12/8 | Bb Eb | Bb F :||

4)
6/8 | Gm Eb | Ab D :||

Exercício adicional: Tocar o exercício 13 usando modalidade (b) e o exercício 15 usando modalidade (a).

Prática: tocar ao menos cinco **Baladas/Blues**. Eis algumas opções : **Songbook Cazuza**: *Balada do Esplanada, O Nosso Amor a Gente Inventa, Blues da Piedade;* **Songbook Rita Lee**: *Flagra, Cartão Postal;* **Songbook Caetano**: *Muito Romântico, Como Dois e Dois;* **Song Book Beatles:** *Oh Darling;* **Real Book:** *Blue Monk, Body and Soul, My Foolish Heart, God Bless the Child etc.* Consulte lista adicional.

Observação: Usar técnicas de arranjo já apresentadas anteriormente (mudança de oitava etc).

Para **Balada/Blues** podemos utilizar algumas modalidades também empregadas para **Canção/Balada**. O que caracteriza a **Balada/Blues** é o "padrão *shuffle*" inerente àquele estilo: ♫ ♫ ♫ ♫ que também é chamado muitas vezes de *swing* (subdivisão ternária do tempo).

Sendo assim, desde que a melodia seja utilizada de maneira *shuffle* ou *swing,* os padrões usados para **Canção/Balada** são bem-vindos.

12ª AULA
balada/blues (solo)

Em **Balada/Blues**, tanto para solo quanto para acompanhamento, podemos usar modalidades utilizadas para **Canção/Balada (música pop)**. A modalidade mais fácil para solo, importada daquele estilo, é a modalidade (g) -melodia na mão direita e acorde parado fechado na mão esquerda. As modalidades (h) e (i) poderão ser também utilizadas. Vejamos os exemplos a seguir:

Exemplos com modalidade g para Canção/Balada sendo usada para Balada/Blues:

1)

2)

Exemplo com a modalidade h para Canção/Balada usada para Balada/Blues:

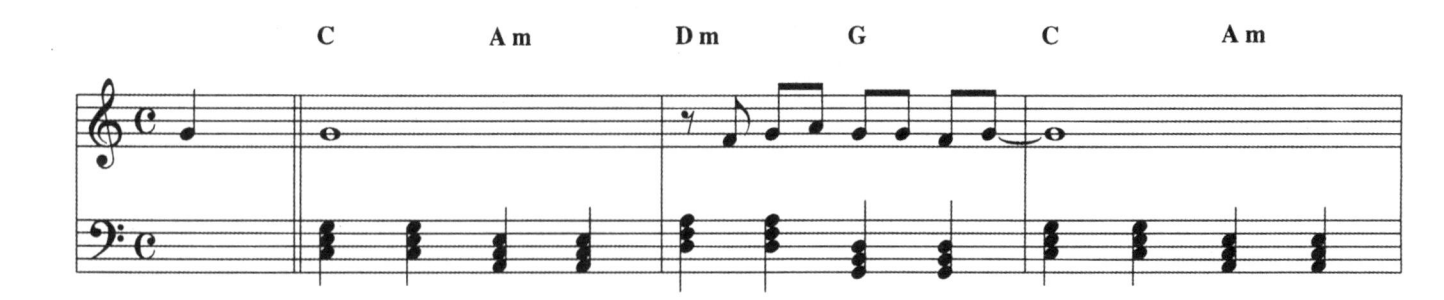

A melodia nos exemplos acima deverá ser lida de forma *shuffle* ou *swing* para todos os exemplos nesses estilos.

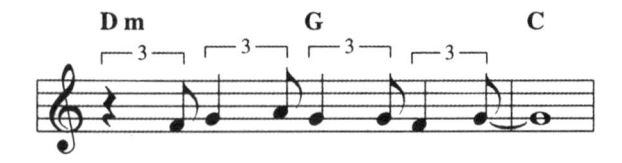

Aqui mostramos mais um exemplo.

Exemplo com modalidade i para Canção/Balada sendo usada como Balada/Blues:

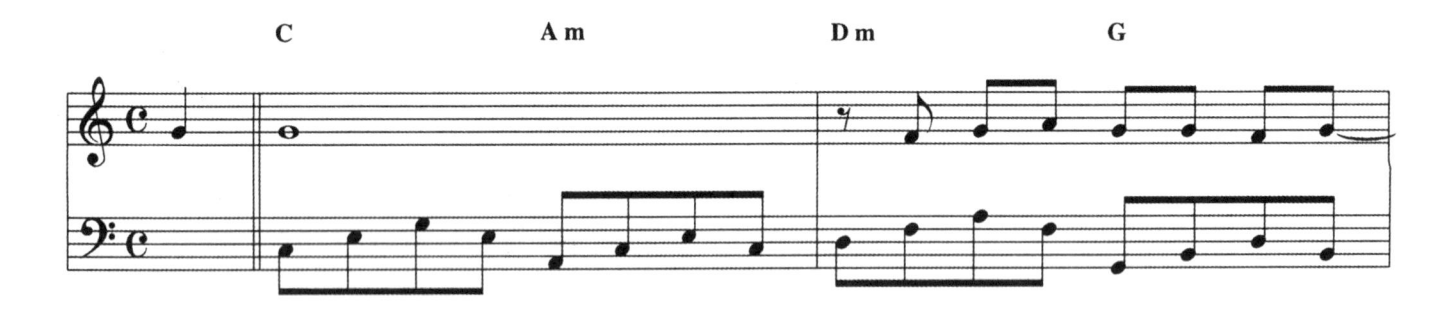

Cujo acompanhamento deverá ser interpretado da seguinte maneira:

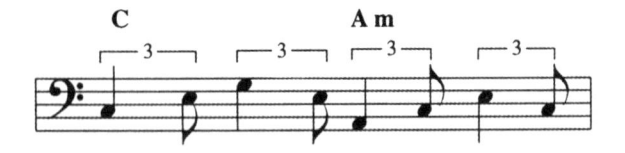

No entanto, os acentos típicos para **Balada/Blues** deverão ser também empregados.

O professor e o aluno poderão criar outras possibilidades.

Aqui vão mais algumas possibilidades escritas em **12/8** e que poderão ser tocadas em **6/8** se dividirmos o compasso pela metade:

Modalidade c (solo):

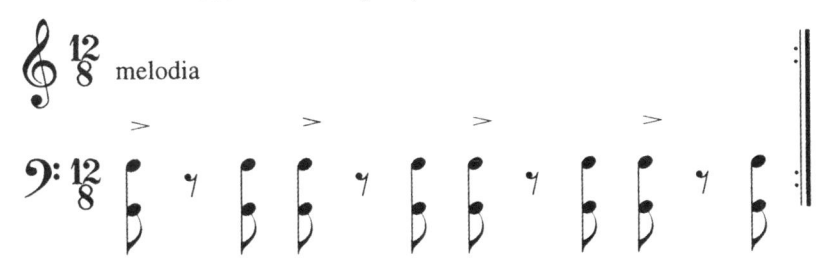

Modalidade d (acompanhamento):

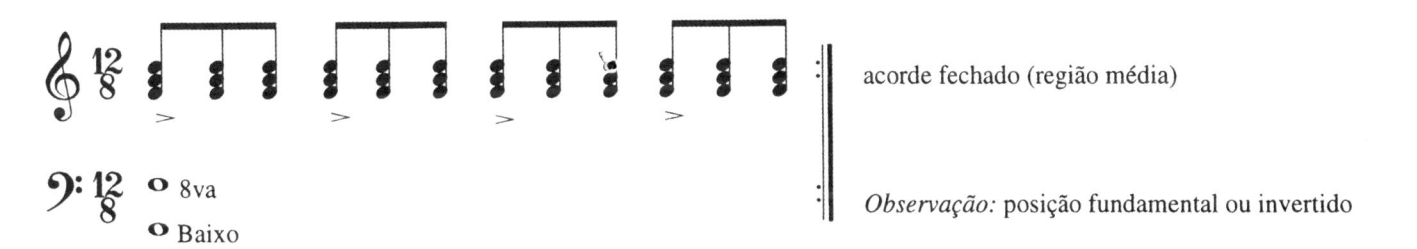

acorde fechado (região média)

Observação: posição fundamental ou invertido

Nota para o professor: Como é muito freqüente o uso dos acordes tipo **7** neste estilo, poderá ser uma boa oportunidade para informar ao aluno como construir acordes do tipo acima: **C7, D7, Eb7 G7 etc.**

O uso das **apogiaturas** também poderá ser introduzido neste momento.

Exemplos com a modalidade c para solo:

1)

2)

13ª AULA
encadeamentos

Ao tocarmos uma música devemos encadear os acordes tanto quanto possível. Dessa maneira evitamos os saltos que dificultariam tecnicamente a execução. Encadeamentos são muito úteis para o tipo de acompanhamento "cortina", usado principalmente por sessões de cordas e muitas vezes imitados por teclados eletrônicos quando estes desempenham aquela função. Mas também podem ser usados por piano, teclados etc.

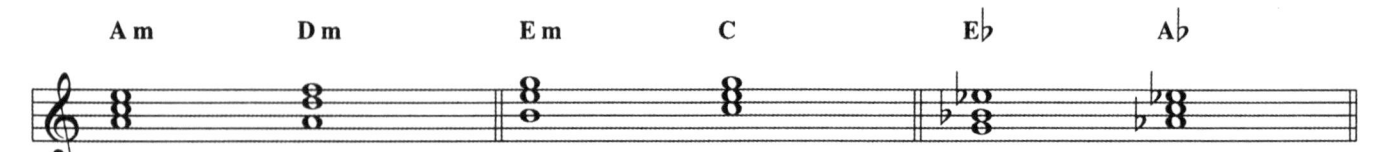

Procedimento: Ao encadearmos dois acordes devemos primeiro verificar se temos notas comuns a ambos. Mantemos as notas comuns nas mesmas vozes e conduzimos a(s) outra(s) pelo caminho mais próximo.

Outros exemplos:

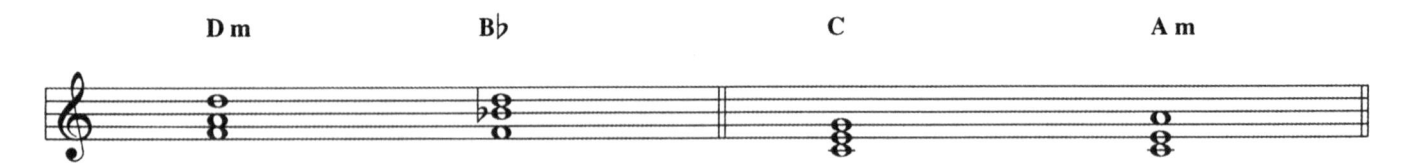

Exercício 15: Encadear (escrever e tocar no teclado) os seguintes acordes, dois a dois.

Observação: Tocar o acorde com a mão direita e o baixo (fundamental), na região grave do teclado, com a mão esquerda.
Cifrar os acordes que não estão cifrados:

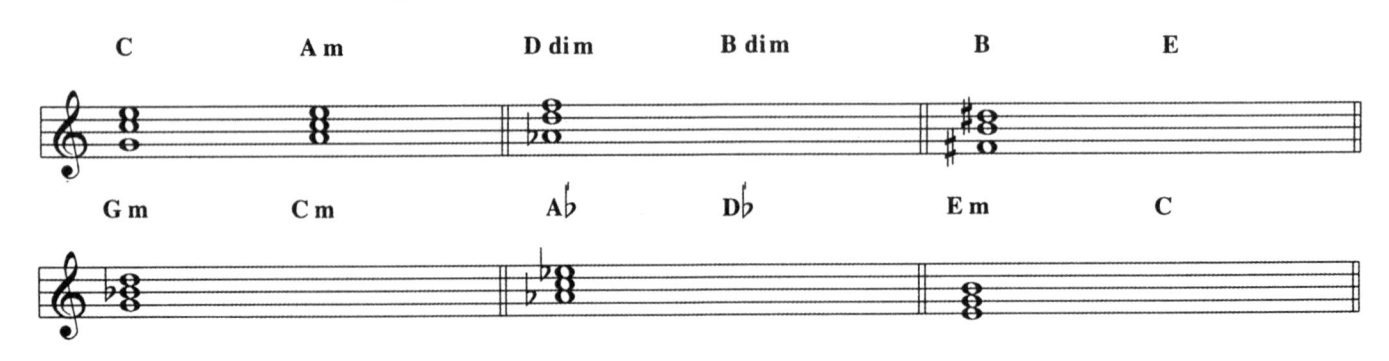

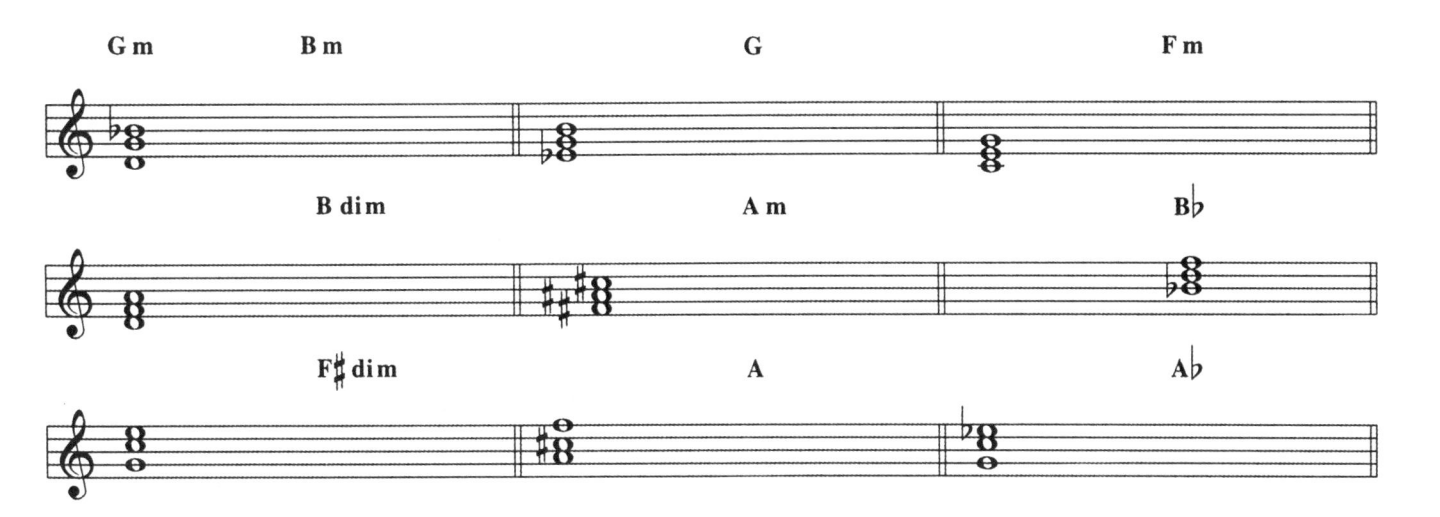

[Exercício de cifras: G m | B m | G | F m]

[B dim | A m | B♭]

[F# dim | A | A♭]

Exercícios Adicionais: Outros exercícios com encadeamentos devem ser criados pelo professor, e o aluno deverá, a partir de agora, encadear os acordes das músicas que tocar, seja para mão direita (no caso de acompanhamento) seja para mão esquerda com acorde fechado (no caso de solo/acompanhamento). Aqui vale lembrar que, quando encadeamos acordes nas músicas, há sempre uma tendência para encaminharmos para o registro grave. Por isso, sugerimos, que ao começarmos a segunda parte de uma música (sempre separada da primeira por barra dupla), voltemos para o registro inicial.

Prática: Tocar músicas nos estilos **Canção/Balada**, **Balada/Blues e outros**, encadeando os acordes. Nesta fase deverão ser tocadas pelo menos mais três em cada estilo. Alguns exemplos: **Songbook Cazuza**: *Balada do Esplanada, O Nosso Amor a Gente Inventa, Blues da Piedade*; **Songbook Rita Lee**: *Flagra, Cartão-Postal*; **Songbook Caetano**: *Muito Romântico, Como Dois e Dois*; **Song Book Beatles:** *Oh Darling*; **Real Book:** *Blue Monk, Body and Soul, My Foolish Heart, God Bless the Child etc.* Continue dando atenção aos diferentes elementos da música popular (melodia, harmonia, pulsação e linha do baixo).

Aqui, cabe ao professor ajudar o aluno a identificar esses elementos através de análise sobre a interpretação do próprio aluno.

Tente construir introduções pequenas (quatro ou oito compassos) baseadas em encadeamentos da própria música. Idéias podem ser aproveitadas baseadas na melodia da própria música.

14ª AULA
a melodia atua como primeira voz (mais aguda)

Depois de termos estudado inversões com tríades e encadeamentos, podemos começar a explorar essa nova modalidade para solo, que é muito eficiente. Dessa maneira, com a mão direita cobrimos pelo menos dois dos elementos da música popular: melodia e harmonia.

Para tanto, armemos os acordes numa posição em que a melodia esteja na voz mais aguda.

Precisamos saber primeiro que notas devemos escolher para apoiar com acorde. A essas notas daremos o nome de **notas de apoio**. Nota de apoio é a primeira nota de um compasso referente a um acorde:

F m [exemplo musical] a nota **Fá** é nota de apoio.

Outro exemplo:

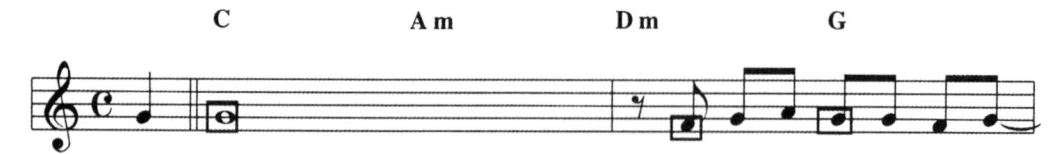

As **notas de apoio** do exemplo acima são, portanto, **Sol - Fá - Sol**.
Essas notas deverão ser complementadas por acorde:

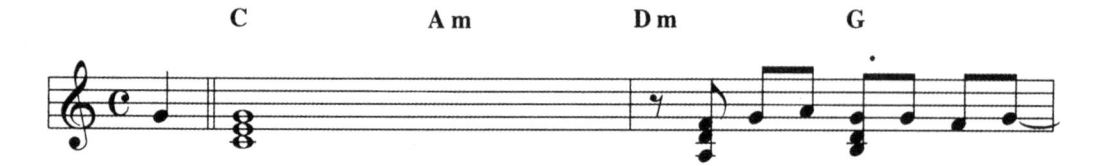

Às vezes uma **nota de apoio** não é nota do acorde. Nesses casos deveremos complementar o acorde como se fosse para um grau abaixo ou acima, dependendo da direção descendente ou ascendente da melodia:

descendente   **ascendente**

Nota: se a melodia não for nota do acorde e durar um compasso inteiro, ou até o aparecimento de outro acorde, deveremos apoiá-la como se fosse para um grau abaixo:

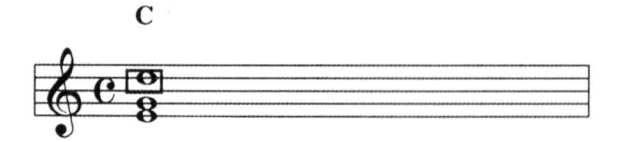

Se por acaso, na metade de um compasso ainda sob o mesmo acorde, a melodia se afastar uma terça ou mais em relação à primeira nota de apoio, será necessário apoiar novamente.

Mesmo que aquela nota tenha sido atingida através de síncope:

No entanto, em andamento rápido não convém utilizarmos essa técnica, pois torna difícil a execução.

Outra consideração que devemos fazer é quanto às **melodias arpejadas**, ou às **notas de curta duração** ou que formam escalas, que normalmente não precisam ser apoiadas:

arpejo

escala

Exercício 16: Completar os acordes abaixo considerando duas possibilidades (ascendente e descendente).

Exercícios adicionais: O professor deverá criar outros exercícios conforme o que foi dado acima.

Exercício 18: Complementar as notas de apoio dos seguintes trechos melódicos:

a)

b)

c) F A Dm

d) Em C

e) Gm C F

f) C E

IMPORTANTE: Essa modalidade deverá ser aplicada futuramente em diferentes estilos - não só os que foram vistos anteriormente. Ela libera a mão esquerda para poder enriquecer a linha do baixo. Experimente-a em **Blues**, **Swing** e **Bossa Nova**, por exemplo. Para tal, consulte como tocar a linha de baixo nesses estilos.

Prática: Até o final do capítulo sobre as Tríades, solar pelo menos seis músicas em cada estilo **Canção/Balada** e **Balada 12/8**, utilizando a modalidade em que a melodia atue como primeira voz. Usar repertório sugerido nas aulas anteriores.

Observação: Nesses arranjos deverão ser mescladas outras modalidades já vistas anteriormente, visando a uma dinâmica maior através da variedade de modalidades apresentadas. Cabe ao professor orientar o aluno nesta tarefa.

15ª AULA

tonalidades

No início do nosso livro, consideramos o pentacórdio maior como base para as tríades maiores e menores.

Estudaremos as tonalidades maiores para podermos entender os acordes diatônicos que servirão de base para o nosso estudo a partir de agora.

Se seguirmos inicialmente o modelo (escala maior), fica mais fácil de entender.

A partir do modelo do pentacórdio:

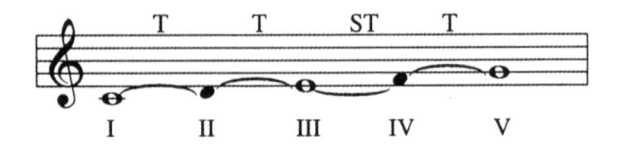

esticamos um pouco mais, completando assim a escala maior:

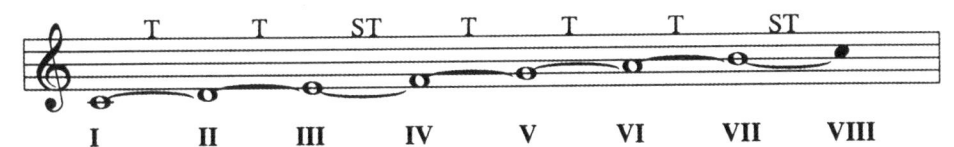

Chegamos então ao formato da escala maior (**tom, tom, semitom, tom, tom, tom, semitom**).
E, a partir desse formato, chegamos a outras tonalidades maiores.

Sol maior:

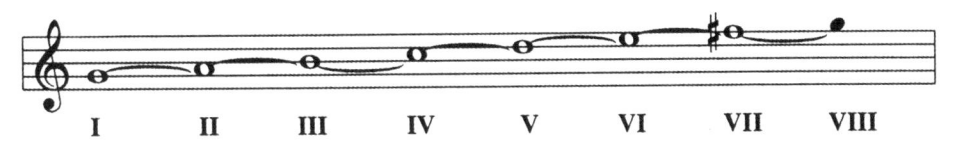

Mib maior:

Exercício 18: Seguindo o modelo acima, forme escalas maiores a partir das seguintes notas:

Se construirmos escalas maiores a partir de todas as notas de uma oitava, chegamos à conclusão de que as tonalidades maiores têm as seguintes alterações (sustenidos e bemóis), aparecendo na ordem abaixo através das chamadas "armaduras": (Lembremos que **a tonalidade de Dó maior não possui armadura.**)

Tonalidades Maiores com sustenidos:

Sol maior — Ré maior — Lá maior — Mi maior

Si maior — Fá# maior — Dó# maior

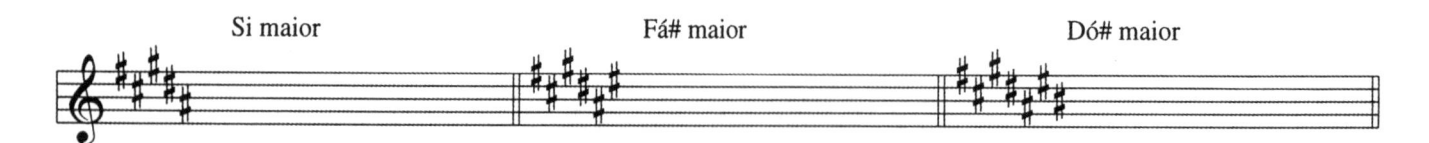

Tonalidades Maiores com bemóis:

Fá maior — Sib maior — Mib maior — Láb maior

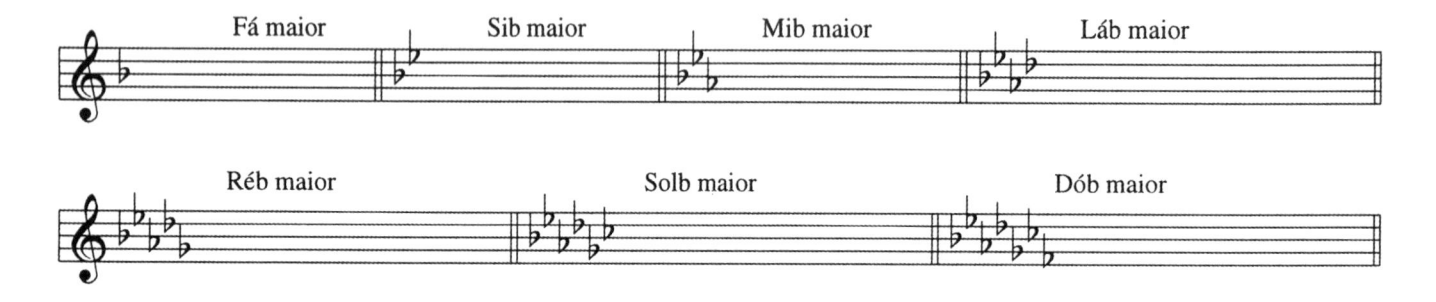

Réb maior — Solb maior — Dób maior

Tonalidades Relativas

Para cada tonalidade maior temos uma **tonalidade relativa menor**, que possui a mesma armadura, porém sempre começando a uma terça menor (um tom e um semitom) **abaixo da relativa maior**.

Por exemplo, para Dó maior temos Lá menor. Ou seja, Lá menor terá a mesma armadura de Dó: nenhum bemol nem sustenido. Sol maior (que tem um sustenido na armadura) terá como relativo menor Mi menor (uma terça menor abaixo de Sol) com a mesma armadura de Sol maior, ou seja um sustenido (a nota Fá). Por conseguinte, toda nota Fá que aparecer na música será sustenido, a não ser que venha antecedida de um bequadro (♮) o que anula o efeito do sustenido naquele compasso.

Sendo assim, ao nos depararmos com uma música qualquer, temos duas maneiras básicas de detectar em que tonalidade ela se encontra. Uma, através da armadura, e outra, pelo acorde final. É importante anotar, porém, que geralmente as músicas "passeiam" por diferentes tonalidades sem que com isso exista necessariamente modulação (mudança de tonalidade). Chamamos esses "passeios" por diferentes tonalidades de **passagens modulantes.**

Exercício 19: Ache os relativos menores de

Ré maior	Láb maior
Fá maior	Si maior
Dó# maior	Sol maior
Lá maior	Mi maior
Réb maior	Dó maior

Exercício adicional: O professor deverá passar exercícios em que os alunos possam detectar em que tonalidades se encontram músicas específicas.

16ª AULA
rock

Aqui, pode-se começar a trabalhar outro estilo: o **Rock**. Para aqueles que não gostam de **Rock**, o **Baião** ou o **Rhythm & Blues,** que apresentaremos logo a seguir, será uma boa opção.

Neste livro, porém, não apresentamos mais do que algumas possibilidades em termos de ritmo/estilo, que podem servir como guias iniciais num campo vasto e que ultimamente tem se expandido de maneira espetacular, confundindo-se às vezes com a **Música Pop.** São tantas as variações que, assim como outros estilos "sofisticados", podem apresentar tantas modalidades quanto a criatividade de cada um pode alcançar.

Aí vão algumas modalidades:

Modalidade a (acompanhamento):

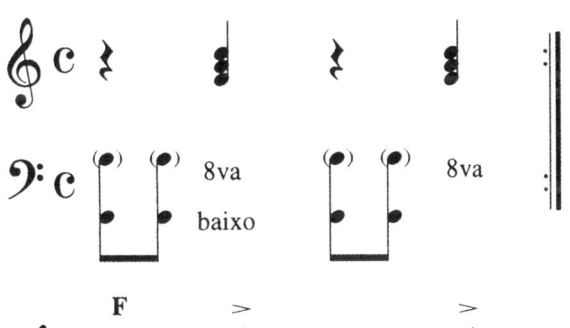

acorde fechado (região média)

baixo (região grave) tocando fundamental ou fundamental oitavada

Modalidade b (acompanhamento):

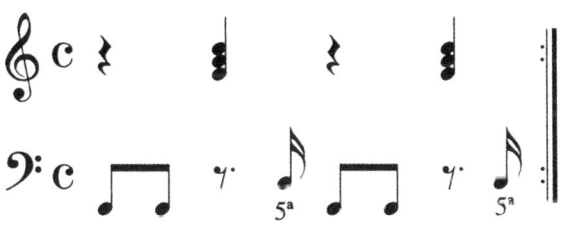

acorde fechado (região média)

baixo (região grave) alternando fundamental com quinta

Modalidade c (acompanhamento):

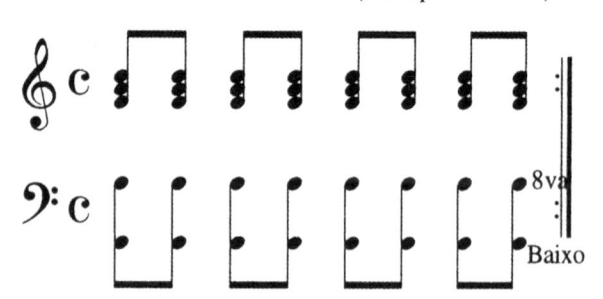

acorde fechado (região média)

baixo (região grave) tocando fundamental ou fundamental oitavada

Exemplos de variações com a modalidade c usando um acorde E (Mi maior):

Nota: Em **Rock** é muito comum substituirmos uma tríade maior por uma formação que inclui fundamental, quinta e oitava.

Nota: Nao é um estilo próprio para solo em piano (teclado), a não ser que se esteja acompanhado de outro(s) instrumento(s). Porém as modalidades (g) e (h) para **Canção/Balada** podem servir como opção para solo. A modalidade em que a melodia atua como primeira voz, se complementada com a mão esquerda usada na modalidade (c) também pode funcionar. No entanto o tecladista poderá lançar mão de "riffs", usando diferentes timbres.

Prática: Tocar diferentes modalidades de Rock apresentando arranjos para diferentes músicas. Sugestões para repertório: **Song Book (Beatles):** *Back in USSR, Come Together, Get Back, Help, A Hard Days Night, I Wanna Hold Your Hand;* **Songbook Cazuza:** *Maior Abandonado, Pro Dia Nascer Feliz;* **Songbook Rita Lee**: *Papai me Empresta o Carro, Arrombou a Festa, On the Rocks, Bem-me-quer etc.* Consulte lista adicional no final do livro.

17ª AULA
tríades diatônicas (**modo maior**)

Modo Maior

Podemos formar acordes de três sons (tríades), usando somente notas de uma escala maior.

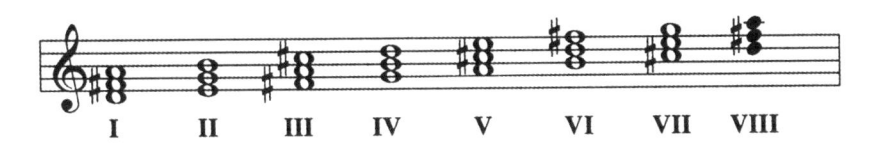

Chegamos à conclusão de que os acordes diatônicos da escala maior têm a seguinte classificação segundo seus graus:

I	(1º grau)	=	M
II	(2º grau)	=	m
III	(3º grau)	=	m
IV	(4º grau)	=	M
V	(5º grau)	=	M
VI	(6º grau)	=	m
VII	(7º grau)	=	dim

No exemplo acima temos:

I	= D	IV	= G				
II	= Em	V	= A	VII	= C# dim
III	= F# m	VI	= Bm				

Toque os acordes para identificar seus sons, suas características. Um acorde **F**, por exemplo, pode estar em diferentes situações:

I   (primeiro grau) da tonalidade de Fá maior
IV   (quarto grau) da tonalidade de Dó maior
V   (quinto grau) da tonalidade de Sib maior

Um acorde **Dm** poderá ser:

II   (segundo grau) da tonalidade de Dó maior
III   (terceiro grau) da tonalidade de Sib maior
VI   (sexto grau) da tonalidade de Fá maior

Exercício 20: Formar as seguintes escalas com seus respectivos acordes diatônicos: Ré maior, Sib maior, Sol maior, Mi maior, Dó maior, Fá maior, Mib maior.

Observação: Cada escala deverá ser tocada separadamente pelas duas mãos em posição fechada (incluindo inversões) e posição aberta. Convém escrever também. Diferentes ritmos e estilos podem ser aplicados. (Consulte as modalidades dadas até agora.)

Exemplo em Ré Maior

Posição fundamental (tocada pela mão direita e o baixo pela mão esquerda):

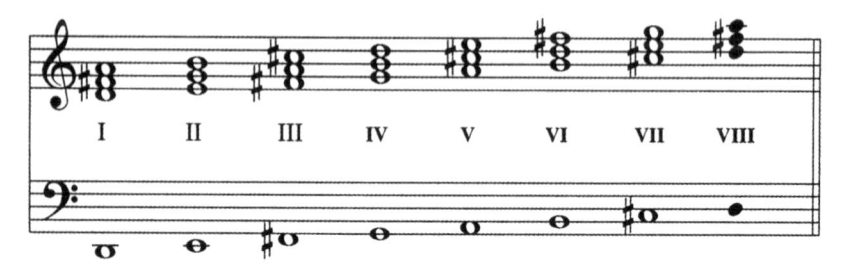

primeira inversão:

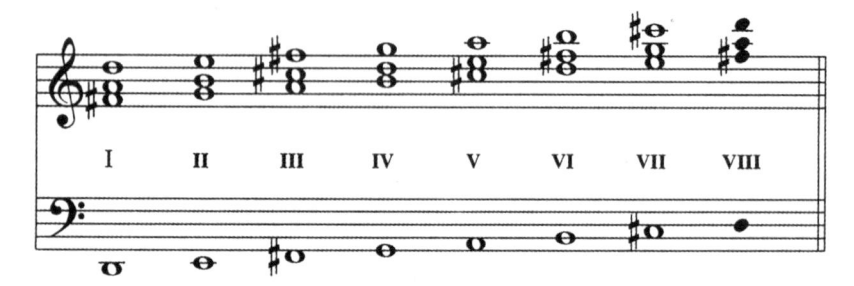

segunda inversão:

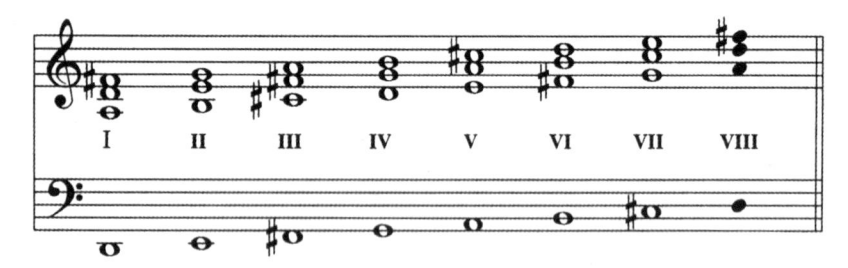

Acordes abertos (mão esquerda):
(Tocá-los arpejados)

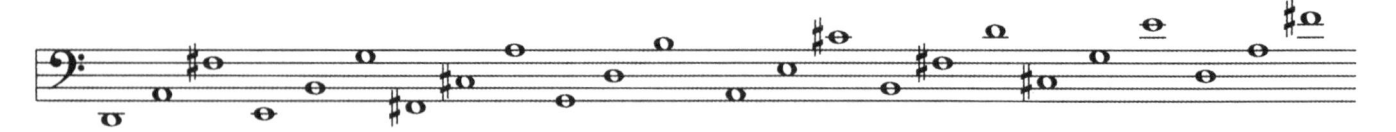

Não esquecer que ritmos (modalidades) podem e devem ser aplicados. Use sua criatividade.

Apesar de todos os graus terem sua importância, existem aqueles que são mais usados. Podemos considerar como graus mais usados para tríades os apresentados abaixo:

I - IV - V

Nota: O treinamento com acordes diatônicos tocados pela mão esquerda em conjunto com escalas pentatônicas apresentam excelentes resultados. Consulte Adendo desta seção.

O exercício a seguir é de grande importância, já que se refere a esses graus mais usados.

Exercício 21: Responda e toque em posição fundamental, primeira inversão, segunda inversão e posição aberta, dizendo quais são os acordes de **I - IV- V** graus das seguintes tonalidades:

Dó maior	Si maior
Fá maior	Mi maior
Sol maior	Sib maior
Ré maior	Lá maior
Láb maior	Fá# maior
Mib maior	Réb maior
Dó# maior	Solb maior

Exercícios adicionais:
1) Formar na posição fundamental, primeira inversão, segunda inversão e posição aberta (mão esquerda) tríades a partir de informação dada pelo professor em relação à tonalidade e grau. Exemplo: escrever e tocar o acorde de terceiro grau da tonalidade de Ré maior.

2) Classificar acordes dados segundo seus graus.

Exemplo:

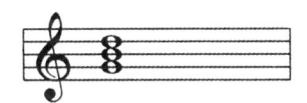

G (posição fundamental) pode ser primeiro grau de Sol maior, quarto grau de Ré maior e quinto grau de Dó maior.

18ª AULA
baião e toada
(salsa e rhythm & blues)

Alguns ritmos que empregam tríades podem ser trabalhados desde agora. É o caso do **Baião** e da **Toada**, por exemplo. Basicamente, para andamentos médio e rápido, temos o **Baião** e, para andamentos lentos, a **Toada**.

Nota: Consulte *Vídeo-Livreto Ginga Musical Brasileira*, do mesmo autor.

Para acompanhamentos, as modalidades mais empregadas são:

Modalidade a (também usada para **Rhythm & Blues**)

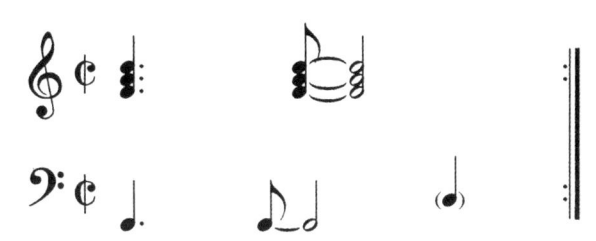

acorde fechado (região média)
Observação: para **Rhythm & Blues,** tocar o primeiro acento de forma staccato, e o segundo, como está escrito.
Quanto à nota opcional para mão esquerda, pode ser uma semínima ou uma colcheia no último oitavo do compasso.
Baixo (região grave) tocando a fundamental e quinta opcional.

Exemplo com modalidade a usada em Baião:

Exemplo com modalidade a usada em Rhythm & Blues:

Modalidade b   (Baião e Toada):

acorde fechado (região média)

baixo (posição aberta) alternando: fundamental, quinta e décima
ou (posição fechada) alternando: fundamental, terça e quinta

Exemplo com modalidade b usando posição aberta:

Exemplo com modalidade b usando posição fechada:

Para solo:
Modalidade c   (também usada para **Rhythm & Blues**)

Nota : as modalidades (a) e (c) para solo podem ser empregadas para **Canções Pop** e também para **Samba-Canção**. Não nos esqueçamos de que a modalidade (g) para **Canção/Balada** será sempre uma boa opção.

Ao encontrarmos músicas nesses estilos escritas em compasso 2/4, deveremos efetuar a conversão de valores já mencionada anteriormente.

Exemplo com modalidade c para solo em Baião:

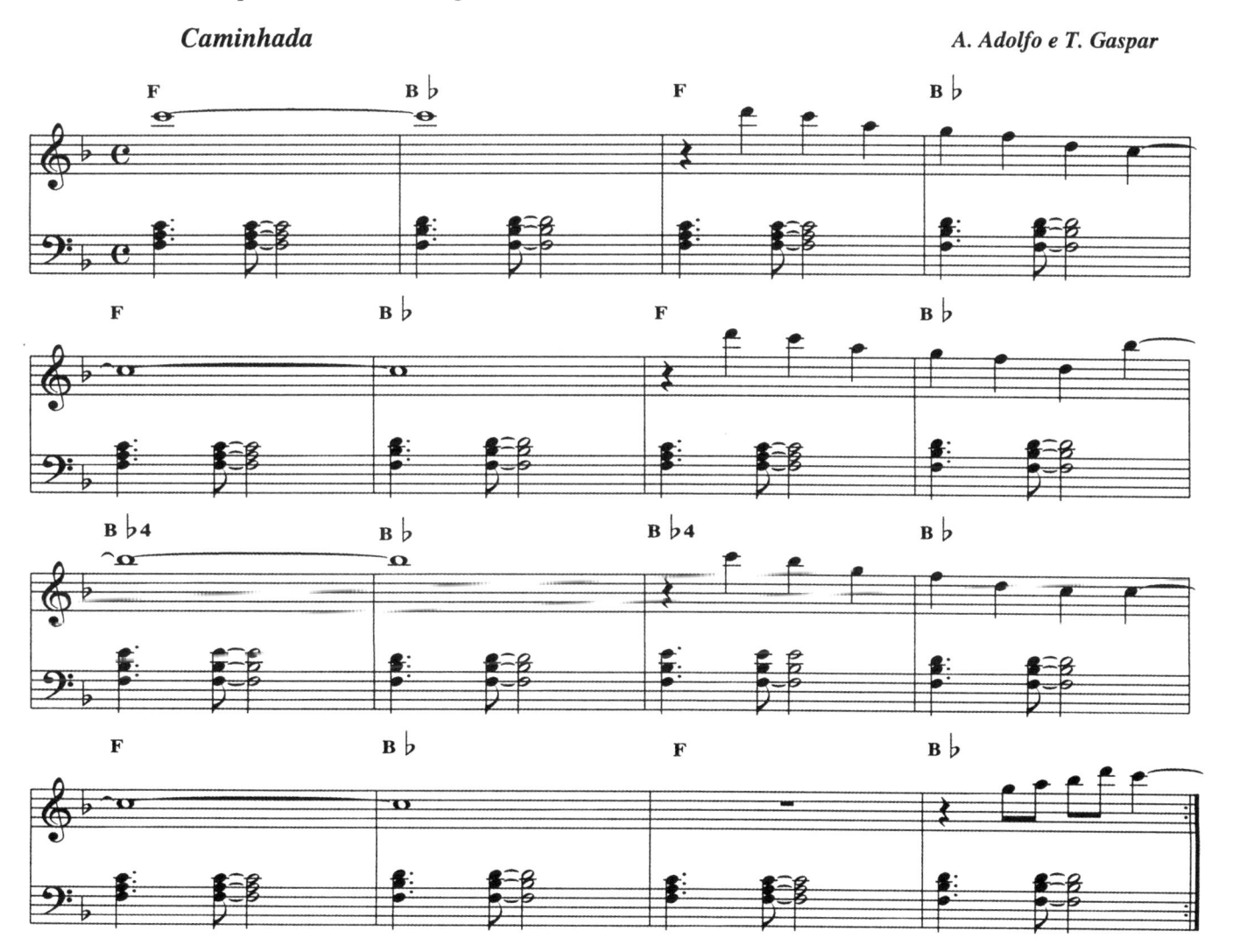

Caminhada   *A. Adolfo e T. Gaspar*

Modalidade d (solo) usada normalmente para **Salsa** (posição fechada) ou **Baião** (posição aberta):

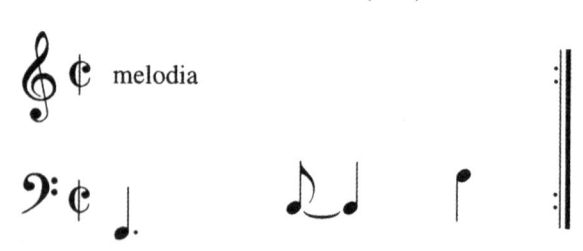

melodia

tríade aberta

baixo (região grave) alternando: fundamental, terça e quinta (**Salsa**)
fundamental, quinta e décima (**Baião**)

Exemplo com modalidade d (Salsa):

Exemplo com modalidade d para Baião usando posição aberta na mão esquerda:

Exemplo com modalidade d para Baião usando posição fechada na mão esquerda:

Outras possibilidades podem ainda ser exploradas como por exemplo usando-se **a melodia na primeira voz:**

etc...

Exercício 21: Praticar, com as modalidades anteriores, encadeamentos simples em quatro ou oito compassos. Para tanto, extrair seqüências de músicas dos **Songbooks**

Prática: Tocar os estilos sugeridos usando as diversas modalidades apresentadas. Não esquecer de encadear os acordes bem como usar técnicas de arranjo já pedidas anteriormente. Usar repertório dos **Songbooks** brasileiros: *Viola Enluarada, O Cantador, Ponteio* etc. Consulte lista adicional no final do livro.

19ª AULA
tríades diatônicas (modo menor)

Modo Menor

Da mesma maneira como classificamos as tríades da escala maior, podemos classificar as tríades da escala menor.

Sendo assim, tomemos os acordes da **escala menor mista** e lembremos que esta segue a armadura do tom a que pertence, porém para **V** e **VII** graus conserva as características da escala menor harmônica com acordes maior e diminuto respectivamente.

Temos então a seguinte classificação:

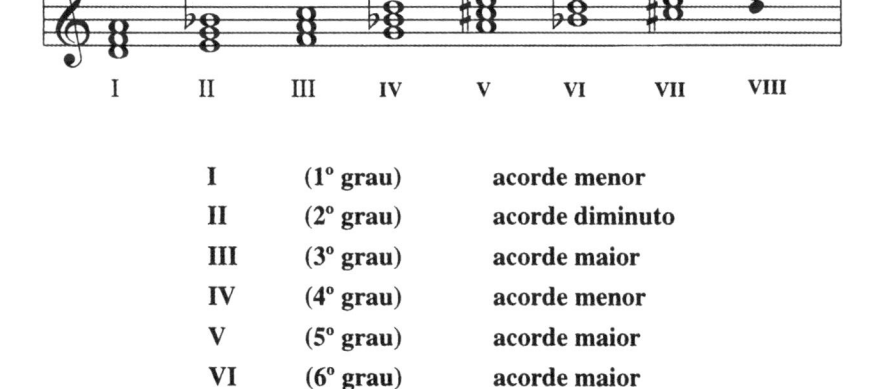

I	(1º grau)	acorde menor
II	(2º grau)	acorde diminuto
III	(3º grau)	acorde maior
IV	(4º grau)	acorde menor
V	(5º grau)	acorde maior
VI	(6º grau)	acorde maior
VII	(7º grau)	acorde diminuto

No momento, interessa-nos trabalhar somente os graus mais usados: **I - IV** e **V**.

I	=	menor
IV	=	menor
V	=	maior

Exercício 23: Escrever e tocar as tríades de **I - IV** e **V** graus das seguintes tonalidades (posição fundamental, primeira inversão, segunda inversão e posição aberta para mão esquerda):

Lá menor	Dó # menor
Mi menor	Sol # menor
Sol menor	Ré # menor
Dó menor	Si b menor
Ré menor	Mi b menor
Si menor	Lá # menor

Exercício 24: Classificar os seguintes acordes em relação a tonalidades menores:
Lembramos que, neste exercício, acordes menores podem ser **I e IV graus** e acordes maiores só poderão ser **V grau**.

| Dm | Gm | C | F | Bb m | A | Fm | D | Bm |

| C# | B | E | F# | C# m | Am | F# m | G# m |

É hora de recapitularmos os diferentes estilos **Canção/Balada**, **Balada/Blues**, **Rock** e **Baião (Toada)**, e começarmos a refazer os velhos arranjos e a criar novos arranjos para novas músicas.

Nossa leitura também deverá estar melhorada e nossa criatividade mais desenvolvida para podermos criar arranjos mais completos, não nos esquecendo de detalhes como compassos de respiração, introdução etc.

É importante que comecemos a identificar, nas músicas que tocamos, os graus, através de uma análise orientada pelo professor. Essa análise, no entanto, não precisa ser completa, pois isso requer um conhecimento aprofundado e só poderá ser feito com precisão quando estivermos mais adiantados. Ornamentos com escalas pentatônicas poderão ser adicionados. Consulte Adendo da Parte I.

Por enquanto, basta detectarmos tonalidade e encadeamentos diatônicos bem evidentes, sempre orientados pelo professor (**I - IV / V - I,** por exemplo).

Exercício adicional: O professor pede ao aluno que identifique encadeamentos diatônicos em algumas músicas.

20ª AULA
tríades com baixo trocado

Faremos uma rápida abordagem deste tópico. Os acordes com baixo trocado serão estudados bem mais adiante. Porém, como esse tipo de acorde não é de difícil compreensão, e devido ao fato de ser muito usado mesmo dentro de um contexto de tríades, podemos iniciar o aluno no modo de utilizá-lo.

Solo:
Como na maioria das vezes solamos com a mão direita e formamos o acorde na mão esquerda, se o acorde tiver como baixo trocado a terça ou quinta, basta armarmos o mesmo na primeira ou segunda inversões, respectivamente.

Exemplo:
C/E quer dizer tríade de Dó maior com o baixo na terça (**Mi**). Então, o acorde simplesmente ficará na sua primeira inversão tocado pela mão esquerda. Por exemplo:

C/E

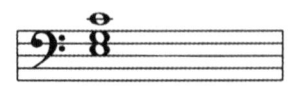

Da mesma maneira, uma tríade com quinta no baixo pode ser interpretada como uma tríade na segunda inversão: tríade de Dó maior com o baixo na quinta (**Sol**).

Para mão esquerda o acorde simplesmente estará em sua segunda inversão:

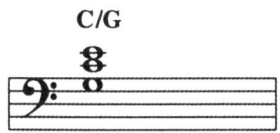

C/G

E, se fosse **Cm/G**, seria a mesma coisa com a simples diferença de que a tríade seria menor.

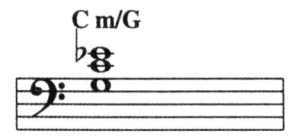

Cm/G

Para acordes com a sétima no baixo, que também são simples, a única diferença é que transformamos a fundamental em sétima menor (um tom abaixo da fundamental).

Exemplo: **G/F** (Sol Maior com baixo Fá):

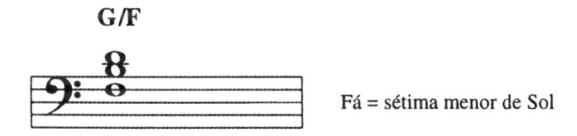

G/F

Fá = sétima menor de Sol

No caso de acordes abertos para a mão esquerda - utilizados em algumas modalidades, como por exemplo **Canção/Balada** e **Baião (Toada)** - os acordes com baixo trocado são também muito eficientes.

Exemplo: Tríade com terça no baixo:

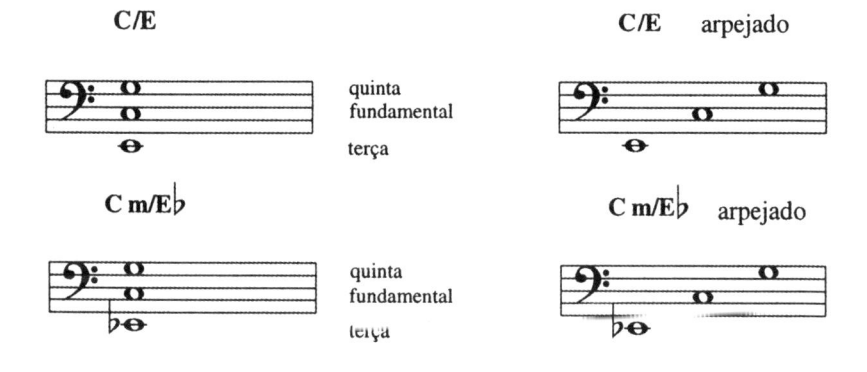

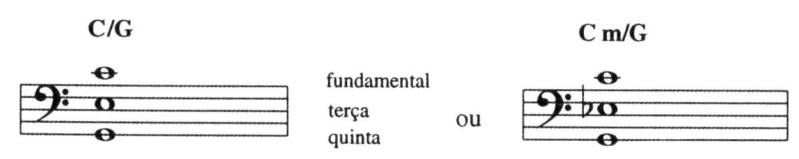

C/E
quinta
fundamental
terça

C/E arpejado

Cm/E♭
quinta
fundamental
terça

Cm/E♭ arpejado

Exemplos: Tríades com quinta no baixo :

C/G
fundamental
terça
quinta

ou

Cm/G

Tríade com sétima no baixo:

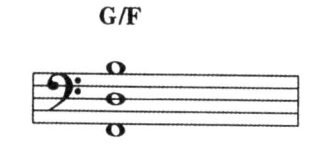

G/F

Exercício 25: Formar (escrever e tocar) para mão esquerda as seguintes tríades com baixo trocado (incluindo posição aberta):

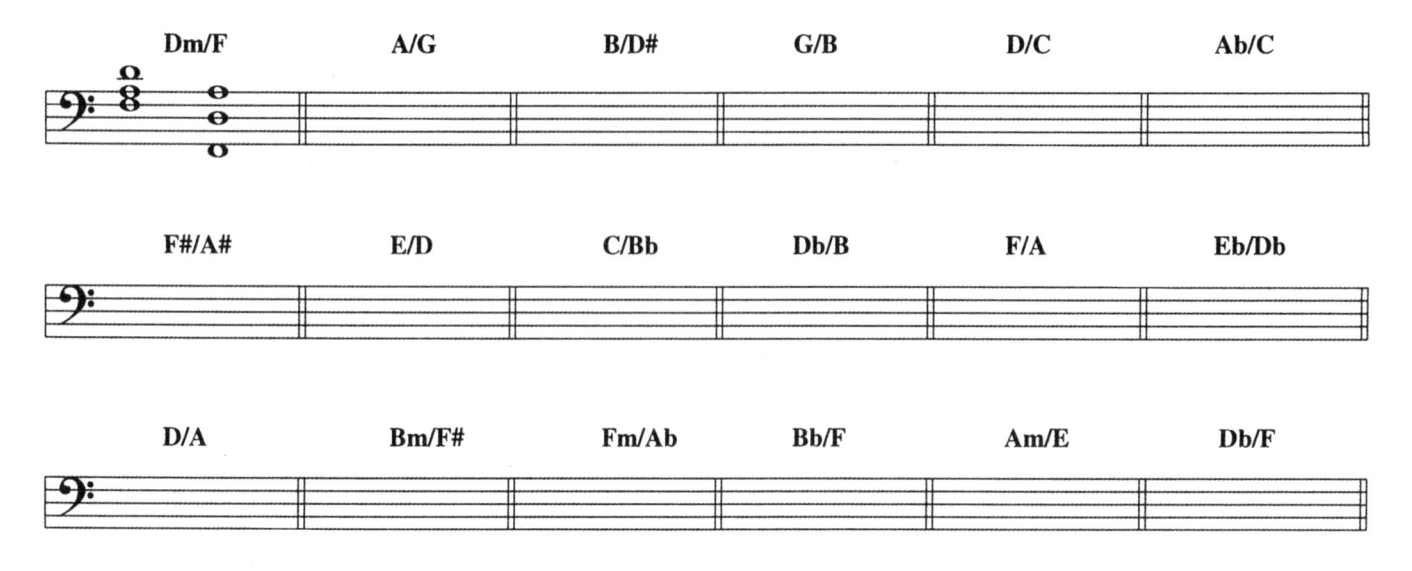

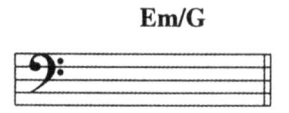

| Dm/F | A/G | B/D# | G/B | D/C | Ab/C |

| F#/A# | E/D | C/Bb | Db/B | F/A | Eb/Db |

| D/A | Bm/F# | Fm/Ab | Bb/F | Am/E | Db/F |

| Em/G |

Acompanhamento:

Para a mão esquerda, as possibilidades acima são as mais claras, porém, em termos de **acompanhamento**, quando o baixo fica com a mão esquerda e a tríade com a mão direita, as possibilidades são bem maiores. Experimente tocar uma tríade maior com a mão direita e passear com o baixo por uma escala cromática:

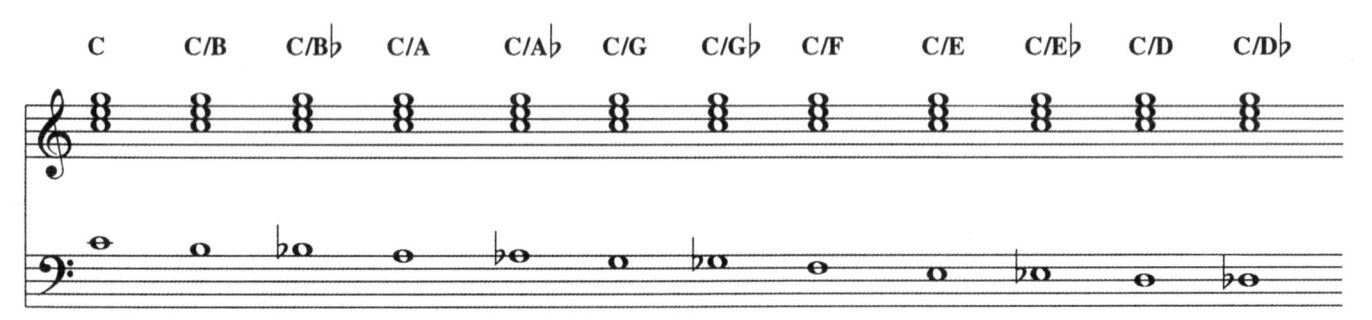

| C | C/B | C/Bb | C/A | C/Ab | C/G | C/Gb | C/F | C/E | C/Eb | C/D | C/Db |

ou então uma tríade menor:

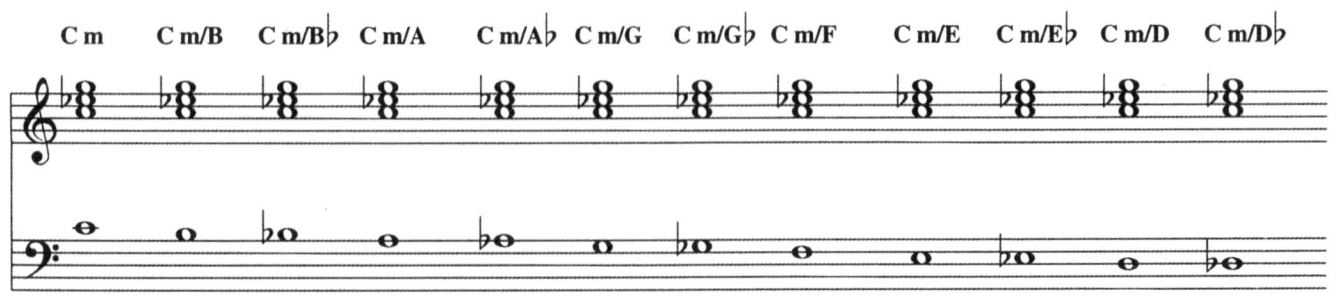

| Cm | Cm/B | Cm/Bb | Cm/A | Cm/Ab | Cm/G | Cm/Gb | Cm/F | Cm/E | Cm/Eb | Cm/D | Cm/Db |

Com esses novos acordes, novas cores podem ser adicionadas com uma rápida e simples compreensão dos acordes com baixo trocado. Como foi visto, muitas combinações podem ser feitas. Portanto, não se acanhe ao deparar com esses acordes.

Prática: Tocar músicas no estilo **Canção/Balada, Balada 12/8, Rock e Baião (Toada)** em que apareçam esses tipos de tríade. Note que em músicas no estilo **Baião (Toada)** são muito freqüentes esses acordes.

Exemplo:

Sá Marina   *A. Adolfo e T. Gaspar*

[Partitura musical com as seguintes cifras:]

G	C	D/C	B m	A m
G	C	D 4	G	C
G	C	D/C	B m	A m
G	C	D 4	G
Eb/Db	C	D/C	G/B
E/D	A/G	D/C	G 4	G

etc...

Exercícios adicionais: O professor cria acordes com baixo trocado para que o aluno toque com as duas mãos.

Sugestões adicionais para repertório: *Bebê* (H. Paschoal), *Asa Branca* (L. Gonzaga e H. Teixeira); **Songbook Caetano Veloso:** *Você é Linda, Lua Lua Lua Lua,* **Songbook Gilberto Gil** :*A Paz*. Consulte lista adicional no final do livro.

21ª AULA
encadeamentos com tríades diatônicas

I - IV / IV - I / IV - V / I - V / V - I / V - IV

Os encadeamentos mais freqüentes com tríades devem ser praticados até que fiquem automáticos, pois quando estamos tocando uma música não podemos parar para pensar quais vozes (notas do acorde) são comuns, quais não são, e só depois encadearmos.

Portanto, selecionamos aqui os mais freqüentes em tríades e que deverão ser tocados em todos os tons.

Eis os encadeamentos diatônicos mais comuns exemplificados em Sol maior e em Sol menor.

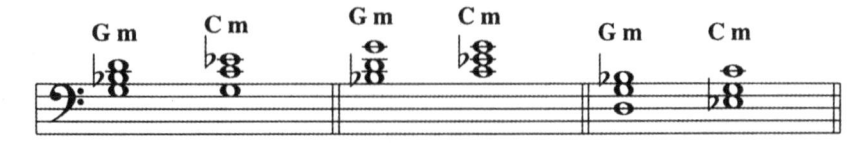

Encadeamento I - IV

Tonalidade de Sol maior - que podem ser tocados com a mão direita:

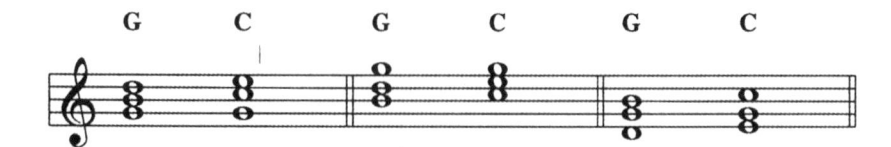

ou com a mão esquerda:

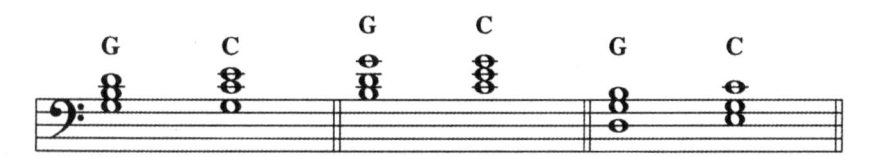

Note que para a mão esquerda acordes fechados têm que ser tocados na região média. Na região grave teriam que ser em posição aberta e não precisaríamos encadeá-los.

Tonalidade de Sol menor - que podem ser tocados com a mão direita:

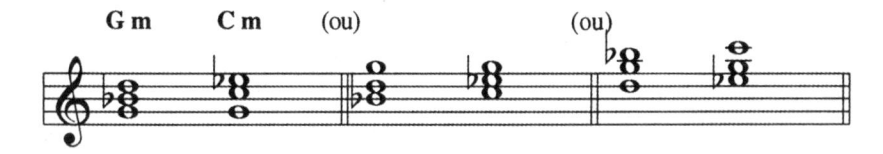

ou com a mão esquerda:

Encadeamento IV - I

Sol maior (mão esquerda):

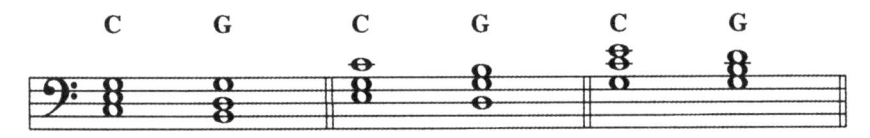

Sol maior (mão direita):

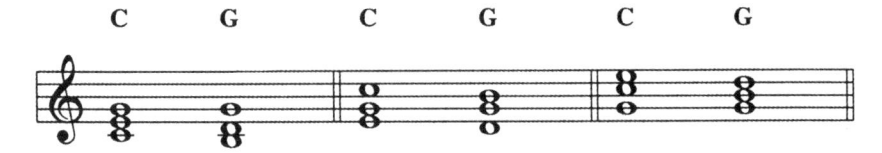

Sol menor (mão esquerda):

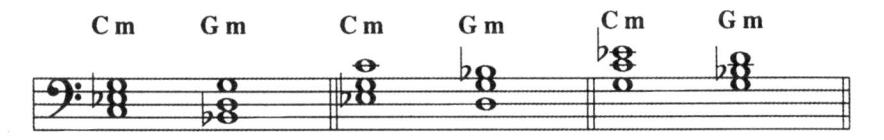

Sol menor (mão direita):

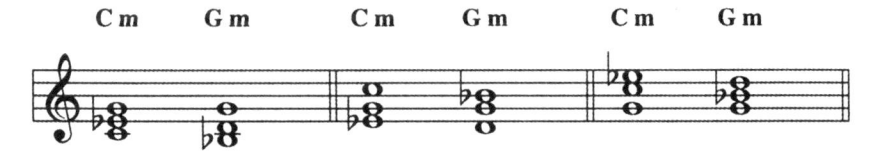

Encadeamento I - V

Sol maior (mão direita):

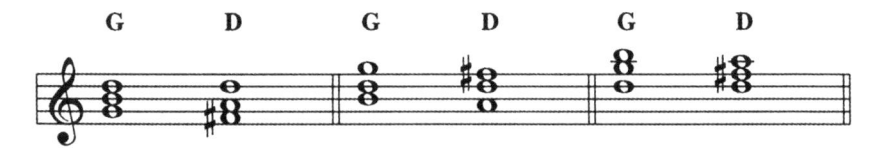

Sol maior (mão esquerda):

Encadeamento I - V

Sol menor (mão direita):

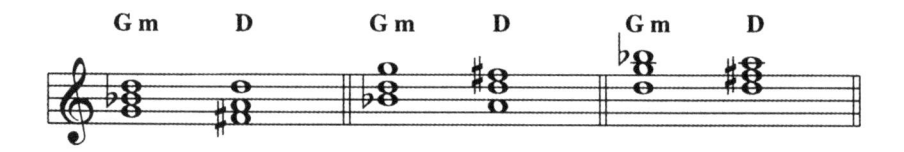

Sol menor (mão esquerda):

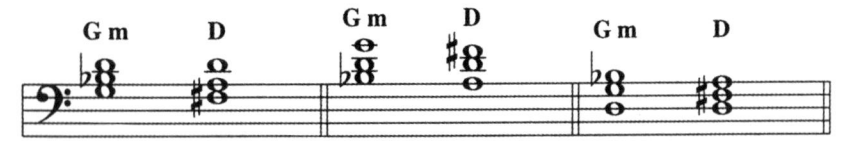

Encadeamento V - I

Sol maior (mão direita):

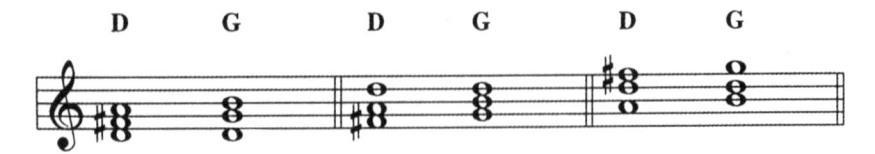

Sol maior (mão esquerda):

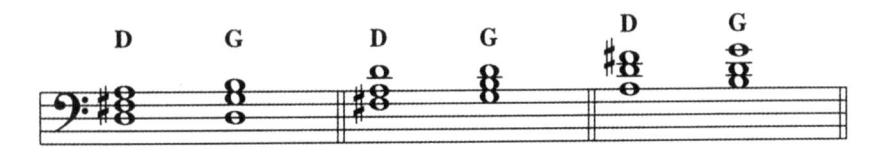

Encadeamento V - I

Sol menor (mão direita):

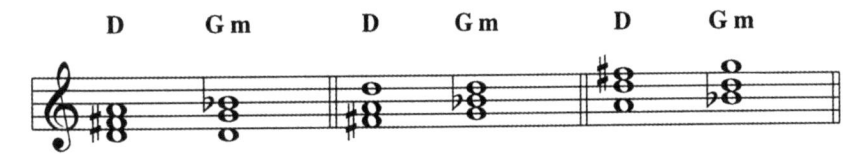

Sol menor (mão esquerda):

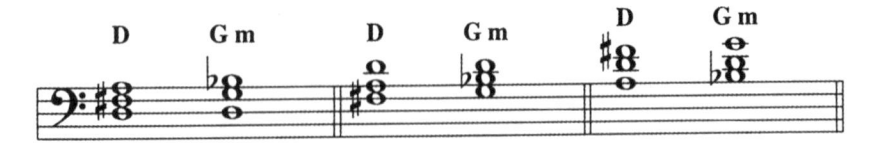

Encadeamento IV - I

Sol maior (mão direita):

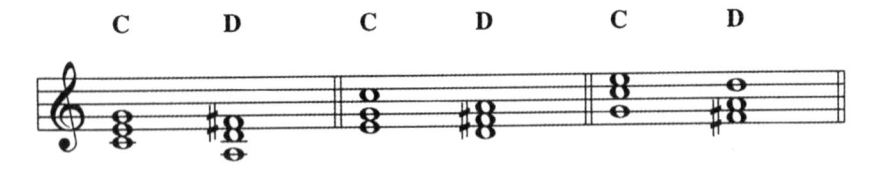

Sol maior (mão esquerda):

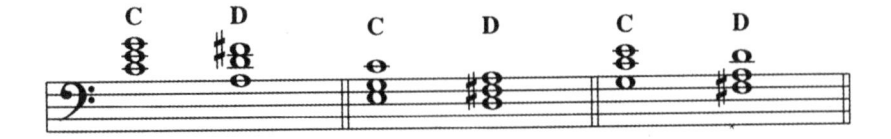

Note que nos encadeamentos **IV-V** e **V-IV**, por não termos notas comuns, costumamos encadear em direção oposta: **IV-V** é ascendente, então encadeamos de forma descendente. Isso, no entanto, não é regra.

Encadeamento IV - V

Sol menor (mão direita):

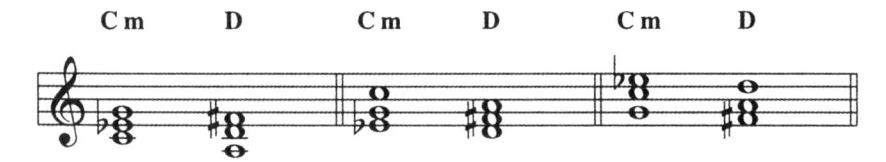

Sol menor (mão esquerda):

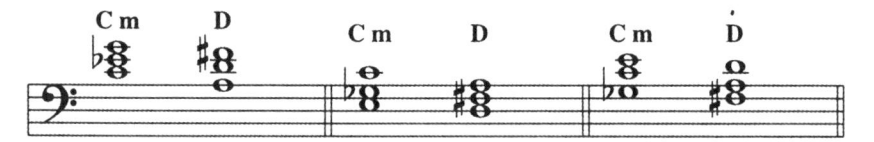

Encadeamento V-IV

Sol maior (mão direita):

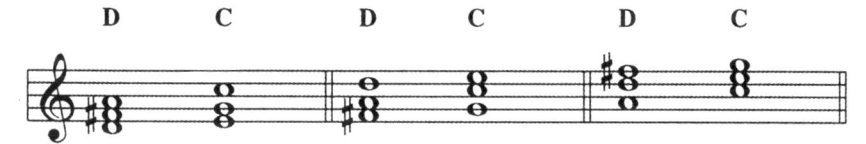

Sol maior (mão esquerda):

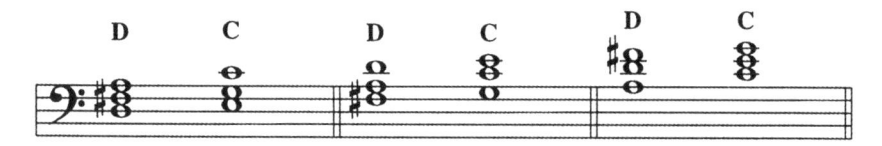

Encadeamento V-IV

Sol menor (mão direita):

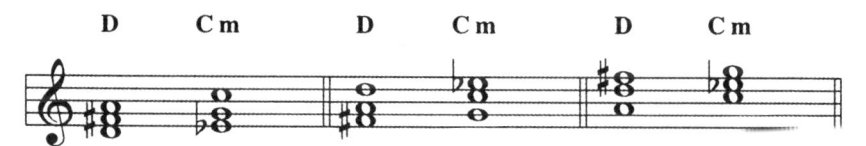

Sol menor (mão esquerda):

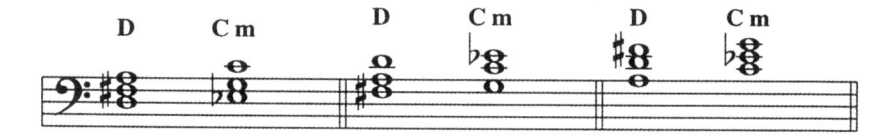

Exercício 26: Seguindo os modelos acima, realizar os encadeamentos
I - IV / IV - I / V - I / I - V / IV - V e V - IV

para as seguintes tonalidades:

Dó maior	Dó menor
Ré maior	Ré menor
Lá maior	Lá menor
Mi maior	Mi menor
Si maior	Si menor
Mib maior	Mib menor
Sib maior	Sib menor
Fá# maior	Fá# menor
Dó# maior	Dó# menor

Esses exercícios deverão ser praticados usando-se as diferentes modadidades já dadas para **Canção/Balada, Balada/Blues, Rock, Baião (Toada).**

Exercícios adicionais:

1) Identificar músicas nos estilos acima, dizendo qual deles está sendo empregado, se **Canção, Balada/Blues** etc.

2) Identificar os seguintes elementos de arranjo: introdução, diferentes naipes encontrados nas diferentes partes (primeira, segunda etc.), solo, final (coda), respiração decorrente de separação de estrofes (partes).

3) Identificar os diversos elementos da música (melodia, harmonia, pulsação e linha do baixo) nas interpretações do professor e nas dos colegas (no caso de aula em grupo) e em gravações já existentes.

4) Fazer demais comentários técnicos sugeridos pelo professor.

5) Como interpretar (suprimir) as sétimas e as tensões em diferentes músicas.

ADENDO
escalas pentatônicas

Escalas Pentatônicas maiores e menores podem ser aplicadas aos estilos dados para enriquecimento melódico e harmônico.

Pentatônica maior: formada por fundamental, segunda maior, terça maior, quinta justa e sexta maior.

Exemplo:

1   2   3   5   6

Pentatônica menor: formada por fundamental, terça menor, quarta justa, quinta justa e sétima menor.

Exemplo:

C m

1   b3   4   5   7 (sétima menor)

Essas escalas, assim como os ornamentos que daremos mais adiante, podem enriquecer o fraseado tanto nos estilos pop como nos estilos jazzísticos. Além disso, servem para preencher os espaços deixados pela melodia e até mesmo para improvisação:

Prática: Tocar escalas pentatônicas maiores e menores para os diferentes acordes. Aplicá-las nas canções que tocar. Esse treinamento deverá ser orientado pelo professor, tomando-se por base que os acordes do tipo **M** e **7** devem empregar escala pentatônica maior e acordes do tipo **m** devem empregar escalas pentatônicas menores.

Uso das Escalas Pentatônicas por Campo Tonal

Situações diatônicas deverão ser também consideradas. Por exemplo, se tivermos uma seqüência diatônica como a que apresentamos a seguir, bastará uma escala pentatônica para toda a seqüência.

C - Am - Dm - G   (acordes diatônicos de Dó maior):

Exemplo:

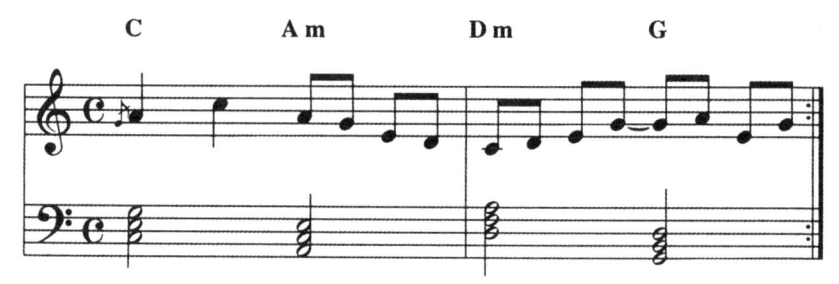

C - Dm - Em - G   (acordes diatônicos de Dó maior)
Exemplo:

[Exemplo musical com acordes C, Dm, Em, F]

Para ambas as seqüências diatônicas de Dó maior usamos somente a escala pentatônica de Dó maior.

O mesmo ocorre para uma seqüência diatônica menor usando-se escala pentatônica menor:

Ddim - G   (Dó menor)
Exemplo:

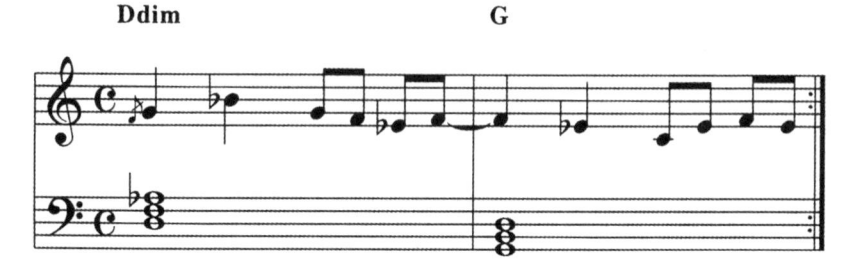

[Exemplo musical com acordes Ddim, G]

Fm - G - Ab - G   (Dó menor)

[Exemplo musical com acordes Fm, G, Ab, G]

Quando numa música predominar um campo tonal qualquer e de repente aparecer um acorde sem relação com aquela tonalidade, simplesmente tocaremos a pentatônica do acorde, independente da tonalidade. Consulte a Parte IV deste livro.

Em canções como por exemplo *Let It Be* ou *Autumn Leaves*, uma só escala pentatônica servirá para toda a música, pois tratam-se de canções em que o mesmo campo tonal perdura por todo o tempo, mesmo considerando-se tons relativos, como é o caso de *Autumn Leaves*. Notemos também que uma escala pentatônica maior contém as mesmas notas de sua relativa menor. Sendo assim, Sol maior pentatônica contém as mesmas notas da escala Mi menor pentatônica.

PARTE II

1ª AULA
tétrades

Para formarmos uma tétrade (acorde de sétima), basta adicionarmos uma sétima à tríade.
Antes de formarmos os acordes de sétima, temos que saber que tipos de intervalos de sétima são usados para esses acordes.

São só três:

       a) sétima maior (**7M**)   sétima nota de uma escala maior, situada um semitom abaixo da oitava.

       b) sétima menor (**7**)   meio-tom abaixo da sétima maior.

       c) sétima diminuta (**°7**)   meio-tom abaixo da sétima menor.

Exercício 27: Formar intervalos de sétima maior, sétima menor e sétima diminuta para todas as notas da oitava
Observação: não usar ordem cromática simétrica tipo Dó / Dó# / Ré /...

Eis as tétrades mais usadas:

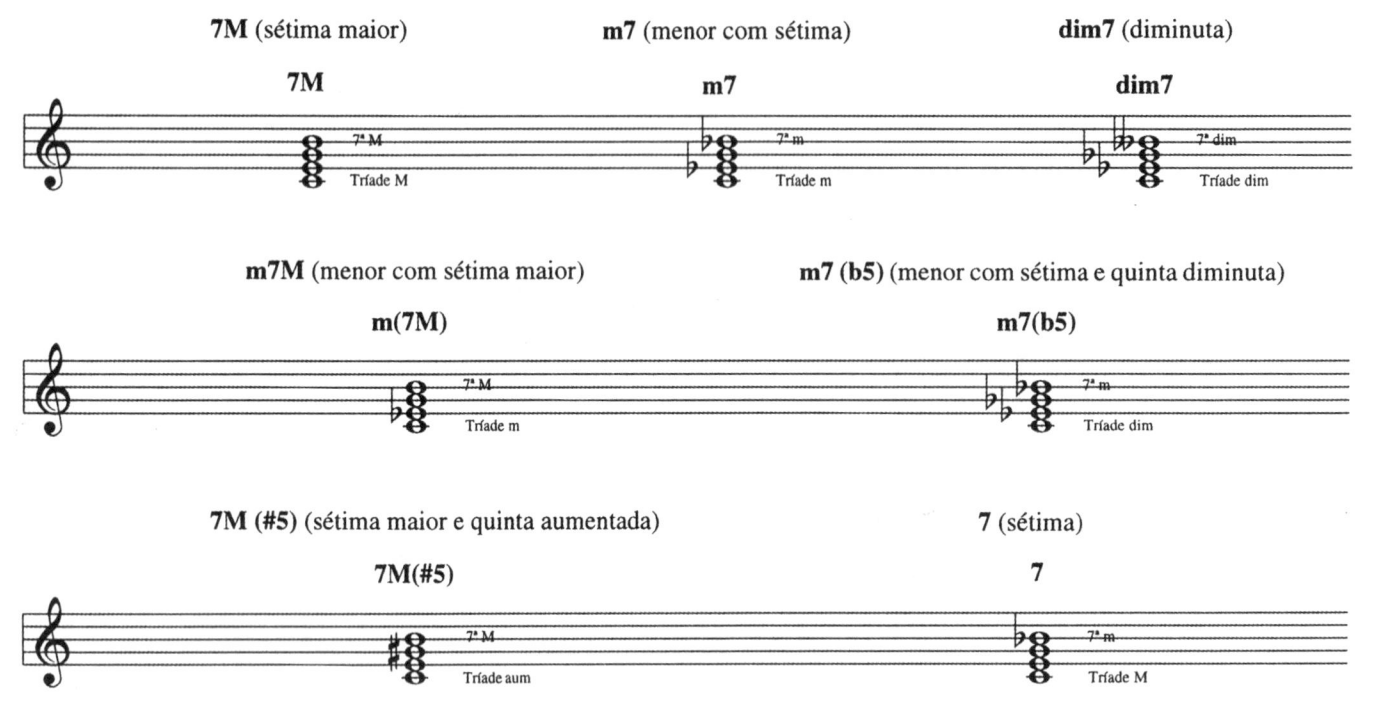

7M (sétima maior) **m7** (menor com sétima) **dim7** (diminuta)

m7M (menor com sétima maior) **m7 (b5)** (menor com sétima e quinta diminuta)

7M (#5) (sétima maior e quinta aumentada) **7** (sétima)

O acorde **dim 7** geralmente é cifrado **dim** ou °. Visando à unificação da cifragem brasileira, a partir daqui usaremos o **dim** como cifragem para tais acordes, mesmo sendo tétrades.

Nota: Infelizmente ainda não temos uma cifragem internacional única. Apontamos aqui como esses acordes são escritos em cifragem americana. Isto facilitará a compreensão de partituras estrangeiras.

7M	-	aparece cifrado **maj7**	ou Δ7	ou	Δ
m7	-	aparece cifrado **-7**	ou mi7		
dim	-	aparece cifrado °	ou °7	ou	dim7
m7M	-	aparece cifrado **m(maj7)**	ou - (maj7)	ou	mi (maj7)
m7(b5)	-	aparece cifrado **-7(b5)**	ou mi7(b5)	ou	ø
7M (#5)	-	aparece cifrado **+maj7**	ou +(Δ7)		
7	-	geralmente é cifrado da mesma maneira			

Exercício 28: Formar os seguintes acordes. (Toque-os separadamente com a mão direita e a mão esquerda, lembrando que para a mão esquerda deverão estar na região média.)

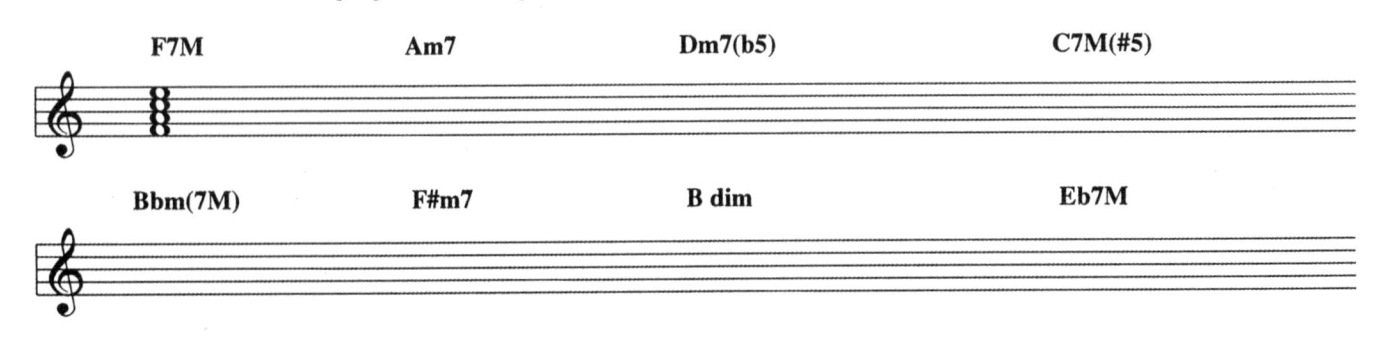

F7M   Am7   Dm7(b5)   C7M(#5)

Bbm(7M)   F#m7   B dim   Eb7M

| Gm7 | Ab7M(#5) | Dm(7M) | A7 |

| D7 | G#m7 | Am7(b5) | B7M |

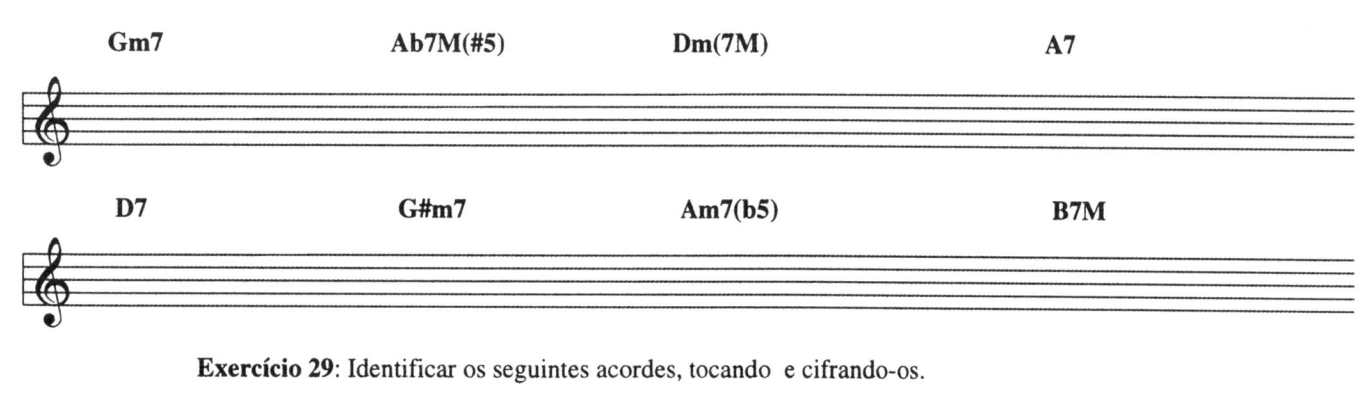

Exercício 29: Identificar os seguintes acordes, tocando e cifrando-os.

F7M

Exercícios adicionais:
1) O professor deverá cifrar tétrades para que os alunos toquem e escrevam.
2) Identificar acordes de sétima visual e auditivamente.
3) Identificar acordes de sétima auditivamente.
4) Identificar acordes de sétima em partituras não cifradas.

A partir de agora podemos interpretar acordes cifrados com tensões (nonas, décimas primeiras etc.), considerando somente o que está escrito antes das mesmas.
Tudo o que estiver cifrado além da tétrade deverá ser eliminado.

Exemplo:

C7M(9)	deverá ser interpretado como	**C7M**
Cm7(b5/9)	deverá ser interpretado como	**Cm7(b5)**
C7(9/#11/13)	deverá ser interpretado como	**C7**

Nota: Oportunamente usaremos os acordes com tensões (9/11/13). Por enquanto use só os acordes pedidos.

2ª AULA
o uso das tétrades nas modalidades já vistas

Antes de seguirmos por diferentes estilos devemos considerar que as tétrades poderão ser empregadas para todos os estilos já dados: **Canção/Balada** (tanto em compasso 4/4 quanto em compasso 2/2), **Balada/Blues**, **Rock**, **Baião/Toada** e outros.

Portanto você já pode adicionar certo grau de sofisticação harmônica a seus arranjos antigos. Ou mesmo criar novos arranjos para novas músicas usando tétrades. Tenha sempre em mente que os quatro elementos da música (melodia, harmonia, pulsação e linha do baixo) deverão estar presentes e de forma clara.

Podemos acrescentar o seguinte: para todas as modalidades com acorde arpejado para mão direita a sétima poderá ser adicionada aos arpejos.

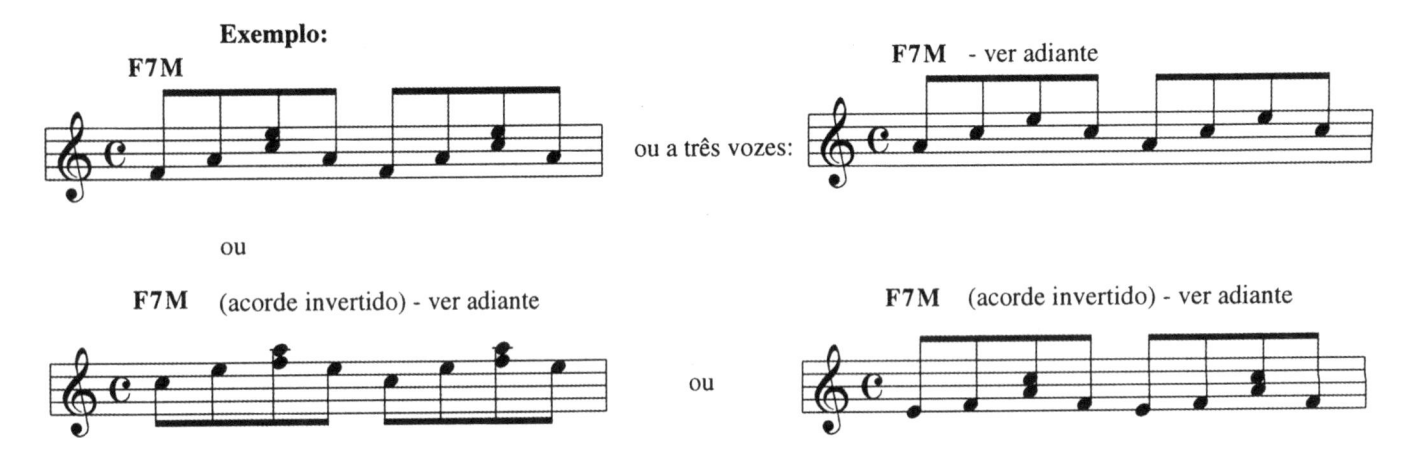

Exemplo:

F7M

ou a três vozes:

F7M - ver adiante

ou

F7M (acorde invertido) - ver adiante

ou

F7M (acorde invertido) - ver adiante

Acordes arpejados para mão esquerda deverão estar sempre na posição fundamental, pois, do contrário, podem ser confundidos:

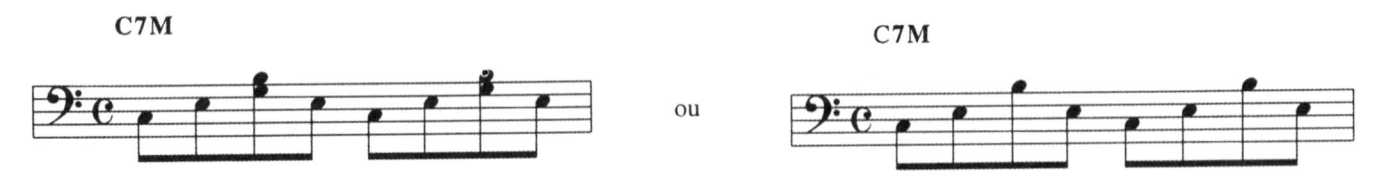

C7M

ou

C7M

Sugerimos suprimir a quinta do primeiro exemplo acima, todavia o uso da sétima para a mão esquerda não é obrigatório.

Podemos simplesmente usar uma tríade ou tétrade arpejada, seja em posição fechada ou em posição aberta:

Exemplos:

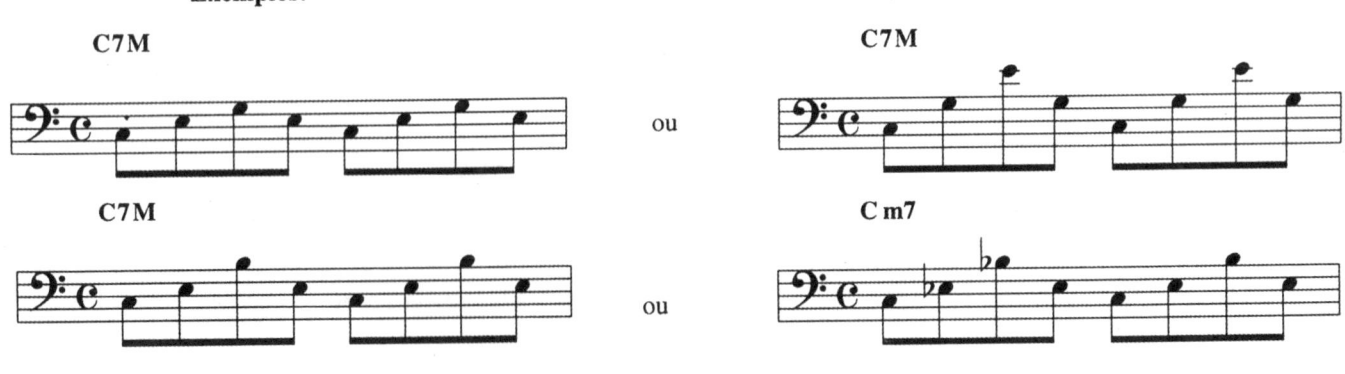

C7M

ou

C7M

C7M

ou

Cm7

Mas nunca invertido, a não ser que você esteja tocando com um contrabaixo ou algum outro instrumento que desempenhe o papel de "linha do baixo" (ver os quatro elementos da música).

C m7

(não é comumente usado)

A falta de um baixo faria com que o acorde acima tocado invertido soasse como um tipo estranho de acorde de **Bb ou simplesmente um Cm/Bb.**

Lembramos aqui que esse problema só se dá com acordes arpejados ou acordes quebrados, e para a região grave (mão esquerda).

O acorde quebrado para a mão direita em **Canção/Balada** deverá ser interpretado da seguinte forma:

Na posição fundamental: A três vozes (ver adiante)

F7M   **F7M**

ou invertido:

(ver inversões de tétrades adiante)   A três vozes (ver adiante)

F7M   **F7M**

idem

Normalmente não se usa acorde quebrado para a mão esquerda para esses estilos.

Para os estilos dados até agora (**Canção/Balada, Balada/Blues, Rock e Baião/Toada**), a única diferença, além do que acabamos de apresentar, é a transformação de tríades em tétrades.

Pelo fato de que a adição da sétima dá um novo colorido à Harmonia, sugerimos aqui que algumas músicas já trabalhadas possam ser novamente tocadas, dessa vez com tétrades. Para tanto, as tríades podem ser transformadas:

> Para **tríade maior** temos agora **7M**
> Para **tríade maior de V grau** temos agora **7**
> Para **tríades menores** temos agora **m7**
> Para **tríades diminutas** temos agora **m7(b5)** ou **dim7**

Sugestões de repertório para Canção/Balada, Balada 12/8 do **Real Book**: *Easy Leaving, Easy to Love, Here Is that Rainny Day, I can't Get Started, In a Sentimental Mood, Misty, My Funny Valentine, My One and Only Love, Sophisticated Lady etc.* Consulte lista adicional no final do livro.

3ª AULA
acorde 7/4 ou 7sus

O acorde de **7/4**, também conhecido por **7sus** (cifragem americana), tem sido muito usado hoje em dia como uma alternativa para acordes **7**. Para obtermos esse tipo de acorde basta subtituirmos a terça maior pela quarta justa num acorde do tipo **7**.

Sendo assim, o que era, por exemplo, **C7** passa a ser **C 7/4** ou **C7sus**.

Exemplo:

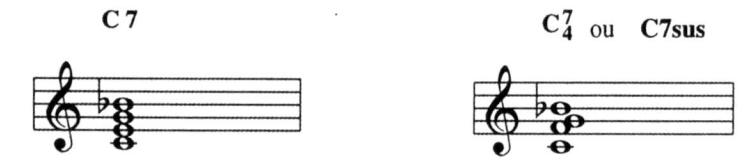

C 7   C 7/4 ou **C7sus**

Exercício 30: Formar os seguintes acordes, escrevendo e depois tocando, separadamente, com as duas mãos.

Observação: quando tocar com a mão direita, use o baixo na esquerda.

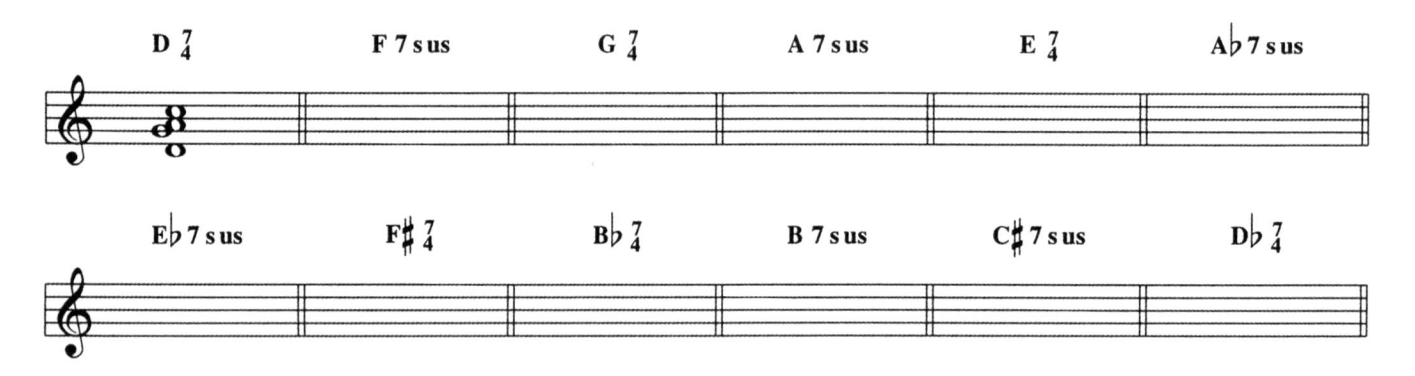

D 7/4   F 7 sus   G 7/4   A 7 sus   E 7/4   Ab 7 sus

Eb 7 sus   F# 7/4   Bb 7/4   B 7 sus   C# 7 sus   Db 7/4

4ª AULA
o estilo swing

Também conhecido pelos mais velhos como **Fox** ou **Foxtrote**, por outros como o **ritmo de Jazz**, o **Swing** tem sido usado por compositores e músicos do mundo inteiro. Basicamente em 4/4 ou **C** (o que quer dizer a mesma coisa), o **Swing** soa muito bem em instrumentos de teclado e pode englobar um vasto repertório.

Antes de fornecermos as modalidades mais usadas para esse estilo é importante assinalar algumas características:
1) *Subdivisão ternária do tempo*. Apesar de na escrita ser subdividido em colcheia, a leitura do **Swing** deve ser feita em tercinas (quiálteras) pois a métrica soa como 12/8.

Então, sempre que você tocar esse tipo de música, assim como o **Blues**, o **Xote**, a **Marcha Inglesa** (*Penny Lane, Hino Nacional*, alguns **Reggaes** etc.) e a **Balada 12/8**, por exemplo, pense em tercinas.

Exemplo:

deverá ser interpretado na forma abaixo:

2) Interpretação Big Band. Para se tirar melhor proveito desse estilo de música é importante ouvir as Big Bands tipo Count Basie, Duke Ellington e tantas outras, pois quanto mais sua execução imitar os naipes das Big Bands através de sua dinâmica, mais real irá soar o estilo **Swing**. Para tanto, alguns **acentos típicos** podem e devem ser trabalhados sempre imitando os acentos das Big Bands:

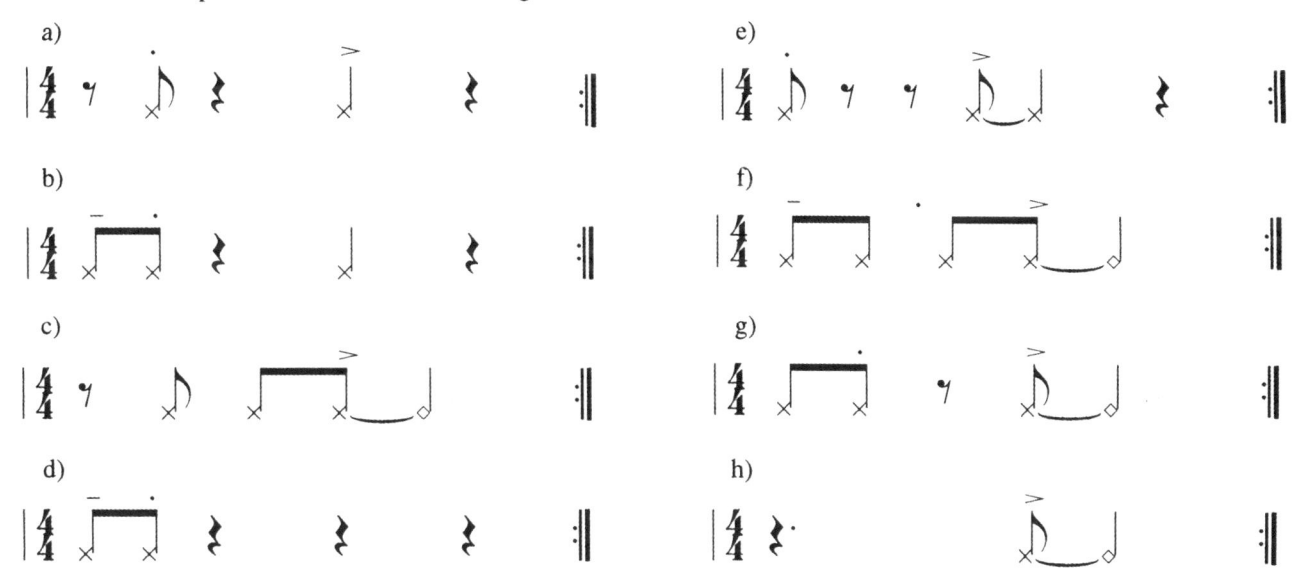

a) b) c) d) e) f) g) h)

Não se esqueça de adicionar a subdivisão ternária do tempo como foi explicado anteriormente.

Exercício 31: Praticar os acentos dados acima tocando-os em acordes com a mão direita e o baixo marcando os tempos, tendo como base os tempos de um compasso 4/4 em andamento médio. Primeiramente só com um acorde e depois com as séries de acordes sugeridas abaixo. *Observação:* O professor poderá determinar outras seqüências para serem trabalhadas. Para cada seqüência deverão ser trabalhados todos os acentos.

Exemplo
1)

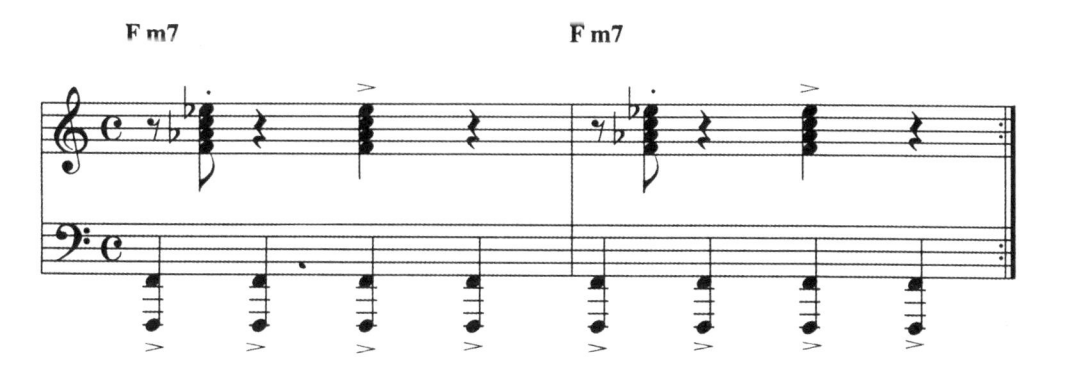

F m7   F m7

2) ‖ **Dm** | 〃 | **G7** | 〃 ‖

3) ‖ **Am7(b5)** | 〃 | **D7** | 〃 |
   | **Gm7** | 〃 | **C7** | 〃 ‖

4) ‖ **Bm7** | **E7** | **A7M** | **F#m7** ‖

Exercício adicional: Invente outras seqüências e outros acentos.

Observação: Esses acentos serão úteis para acompanhamento no estilo **Swing**.

5ª AULA
modalidades para acompanhamento e solo (Swing)

As modalidades mais simples para se tocar **Swing** são as que apresentamos a seguir:

Modalidade a (acompanhamento):

acorde fechado na região média

baixo - fundamental do acorde, tocada na região grave.

Exemplo:

F7M

Modalidade b (solo):

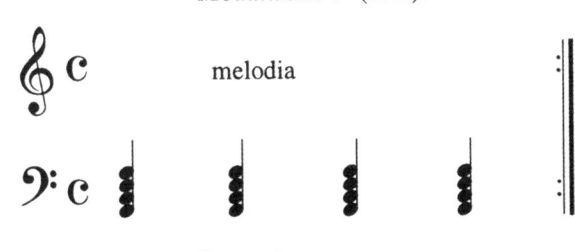

Observação: esta modalidade corresponde à modalidade (i) para **Canção/Balada**. Experimente também a modalidade (g), usada naquele estilo.

Exemplo:

A m7

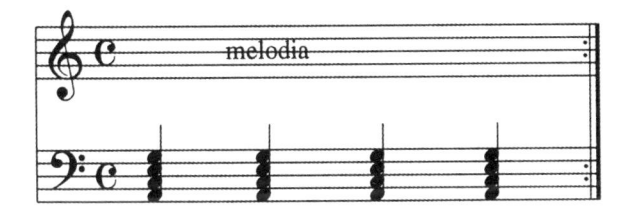

Observação: A modalidade (à) quando aplicada para dois acordes por compasso deverá ser interpretada na forma abaixo:

Modalidade c (acompanhamento):

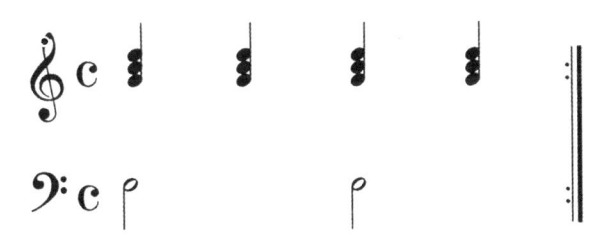

Observação: Para a modalidade (c), no caso de dois acordes por compasso, deverá ser interpretada na seguinte seqüência:

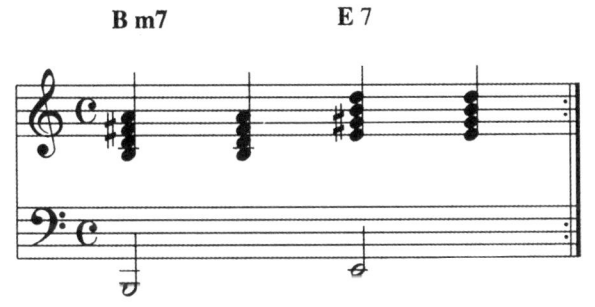

B m7   E 7

Modalidade d (solo):

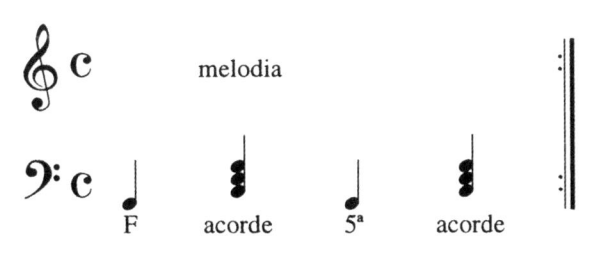

a mão esquerda deverá tocar em seqüência: fundamental/acorde fechado (região média)/ quinta/acorde fechado (região média).

Fundamental do primeiro acorde/acorde fechado (região média)/fundamental do segundo acorde/ acorde fechado (região média).

Os acordes poderão estar na posição fundamental ou invertidos (ver adiante - inversão de tétrades)
Se suprimirmos os acordes tocados pela mão esquerda na modalidade (d), teremos o que chamamos de *"Walking Bass"* binário.

Prática: Usando as modalidades dadas até agora, toque no mínimo três músicas no estilo **Swing** (andamentos lento e médio). *Observação:* poderíamos chamar as músicas, nesse estilo, com andamento lento, de **Baladas**, porém essas **Baladas** já usam tétrades e diferem um pouco das apresentadas quando tratamos das tríades. Use elementos de arranjo que já foram dados anteriormente: mudança de registro, mudança de modalidades (estilo), introdução, não esquecendo de criar uma forma para o arranjo. Por exemplo: introdução, primeira parte, segunda parte e final, que pode ser a introdução tocada novamente. Use a sua imaginação!.

Sugestões para repertório. **Songbook Rita Lee**: *Só de Você*. **Real Book**: *A Foggy Day, All of Me, All the Things You Are, As Time Goes By, Autumn Leaves, Body and Soul, Hey There, I Love You, I'll Remenber April, Invitation, Lullaby of Birdland, The More I See You, Night and Day, Satin Doll, The Shadow of Your Smile, There'll Never Be Another You, What Is This Thing Called Love*. Consulte lista adicional no final do livro.

6ª AULA
tétrades/inversões

As tétrades podem estar na posição fundamental ou invertidas:

Posição fundamental:

Dm7

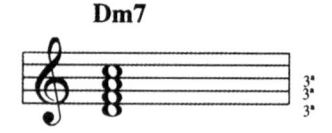

Podemos notar que na posição fundamental temos três terças subseqüentes.

Se projetarmos a nota mais grave para a oitava de cima, teremos a primeira inversão:

Primeira inversão:

Dm7

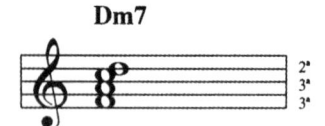

Na primeira inversão teremos, de baixo para cima, duas terças e uma segunda.

Fazemos o mesmo com a primeira inversão e teremos então a segunda inversão.

Segunda inversão:

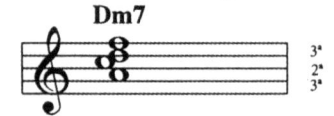

Dm7

Na segunda inversão temos uma terça, uma segunda e novamente uma terça.

Mais uma vez, e teremos a terceira inversão:

Terceira inversão:

Dm7

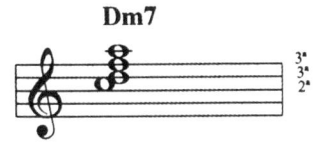

Na terceira inversão temos, de baixo para cima, uma segunda, uma terça e mais uma terça.

Nos exemplos acima tivemos um acorde **Dm7** em suas quatro posições: fundamental, primeira inversão, segunda inversão e terceira inversão. Podemos notar que em posições invertidas a fundamental do acorde é sempre a nota mais aguda do intervalo de segunda.

Podemos notar que os acordes invertidos dispõem-se de forma diferente:

Posição fundamental (a fundamental Ré é a nota mais grave - quarta voz):

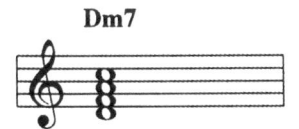

Dm7

Primeira inversão (a fundamental Ré é a nota mais aguda - primeira voz);

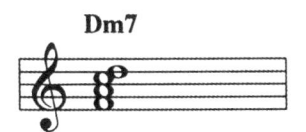

Dm7

Segunda inversão (a fundamental Ré está logo acima da sétima - segunda voz);

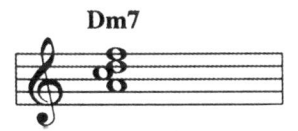

Dm7

Terceira inversão: (a fundamental Ré está na terceira voz)

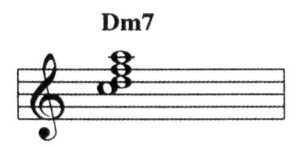

Dm7

Exercício 32: Formar (escrever e tocar) nas quatro posições os seguintes acordes:

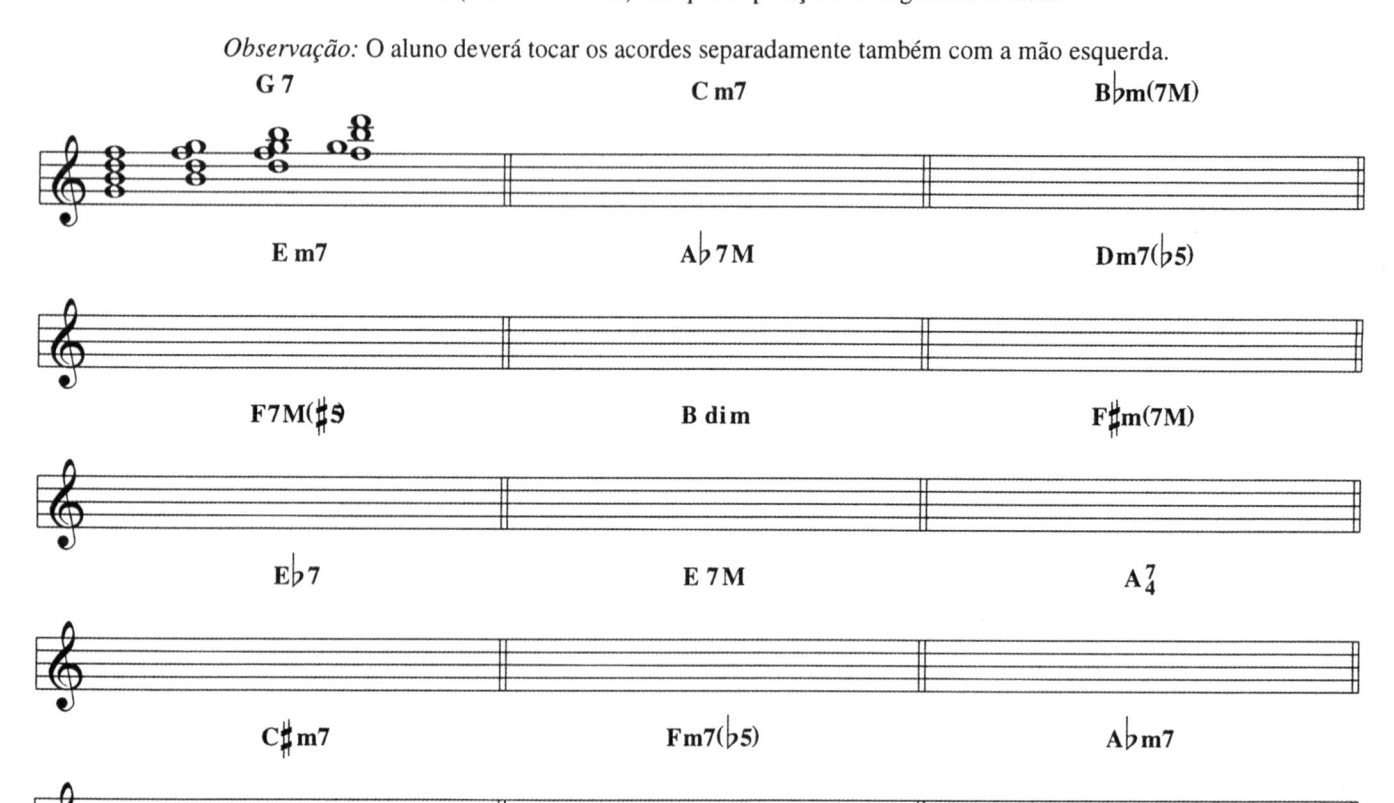

Observação: O aluno deverá tocar os acordes separadamente também com a mão esquerda.

G 7	C m7	Bbm(7M)
E m7	Ab 7M	Dm7(b5)
F7M(#9)	B dim	F#m(7M)
Eb 7	E 7M	A 7/4
C#m7	Fm7(b5)	Abm7

Exercício adicional: O professor deve criar no mínimo mais trinta possibilidades com tétrades para o aluno escrever e tocar nas quatro posições. Poderão ser inventados outros ritmos para tornar o treino mais dinâmico e agradável.

Exercício 33: Identificar os seguintes acordes tocando-os no seu instrumento e também cifrando-os.

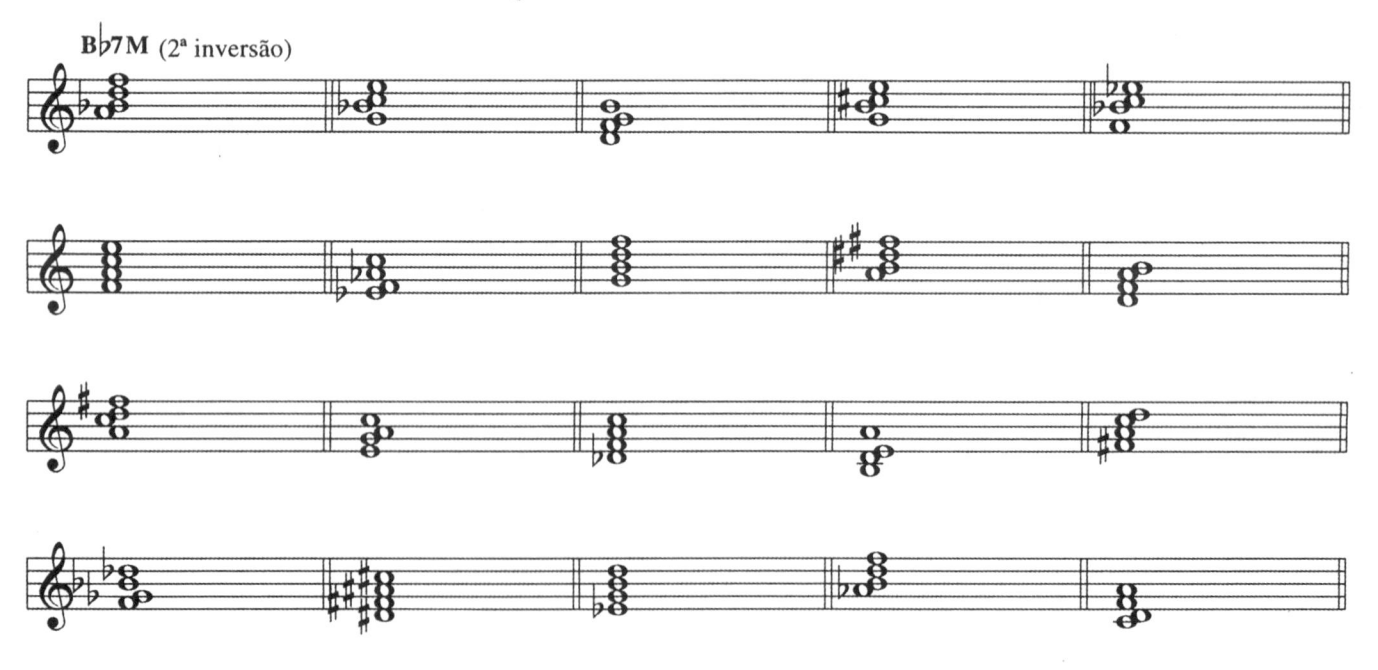

Bb7M (2ª inversão)

Exercício adicional: O professor cria outras possibilidades com tétrades para serem identificadas pelos alunos.

7ª AULA
walking bass

O *Walking Bass* é um estilo bem popular entre os tecladistas. Muito eficiente, pois cobre para a mão esquerda a linha do baixo, harmonia e pulsação - a melodia fica com a mão direita. Trata-se do baixo caminhante, que em músicas de estilo **Swing** atua normalmente em semínimas (unidade de tempo do compasso 4/4). Deve ser utilizado na região grave e ser tocado de maneira acentuada.

A modalidade que apresentaremos a seguir é a mais fácil e poderá ser bastante treinada, não só para solo como para acompanhamento:

Modalidade a (solo) (quaternária):

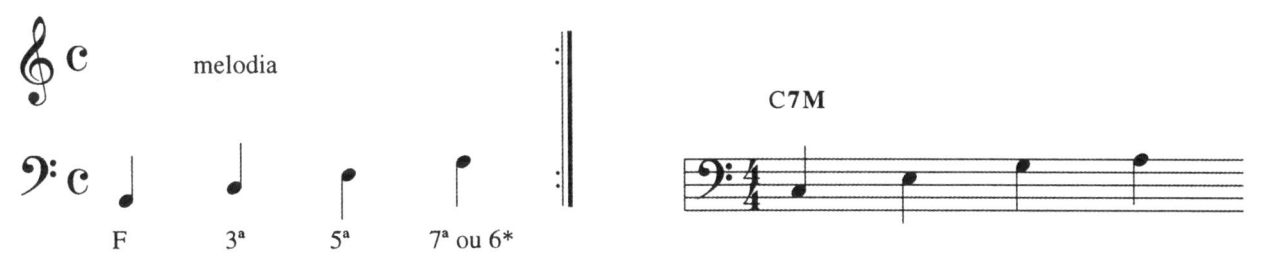

Observação: para mão esquerda tocar em seqüência: fundamental, terça, quinta e sétima.
IMPORTANTE: para acordes do tipo **6 / 7M / 7M(9) / 6/9**, utilizar a sexta em vez da sétima.

Exemplos:

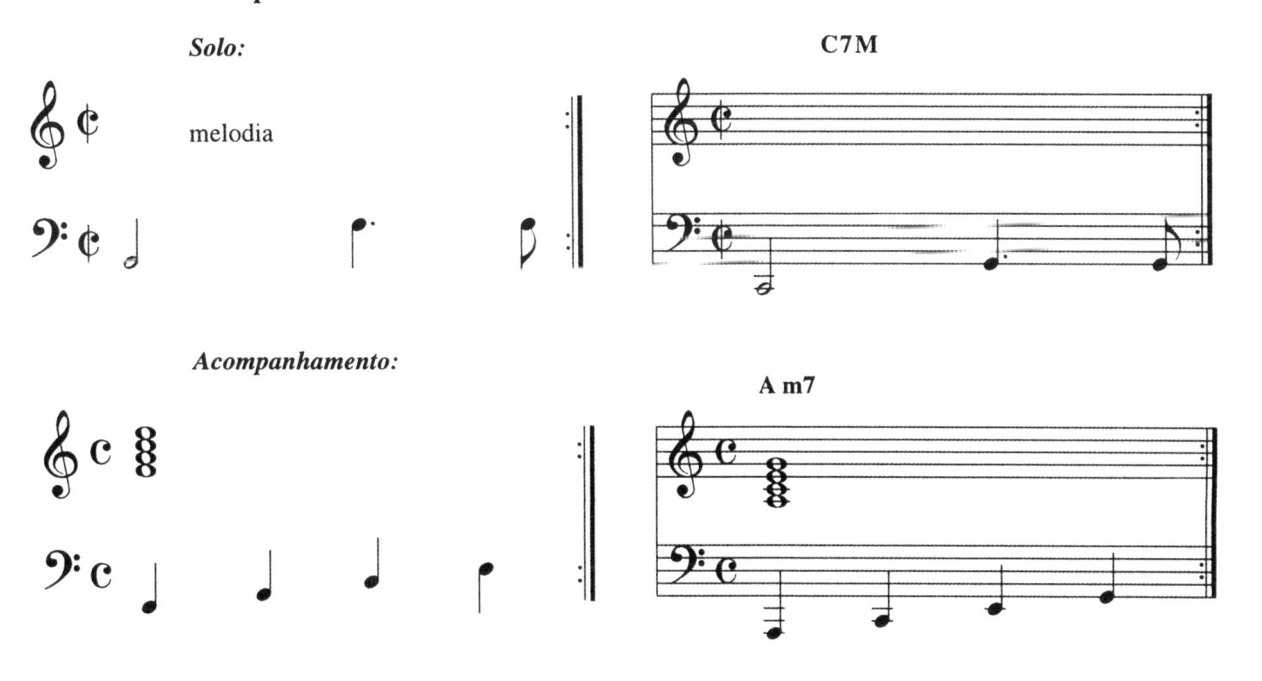

Solo:

Acompanhamento:

Sendo assim, se tivermos uma seqüência com os acordes **F7M / Gm7 / Am7 / D7 / Gm7 / C7 / F7M / F7M,** poderemos usar o *Walking Bass* como no exemplo abaixo:

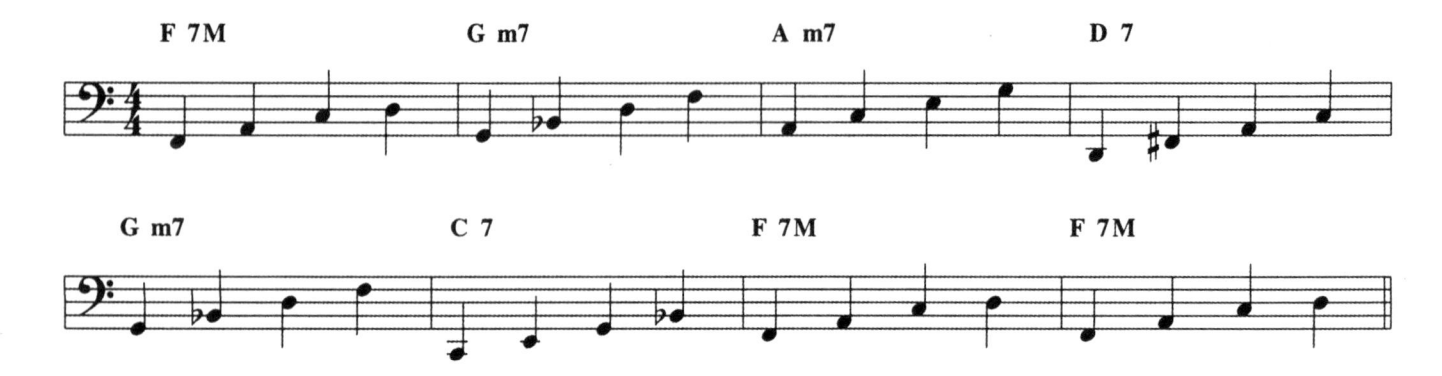

Para situações em que tenhamos um acorde para cada dois compassos, podemos tocar no formato **Boogie-Woogie** deveremos usar a mão esquerda na forma abaixo:

Arpejamos o acorde, dobramos a oitava e descemos arpejando a partir da oitava que atingimos.

Para situações em que encontremos dois acordes para um compasso (4/4), tocaremos somente as duas primeiras notas de cada acorde (fundamental e terça):

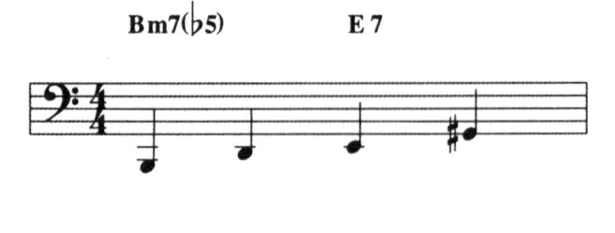

Variação binária:

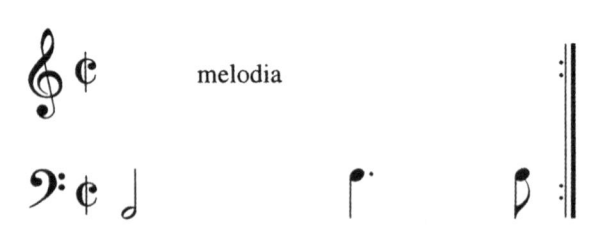

É importante assinalar que o *Walking Bass* quaternário torna-se mais fácil para execução pelo fato de dar maior apoio rítmico. Porém, devemos praticar as duas formas: quaternária e binária.

Exemplos:

C7M

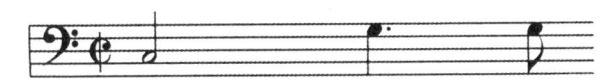

Acompanhamento:

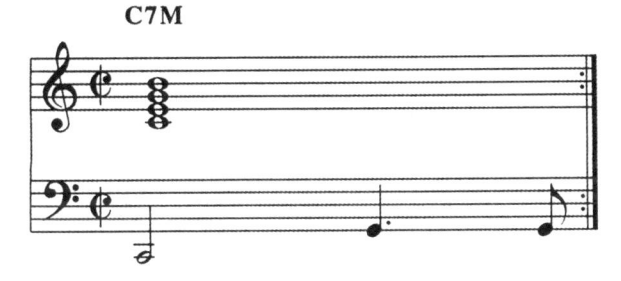

C7M

Solo:

C7M

    Dados esses elementos e modalidades, já podemos tocar algumas músicas (solando) com *Walking Bass*.
    Porém, antes de começarmos a tocar essas músicas temos que ter em mente que a nossa mão esquerda atuará como o contrabaixista de um grupo, e então não deveremos simplesmente arpejar o acorde e sim atuar com a inflexão dada pelo contrabaixista de **Swing** ou **Jazz**. Procure ouvir como um contrabaixista toca numa música desse estilo. A região (o registro) deverá ser grave. As notas deverão ser acentuadas.
    Antes de colocar a melodia (solada pela mão direita), toque os acordes da música com a mão esquerda no estilo *Walking Bass*.

Outras possibilidades para *Walking Bass* quaternário:

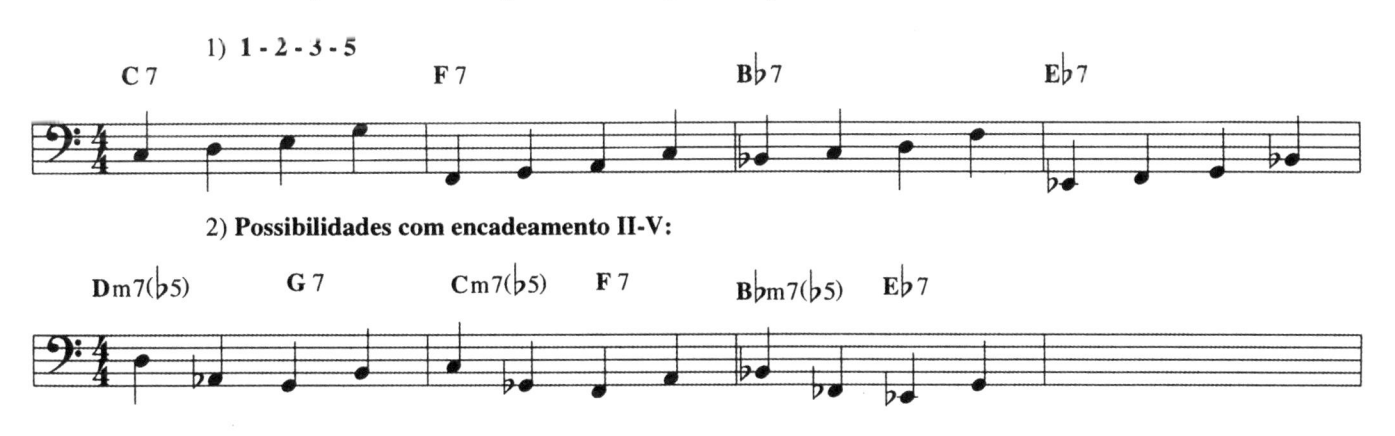

1) **1 - 2 - 3 - 5**

C7   F7   Bb7   Eb7

2) **Possibilidades com encadeamento II-V:**

Dm7(b5)   G7   Cm7(b5)   F7   Bbm7(b5)   Eb7

8ª AULA
variações para walking bass

Toque este exemplo com *variação de Walking Bass quaternário:*

Agora toque a mesma harmonia com *variação binária.*

Depois de praticar bem com a mão esquerda, acrescente a melodia.

Walking Bass quaternário adicionado à melodia:

Walking Bass binário adicionado à melodia:

Prática: Tocar no estilo **Swing** no mínimo três músicas usando as modalidades dadas. Deverão ser usados *Walking Bass* binário bem como quaternário. Poderemos tocar a primeira parte da música pulsando com acompanhamento binário (em dois), e a segunda parte em quatro *(Walking Bass quaternário)*. Crie outras opções.

9ª AULA
encadeamentos com tétrades

Como já vimos anteriormente, os encadeamentos são muito importantes quando tocamos uma música.
O procedimento para tétrades deverá ser o mesmo já aplicado às tríades: manter as notas comuns nas mesmas vozes e conduzir as restantes pelo caminho mais curto:

Exercício 34: Encadear os acordes abaixo dois a dois. Toque primeiro com a mão direita e depois com a mão esquerda, num registro (região) mais grave. Não devemos, porém, entrar na região do baixo (região grave).

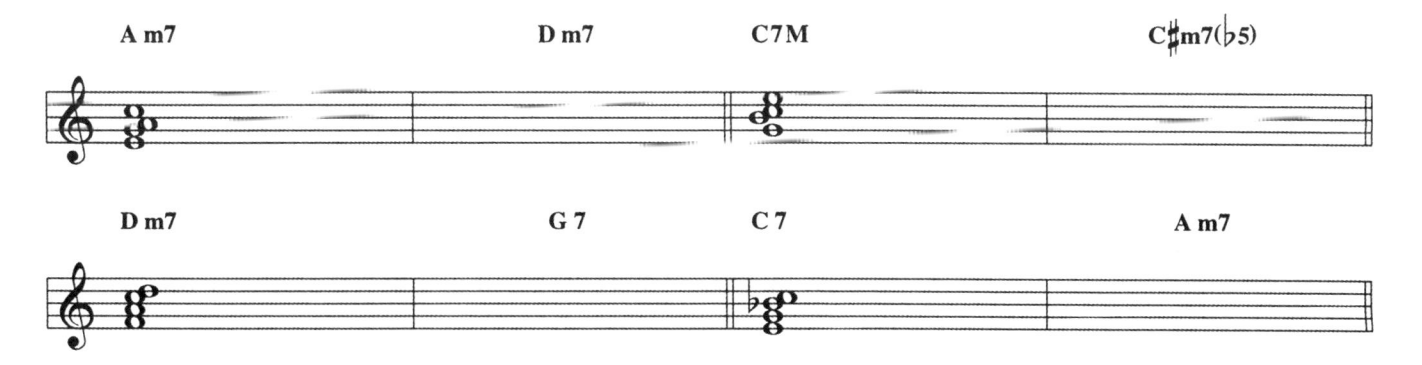

Exercício adicional: O professor cria outros encadeamentos para serem realizados pelo aluno.

Exercício 35: Encadear a seqüência toda. Toque primeiro com a mão direita e depois com a esquerda na oitava abaixo.

C7M	F7M	Bm7(b5)	Bb7M
G7	C#m7(b5)	C7M(#5)	Am(7M)
A7M	F#m7	F#dim	D7
Dm7	G7	G#m7	C#7
A7M	Dm7(b5)	D7	G7	C7M

Prática: Encadear a quatro vozes trechos de músicas de diferentes estilos.

Exercício adicional: O professor cria seqüências de, no mínimo, dezesseis compassos para que o aluno realize os encadeamentos. Essas seqüências podem ser determinadas a partir de músicas.

Existem casos, principalmente com graus conjuntos (exemplo **Dó-Ré** ou **Fá-Sol** ou **Sib-Láb**), em que aparentemente não temos notas comuns. Para esses casos, consideremos diferenças cromáticas (tipo Fá/Fá# ou mesmo Si/Sib) como notas comuns. Porém, vale lembrar que em música popular temos liberdade para encaminhar um encadeamento para a região grave ou aguda a nosso critério.

Encadeamento com direção oposta ao baixo: *Encadeamento com movimento paralelo:*

F7M   G7M   F7M   G7M

Exercício 36: Encadear os acordes abaixo dois a dois.

C7M   D7M   F7M   G7M

[Exercício musical com acordes: C#m7(b5), Dm7, Bb7M, Ab7M]

Exercício adicional: Encadear os acordes do exercício anterior por movimento paralelo.

Prática: Encadear, a partir de agora, todas as músicas com acordes de sétima que tocar. Para tanto, sugerimos que se comece cada música com o primeiro acorde na posição fundamental ou na segunda inversão. Para evitar que os encadeamentos desçam demais, a ponto de nos afastarmos muito do registro inicial, sugerimos que ao iniciar a segunda parte (geralmente separada da primeira por barra dupla) se comece de novo, numa região próxima à do primeiro acorde com que começamos a música. É muito comum, quando encadeamos um trecho grande, os acordes se encaminharem para o registro grave. Dessa maneira, portanto, evitaremos que isto aconteça.

10ª AULA
técnicas simples e avançadas para walking bass
(Acompanhamento)

Consideraremos agora mais algumas técnicas avançadas para Walking Bass.

Técnica simples:

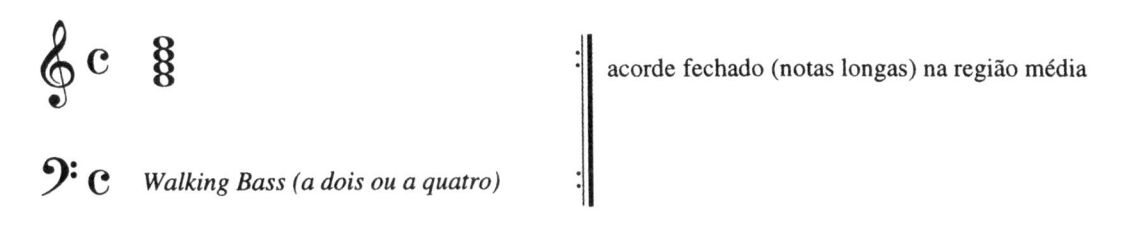

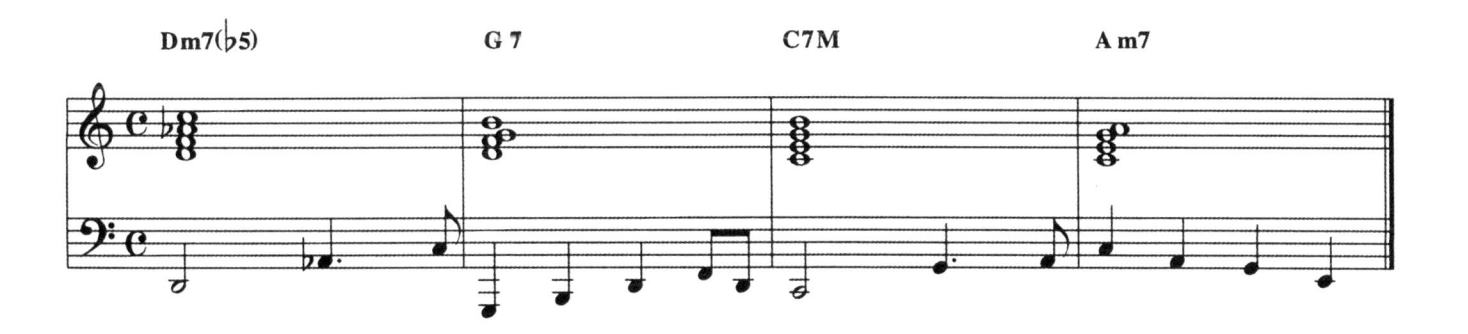

acorde fechado (notas longas) na região média

Walking Bass (a dois ou a quatro)

[Exemplo musical: Dm7(b5) | G7 | C7M | Am7]

Note que os acordes devem ser encadeados pela mão direita.

Prática: Utilizar a técnica simples de acompanhamento em *Walking Bass* para as três músicas que você tocou na aula passada. Combine *Walking Bass* binário e quaternário.

Técnica avançada usando diferentes acentos:

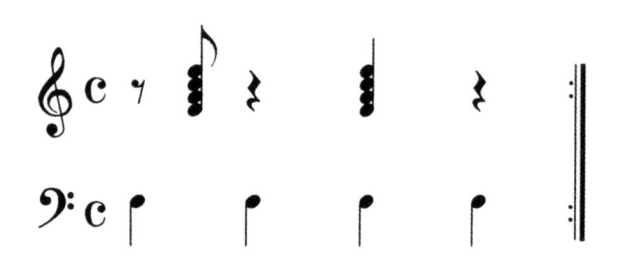

acorde fechado na região média.

Exemplo:

Dm7(♭5)   G7

Exemplo:

Dm7(♭5)   G7

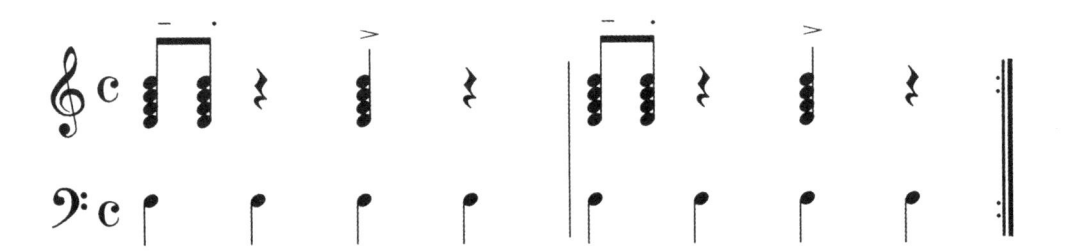

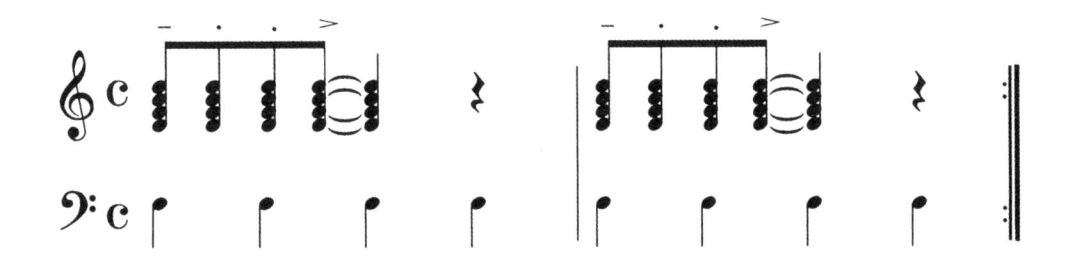

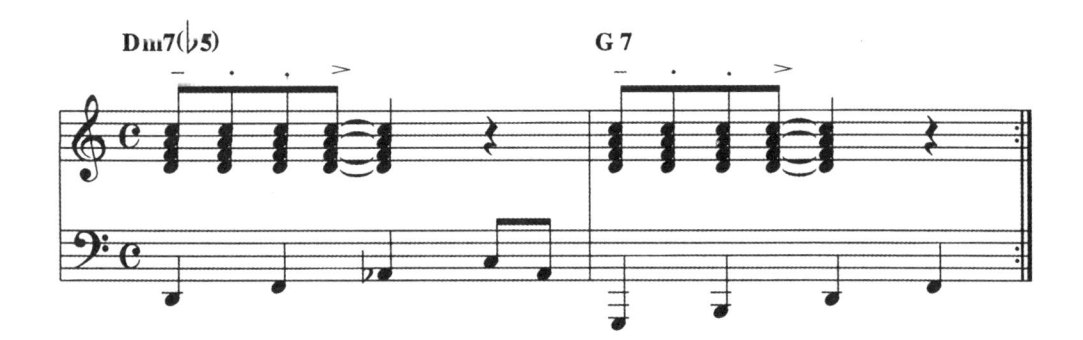

Exemplo:

Exemplo:

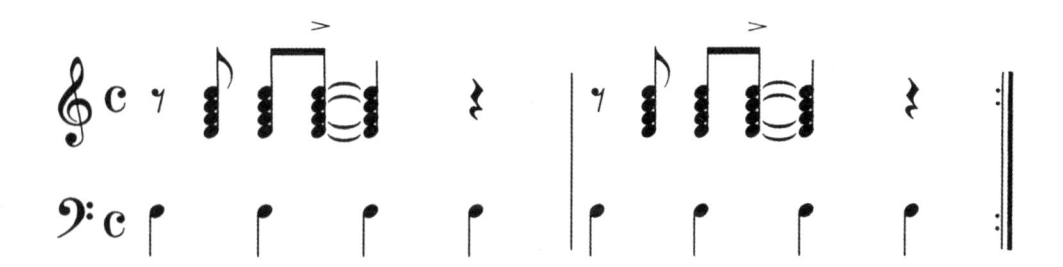

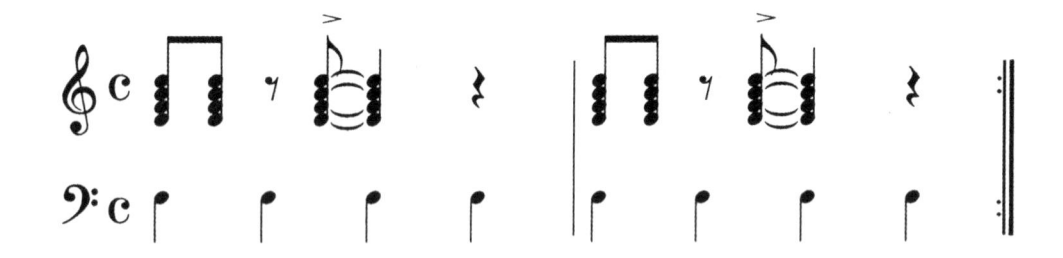

Exemplo:

Exemplo:

Prática:

1) Usando os acentos típicos exemplificados acima, praticar séries para acompanhamento de quatro compassos no estilo *Walking Bass*. Aqui vão algumas sugestões. (Não se esqueça de encadear os acordes com a mão direita.)

Usar *Walking Bass* binário bem como quaternário.

||:   **Dm7** | G7 | C7M | A7   :||

Transpondo também para outras tonalidades:

||:   **Em7** | A7 | D7M | B7   :||

||:   **Gm7** | C7 | F7M | D7   :||

||:   **Am7** | D7 | G7M | E7   :||

etc.

2) Tocar trechos de músicas e depois músicas inteiras usando as modalidades de acompanhamento no estilo *Walking Bass* dadas nesta aula. No mínimo três músicas deverão ser trabalhadas nessa fase. Utilizar o repertório sugerido anteriormente. Consulte também lista adicional no final do livro.

11ª AULA
encadeamentos de tétrades com tríades

A quatro vozes

Quando num encadeamento com tétrades aparecerem tríades, deve-se dobrar uma das notas da tríade para que o encadeamento continue a quatro vozes. A primeira voz deverá ter maior importância nesse tipo de encadeamento. Isso quer dizer que, se houver uma ou duas notas comuns, sendo uma delas a primeira voz, essa deverá ser mantida na mesma posição.

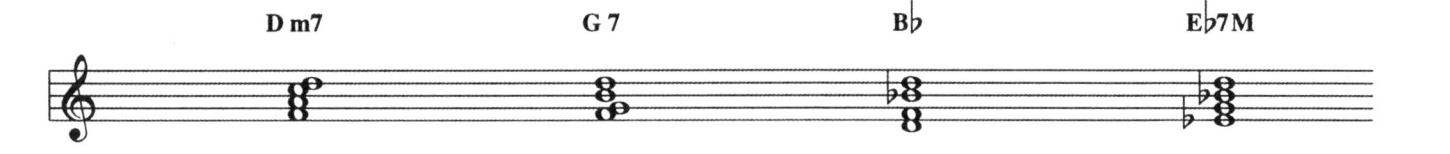

Exemplo:

Podemos notar, no exemplo acima, que os acordes **G7** e **Bb** têm duas notas comuns: **Fá** e **Ré**. Como a nota **Ré** era a primeira voz no acorde **G7**, mantivemo-la na primeira voz no acorde seguinte, conforme aconselhado anteriormente.

Exercício 37: Encadear as tétrades e tríades abaixo. Considere o trecho todo.

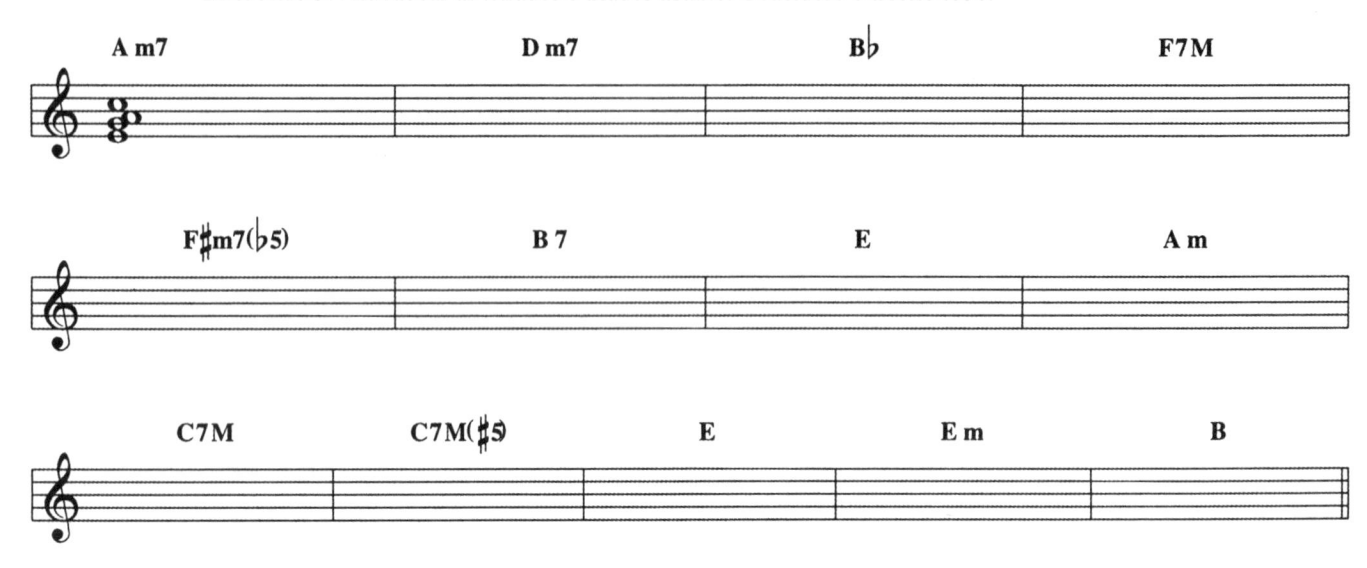

| A m7 | D m7 | Bb | F7M |

| F#m7(b5) | B 7 | E | A m |

| C7M | C7M(#5) | E | E m | B |

Exercício adicional: O professor cria seqüências onde apareçam tríades e tétrades (no mínimo doze compassos) para que o aluno encadeie a quatro vozes. Esse tipo de exercício deverá ser dado até que terminemos o capítulo Tétrades.

A três vozes

No entanto, quando predominem tríades em vez de tétrades, esses encadeamentos podem ser a três vozes:

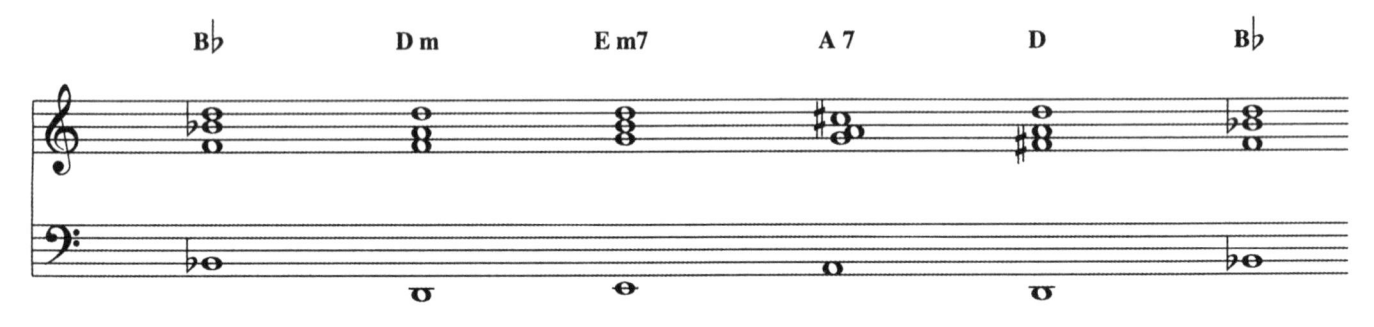

| Bb | D m | E m7 | A 7 | D | Bb |

Procedimento: Já que uma nota da tétrade deverá ser suprimida, essa nota será então a **fundamental** ou a **quinta**, dependendo do que for melhor para o encadeamento continuar mantendo nota(s) comum(ns):

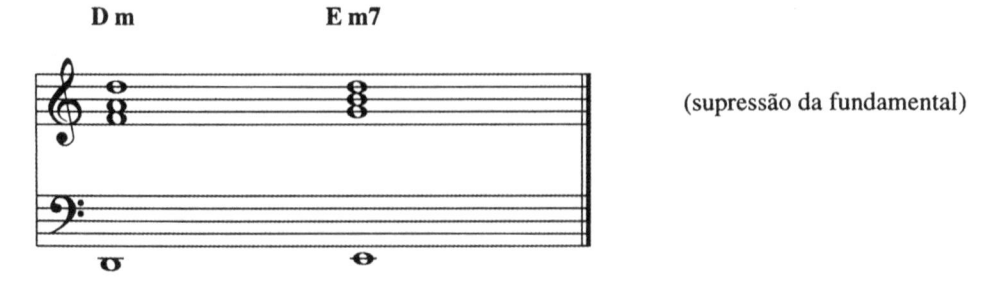

D m   E m7

(supressão da fundamental)

G   **A 7**

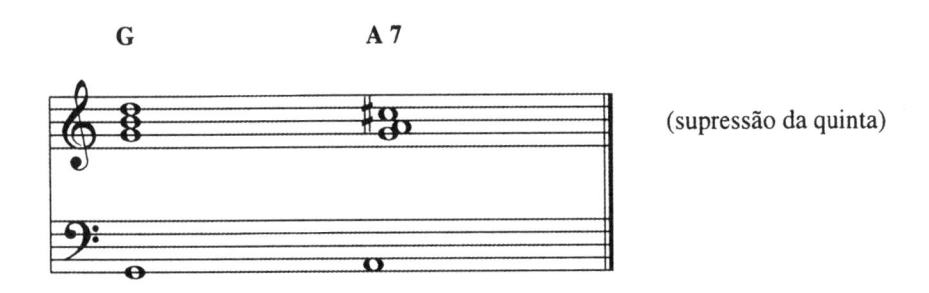

(supressão da quinta)

Se, no entanto, o gosto de quem encadeia permitir outra forma, que o faça, mas esteja consciente do caminho melódico das vozes. Às vezes a opção poderá ser decorrente do fato de se querer encaminhar os encadeamentos para uma região mais grave ou mais aguda. Por exemplo, os encadeamentos que acabamos de mostrar podem ter a seguinte resolução:

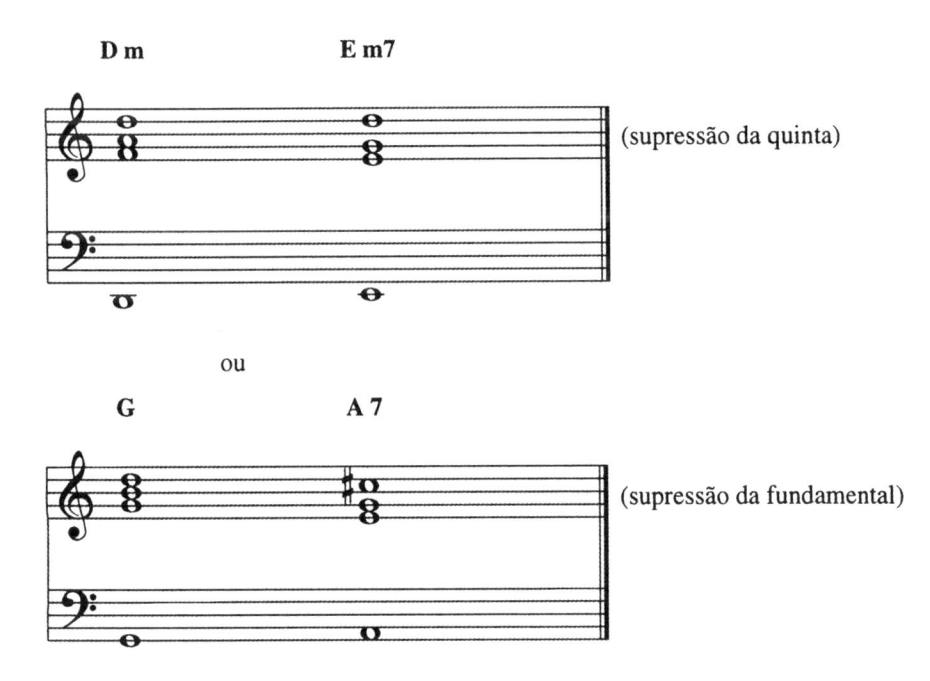

D m   **E m7**

(supressão da quinta)

ou

G   **A 7**

(supressão da fundamental)

Mas nunca suprimindo a terça ou a sétima do acorde de sétima, o que o descaracterizaria.

Exercício 38: Encadear o seguinte trecho a três vozes (usar o baixo na fundamental para a mão esquerda):

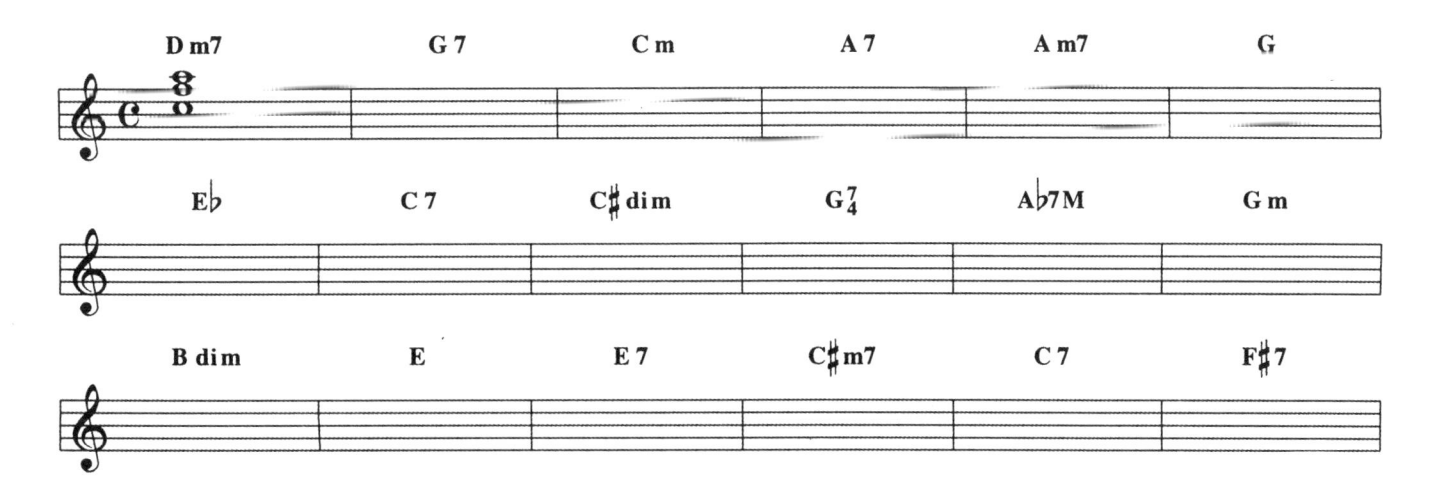

D m7	G 7	C m	A 7	A m7	G
E♭	C 7	C♯ dim	G$_4^7$	A♭7M	G m
B dim	E	E 7	C♯m7	C 7	F♯7

Exercício adicional: O professor cria séries de, no mínimo, doze acordes para serem encadeados a três vozes, tendo como princípio as técnicas dadas nesta aula. Em seguida o aluno faz o treinamento em músicas que tocar. Esse tipo de exercício deverá ser dado até que se termine o estudo de tétrades.

Exercício adicional: Encadear tétrades a três vozes em trechos de músicas em vários estilos.

Eis algumas sugestões extras:

Tente encadear os seguintes trechos harmônicos, dados os acordes iniciais:

1)

| A m7 | D 7 | G7M | C7M |

| F#m7(b5) | B 7 | E m | E m |

2)

| F m7 | Bbm7 | Eb7 | Ab7M |

| Db7M | G 7 | C7M | C7M |

3)

| D m7 | C#dim | Am7(b5) | D 7 |

| Bm7(b5) | E 7 | F7M | A m7 |

12ª AULA
choro

O **Choro** é um dos estilos que desenvolveu tradição pianística através das décadas. O piano brasileiro, por exemplo, está intimamente ligado a esse estilo. Não cabe aqui fazer uma longa dissertação sobre esse estilo, mas sim fornecer ao aluno algumas modalidades que possam ser exploradas por ora. Normalmente é escrito em **2/4.**

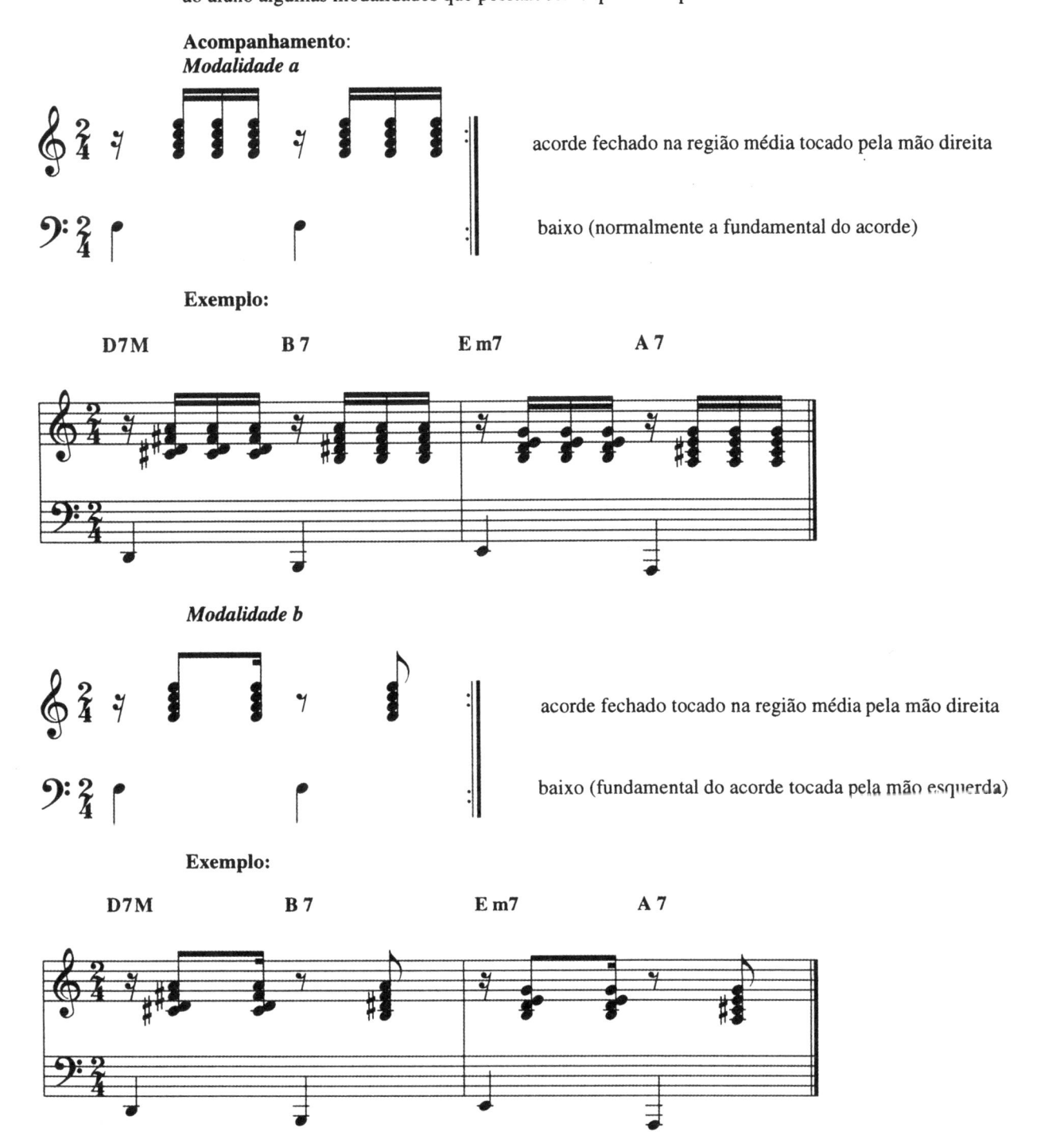

Acompanhamento:
Modalidade a

acorde fechado na região média tocado pela mão direita

baixo (normalmente a fundamental do acorde)

Exemplo:

D7M   B7   Em7   A7

Modalidade b

acorde fechado tocado na região média pela mão direita

baixo (fundamental do acorde tocada pela mão esquerda)

Exemplo:

D7M   B7   Em7   A7

Modalidade c:

[notação musical: acorde fechado tocado pela mão direita / baixo (fundamental do acorde tocada pela mão esquerda)]

Exemplo:

D7M   B7   Em7   A7

[notação musical do exemplo]

Prática:
1) Tocar seqüências de acordes criadas pelo professor, utilizando as modalidades dadas para acompanhamento em **Choro**. Essas seqüências devem ser tiradas das músicas em estilo **Choro**. Deverão ser seqüências de dois ou quatro compassos.
2) Tocar músicas no estilo **Choro**, por enquanto só com acompanhamento. A melodia deverá ser solada (tocada como solo) por um colega ou pelo professor.

Sugerimos, como repertório, que se utilizem músicas dos compositores Ernesto Nazareth, Pixinguinha, Garoto, Egberto Gismonti, Kachimbinho, Jacob do Bandolim etc.

Nota: Há carência desse tipo de **Song Book**. Sugerimos a partir de **Song Books** variados músicas como por exemplo: *Apanhei-te Cavaquinho, Odeon, Chorinho pra Êle etc.* Consulte lista adicional no final do livro.

13ª AULA
tétrades: a melodia atua como primeira voz

Assim como utilizamos essa técnica com tríades, podemos fazê-lo também com tétrades. Determinamos as notas de apoio e complementamos as mesmas com acordes.

Dm7   G7   C7M

[notação musical]

Dm7   G7   C7M

[notação musical]

É importante lembrar que nesta técnica serão necessários dedilhados às vezes inconvenientes, sobrecarregando os dedos 4 e 5. O professor deverá orientar o aluno quanto ao uso do dedilhado. Importante também é não deixar de trabalhar essa técnica de resultado **eficientíssimo** em todos os estilos de música popular. A mão esquerda deverá usar linha de baixo típica de cada estilo.

Quando a nota de apoio for atingida através de síncope, valerá então a antecipação como nota a ser apoiada.

Dm7   G7   C7M

Quando a nota de apoio não for nota do acorde, deveremos usar o mesmo procedimento já empregado com tríades; se a direção da melodia for descendente, apoiamos como se fosse para um grau abaixo da nota de apoio. Se a direção for ascendente, apoiamos como se fosse para um grau acima.

Exemplo com direção descendente:

Dm7(♭5)

Exemplo com direção ascendente:

Dm7(♭5)

Se a melodia, na metade do compasso, se afastar uma terça (três graus) ou mais em relação à primeira nota de apoio, aí então deveremos complementar o acorde com outra inversão:

Dm7(♭5)

Isso dependerá do andamento, pois em andamento rápido dificulta a execução.

Quando a melodia formar arpejo ou quando formar fragmentos de escalas não temos necessidade de complementar as notas de apoio com acordes.

Exemplo com melodia formando arpejo:

Dm7(♭5)

O que será conveniente nessas ocasiões é prendermos as notas que formam o arpejo:

Dm7(♭5)

Exemplo com melodias formando escalas:

E♭7M   Dm7(♭5)

Exercício 39: Dada a nota mais aguda, complemente os acordes com notas abaixo da primeira voz (A NOTA MAIS AGUDA É NOTA DO ACORDE):

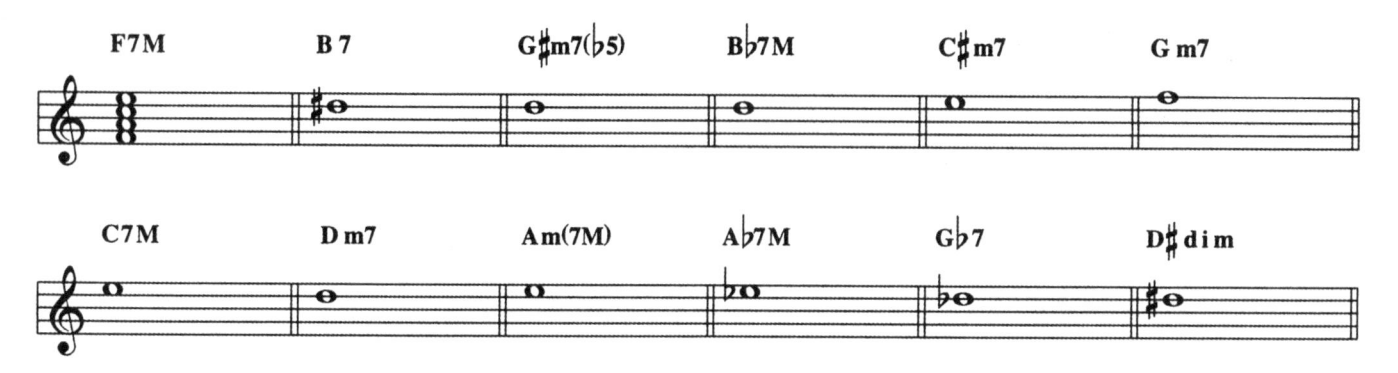

F7M   B7   G♯m7(♭5)   B♭7M   C♯m7   G m7

C7M   D m7   Am(7M)   A♭7M   G♭7   D♯dim

Exercício adicional: O professor cria mais vinte possibilidades como as que foram dadas acima para que o aluno complemente os acordes com notas abaixo da primeira voz.

14ª AULA
a nota mais aguda (1ª voz) não é nota do acorde

Para esse tipo de situação devemos considerar o seguinte:

a) ***Direção descendente***: seguimos exatamente o mesmo procedimento usado para as tríades: simplesmente armamos o acorde como se fosse para um grau abaixo:

C m7

No exemplo acima, o grau abaixo da nota da melodia seria **Dó**, já que **Ré** não é nota do acorde **Cm7**.

D m7

No exemplo acima, o grau abaixo da nota da melodia seria **Lá**, já que **Si** não é nota do acorde **Dm7**.

Mais um exemplo:

Bm7(♭5)

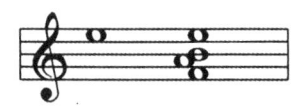

Neste exemplo, o grau abaixo da nota da melodia seria **Ré**, já que **Mi** não é nota do acorde **Bm7(b5)**.

Nota: Se a nota da melodia durar um compasso inteiro, complementamos o acorde também como se fosse para um grau abaixo:

Cm7

b) ***Direção ascendente***: O que acontece quando a nota da melodia não é nota do acorde, mas a direção é ascendente? Simplesmente apoiamos o acorde como se fosse para um grau acima.

C m7

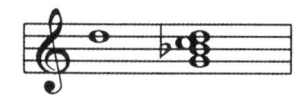

No exemplo anterior a nota **Ré** não é do acorde **Cm7**, mas o grau acima seria **Mib**, que usaremos como referência.

D m7

No exemplo acima, o grau acima da nota da melodia seria **Dó**, já que **Si** não é nota do acorde de **Dm7**.

Às vezes, em situações como a que apresentamos abaixo, temos que usar o bom senso a fim de evitar dissonâncias causadas por *clusters* (notas amontoadas).

B 7

Podemos executar esse acorde da seguinte maneira: Imagine que a nota da melodia, que é **Mi**, vai resolver na nota **Fá#**.

B 7

Para a nota **Mi,** suprimimos uma nota do acorde e completamos o mesmo quando atingirmos a nota **Fá#**.
No entanto, esse tipo de ocorrência não deverá ser considerada nos exercícios que daremos a seguir. O aluno poderá utilizá-la na prática com músicas em que situações como essa aparecerem.

Vamos mostrar como deveremos harmonizar um trecho de uma música onde situações como as que vimos acima aparecem:

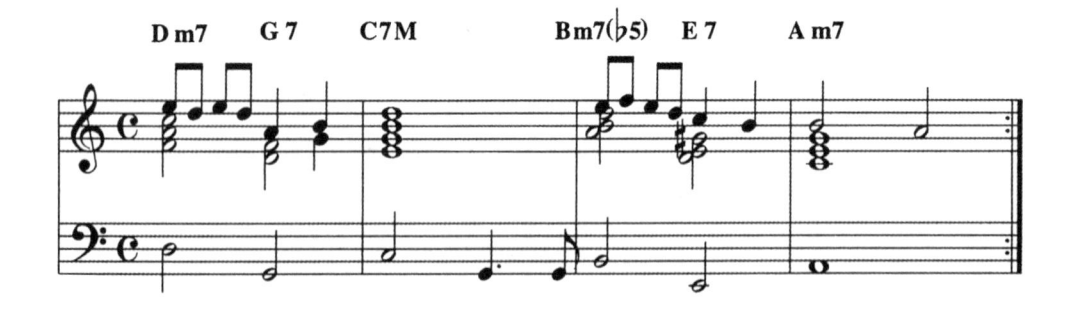

D m7   G 7   C7M   Bm7(b5) E 7   A m7

Exercício 40: Dada a nota mais aguda (primeira voz), completar os acordes com notas abaixo da mesma (direções DESCENDENTE e ASCENDENTE da melodia).

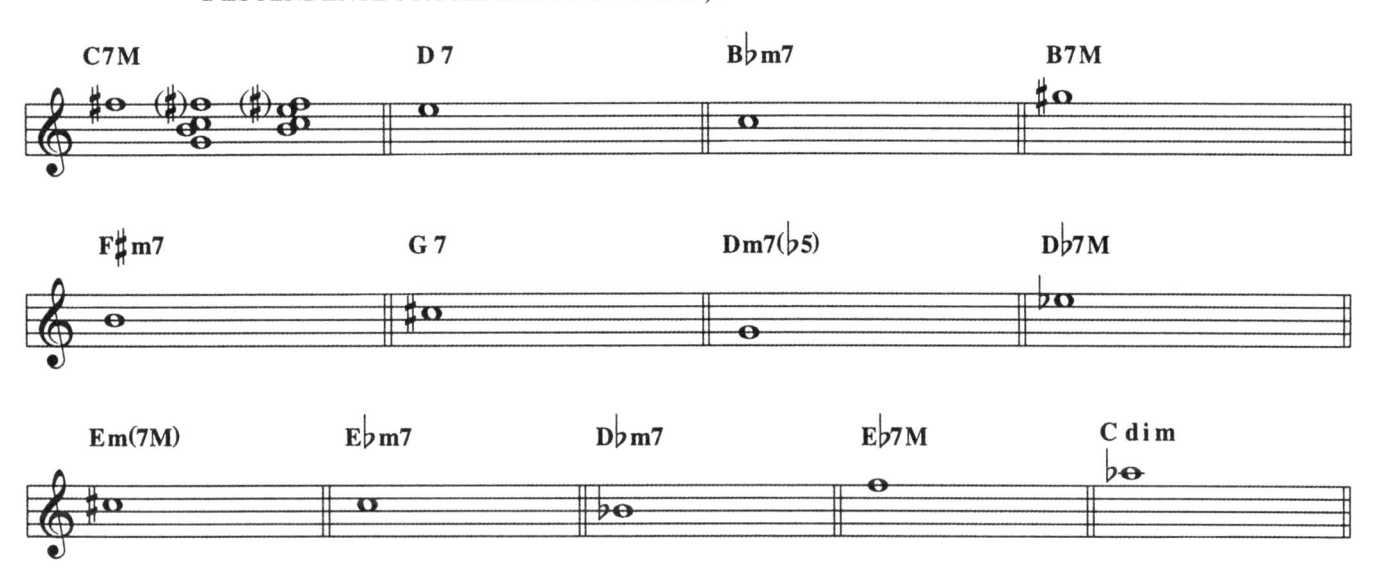

Exercício adicional: O professor cria situações semelhantes com exercícios onde o aluno deverá completar os acordes como no exercício acima.

Exercício 41: Utilizar a técnica em que a melodia atua como primeira voz para os trechos abaixo:

6)

    C 7   F7M

Prática: Utilizar técnicas já dadas em músicas de diferentes estilos.

15ª AULA
tétrades diatônicas do modo maior

Se formarmos acordes para cada grau de uma escala maior, teremos os acordes diatônicos, que são baseados em notas de uma escala maior.

Tomemos por exemplo a escala de Ré maior:

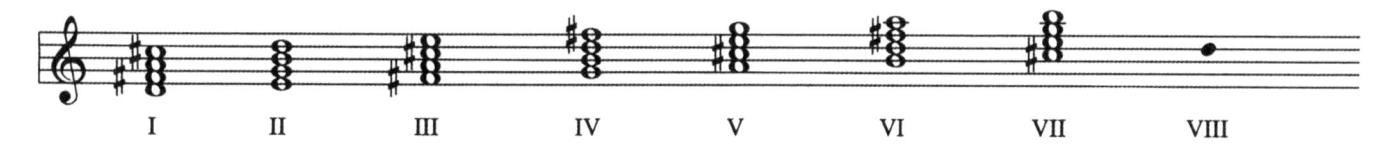

I   II   III   IV   V   VI   VII   VIII

Chegamos então à conclusão de que as tétrades diatônicas do modo maior têm a seguinte classificação:

‖ **I 7M** ‖ **II m7** ‖ **III m7** ‖ **IV 7M** ‖ **V 7** ‖ **VI m7** ‖ **VII m7(b5)** ‖

Exercício 42: Forme (escreva e toque) separadamente, com uma das mãos, depois com a outra, os acordes diatônicos das seguintes tonalidades, classificando-os:

Dó maior ‖ Fá maior ‖ Sol maior ‖ Lá maior ‖ Sib maior ‖ Mib maior ‖ Dó# maior ‖ Fá# maior

Observação: Ao tocar os acordes diatônicos de cada tonalidade, procure dar um ritmo à sua execução. Empregue modalidades já dadas. Procure usar escalas pentatônicas por campo tonal.

Exercício 43: Toque os acordes do exercício anterior na segunda inversão.

Exemplo: Ré maior

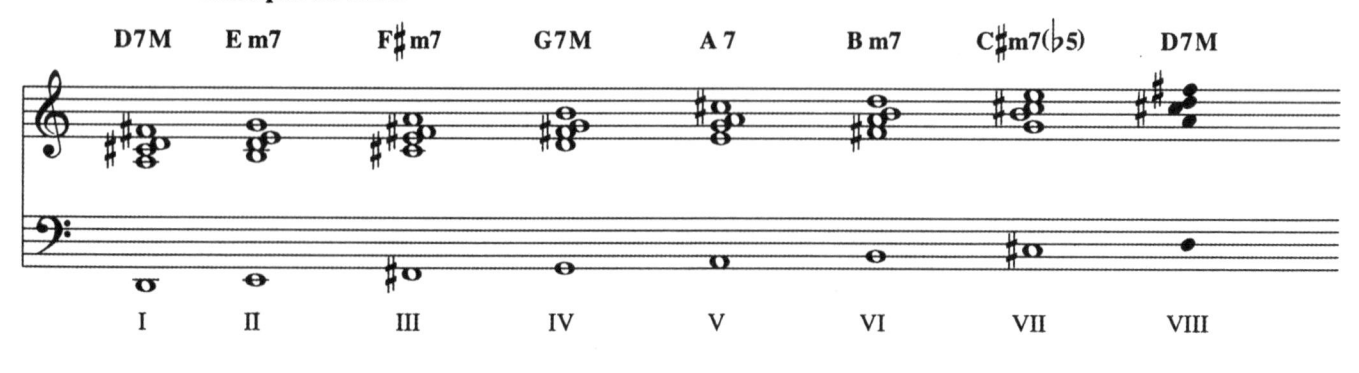

D7M   E m7   F#m7   G7M   A 7   B m7   C#m7(b5)   D7M

I   II   III   IV   V   VI   VII   VIII

Exercício 44: Responda, escrevendo e tocando nas quatro posições, quais são os seguintes acordes:

V grau da tonalidade de Ré Maior?

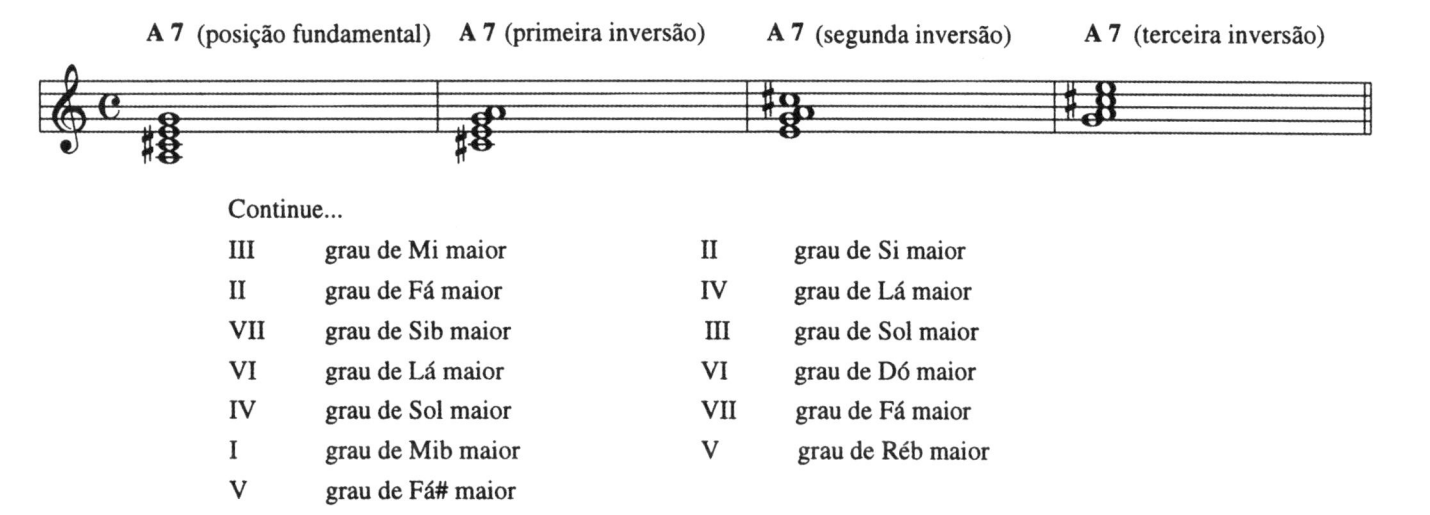

A 7 (posição fundamental)   A 7 (primeira inversão)   A 7 (segunda inversão)   A 7 (terceira inversão)

Continue...

III	grau de Mi maior	II	grau de Si maior
II	grau de Fá maior	IV	grau de Lá maior
VII	grau de Sib maior	III	grau de Sol maior
VI	grau de Lá maior	VI	grau de Dó maior
IV	grau de Sol maior	VII	grau de Fá maior
I	grau de Mib maior	V	grau de Réb maior
V	grau de Fá# maior		

Exercício adicional: O professor inventa outras possibilidades semelhantes às do exercício anterior para que o aluno responda escrevendo (ou dizendo) e tocando o mais rápido possível.

16ª AULA
complemento de pulsação

Existem estilos que, ao utilizarmos as técnicas em que a melodia atua como primeira voz, carecem de complemento de pulsação quando a melodia descansa por momentos. E isso ocorre entre as frases. É o caso do **Swing** e da **Bossa Nova**.

Vejamos o seguinte exemplo:

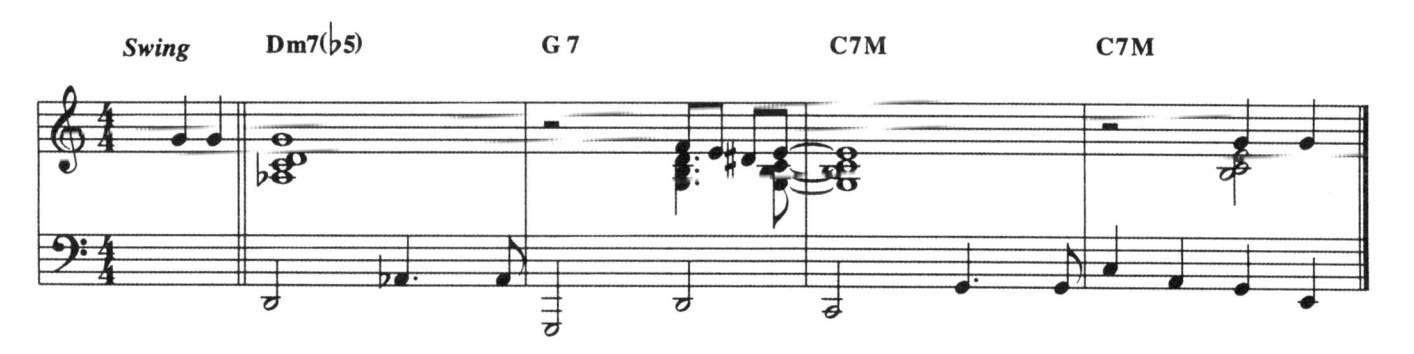

Se tocarmos da maneira acima, estará "tudo bem", porém, se adicionarmos um complemento de pulsação, como a seguir, ficará muito mais enriquecido. Para tal, adicionamos os acentos usados para **Swing**.

Vejamos:

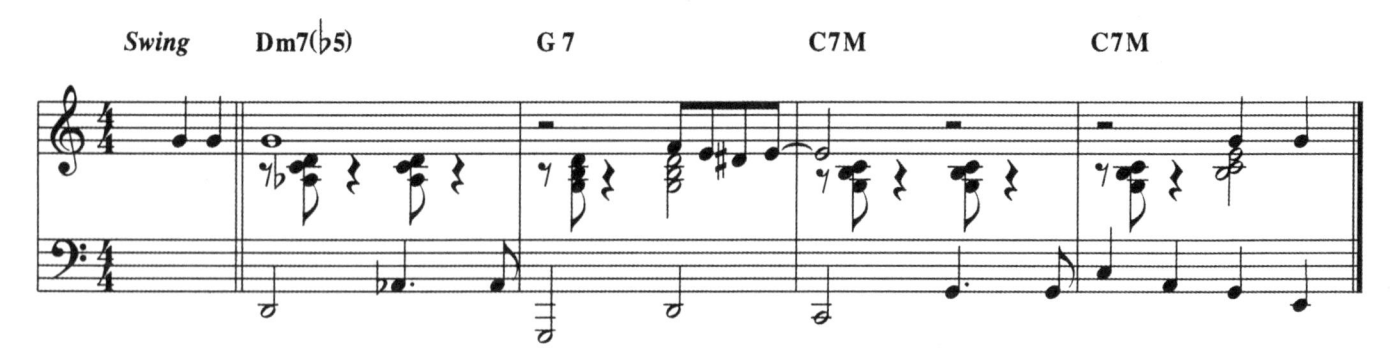

[Partitura: Swing — Dm7(♭5) | G7 | C7M | C7M]

Essa modalidade deverá ser empregada futuramente para outros estilos, como por exemplo **Bossa Nova**, mas por enquanto devemos trabalhar com músicas no estilo **Swing**.

Nota: os acentos mais usados para **Swing** nessa modalidade são os acentos (a) e (d).

Exercícios preparatórios: Adicionar a modalidade acima em pequenos trechos de músicas no estilo **Swing**. Logo depois, faça o mesmo durante os arranjos que apresentar para músicas naquele estilo.

Prática: Preparar arranjos com músicas no estilo **Swing** bem como nos estilos **Canção/Balada, Balada/Blues, Baião/Toada, Choro** e **Swing**, utilizando elementos dados até aqui. Não se esqueça de apresentar os arranjos da maneira mais clara possível. Cada música deverá conter uma introdução pequena, baseada em elementos encontrados na música (harmonia, melodia etc.), o tema (melodia) que deverá ser apresentado duas vezes de maneira variada, incluindo solo e acompanhamento e um final, sem esquecermos de mudanças de oitava (solos em oitavas dobradas já poderão ser adicionados para certos trechos - orientados pelo professor) e de timbre, no caso de o aluno poder contar com teclado eletrônico. Os arranjos, se possível, deverão ser gravados em casa e depois levados à aula, pois assim os alunos terão tempo de elaborar o melhor possível. Para os que não possuem esse recursos da eletrônica, sugiro que com o piano procurem criar o máximo de dinâmica possível.

17ª AULA
tétrades diatônicas do modo menor

Podemos obter as tétrades diatônicas do modo menor se tomarmos as notas de uma escala menor.

Exemplo: (Ré menor)

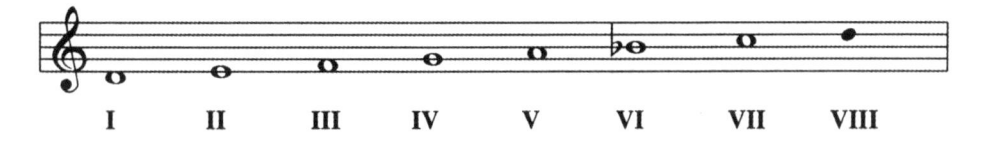

[Partitura: escala de Ré menor — I II III IV V VI VII VIII]

Para obtermos uma tonalidade menor temos que ter um semitom entre o VII e VIII graus.

Por conseguinte, aumentamos de um semitom o sétimo grau.

[Partitura: VII VIII]

Chegamos então ao que se chama de **escala menor harmônica**:

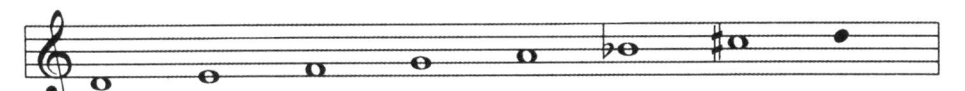

E aí formamos os acordes diatônicos usando notas da **escala menor natural** (a que segue a armadura) e da escala menor harmônica (a de que acabamos de falar).

No entanto, os acordes formados para **I, II, III, IV** e **VI** graus seguirão a **escala natural**. Os acordes formados para **V** e **VII** graus seguirão a **escala menor harmônica**. Por isso, chamamos a escala dos acordes diatônicos de uma tonalidade menor de **escala menor mista,** que corresponde à realidade **diatônica menor.**

Acordes diatônicos da tonalidade menor:
(baseados na escala menor mista)

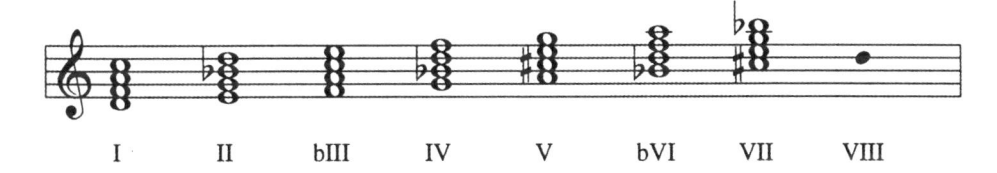

I   II   bIII   IV   V   bVI   VII   VIII

Chegamos à conclusão de que as tétrades diatônicas do modo menor têm a seguinte classificação:

Im7 | IIm7(b5) | bIII7M | IVm7 | V7 | bVI 7M | VII dim

Observação: **bIII** significa que o terceiro grau está situado a uma terça menor do primeiro grau, **bVI**, situado a uma sexta menor.

Exercício 45: Escreva e toque na posição fundamental e, em segunda inversão, os acordes diatônicos das seguintes tonalidades: Lá menor / Ré menor / Mi menor / Si menor / Fá menor

Lá menor (posição fundamental):

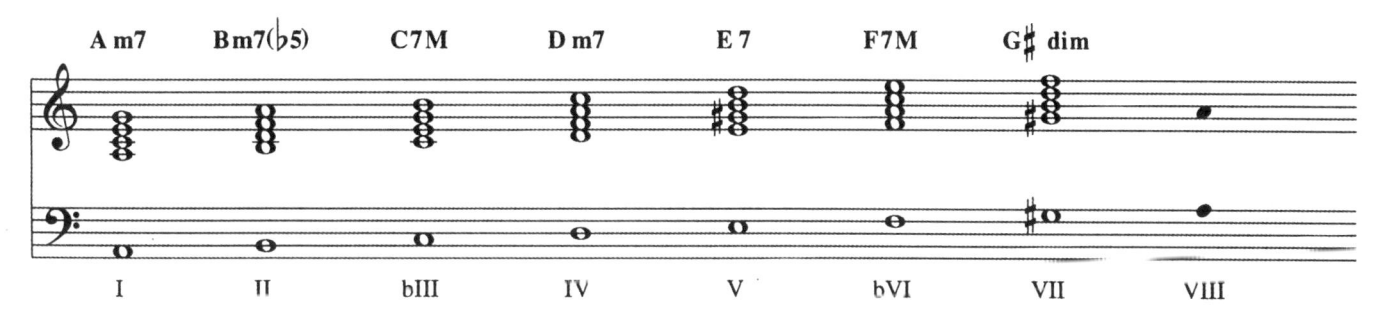

A m7   Bm7(b5)   C7M   D m7   E 7   F7M   G# dim

I   II   bIII   IV   V   bVI   VII   VIII

Lá menor (segunda inversão):

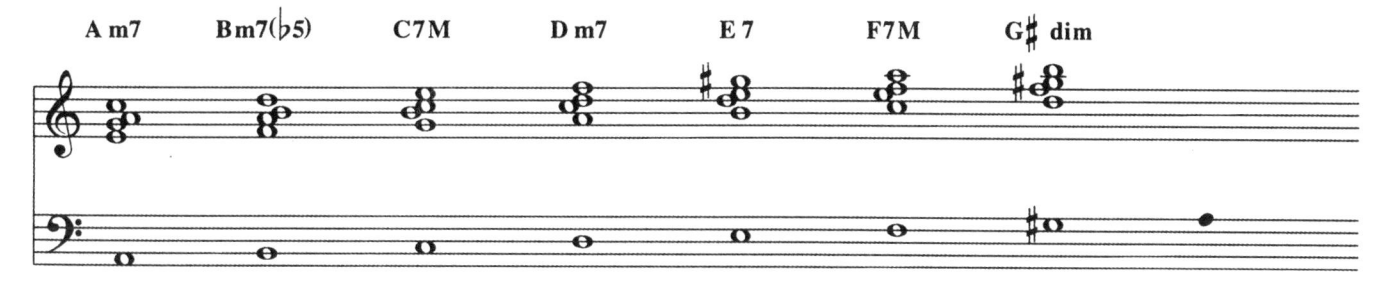

A m7   Bm7(b5)   C7M   D m7   E 7   F7M   G# dim

Exercício 46: Indicar os acordes para os graus abaixo. Escrever e tocar os mesmos nas quatro posições (fundamental, primeira, segunda e terceira inversões).

I grau da tonalidade de Sol menor
V grau da tonalidade de Fá menor
II grau da tonalidade de Sib menor
III grau da tonalidade de Dó menor
IV grau da tonalidade de Si menor
VII grau da tonalidade de Fá# menor
VI grau da tonalidade de Lá menor
II grau da tonalidade de Ré menor
III grau da tonalidade de Sib menor
VII grau da tonalidade de Sol menor
IV grau da tonalidade de Dó# menor

Exercício adicional: O professor cria outras possibilidades semelhantes às pedidas no exercício anterior.

18ª AULA
choro (solo)

Pelo fato de o estilo **Choro** ter como uma de suas características melodias com ritmo muito ativo, não precisamos fornecer um acompanhamento muito ativo porque a própria melodia fornecerá muitas vezes a pulsação e a harmonia.

Porém, como algumas vezes a melodia descansa, poderemos complementar com a mão esquerda tocando a modalidade que apresentamos a seguir para acompanhamento.

Modalidade (a) para acompanhamento em Choro (para melodias de ritmo pouco ativo):

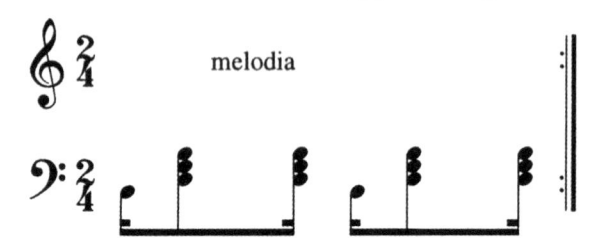

acorde quebrado (alternando a nota mais grave com as mais agudas). O acorde deverá estar na posição fundamental, a não ser que seja acorde com baixo trocado.

Vejamos como essa modalidade para acompanhamento deverá ser empregada.

Comecemos com um trecho de melodia com ritmo ativo:

D7M   B7   Em7   A7   D7M   B7   Em7   A7

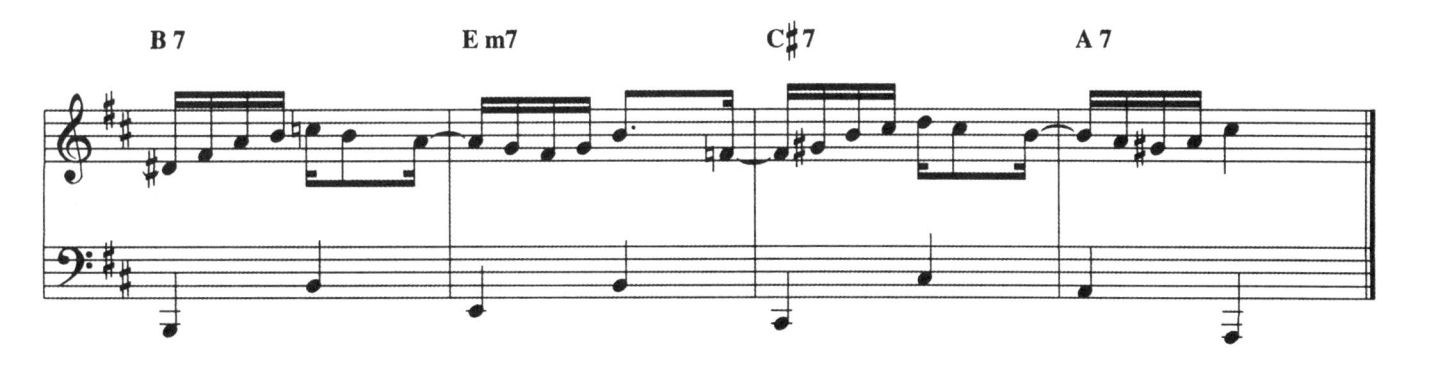

No exemplo acima, pelo fato de termos uma melodia de ritmo ativo, não precisamos mais do que a "linha do baixo" com a mão esquerda.

No entanto, podemos utilizar a **modalidade para acompanhamento (a)** em situações em que a melodia descansar:

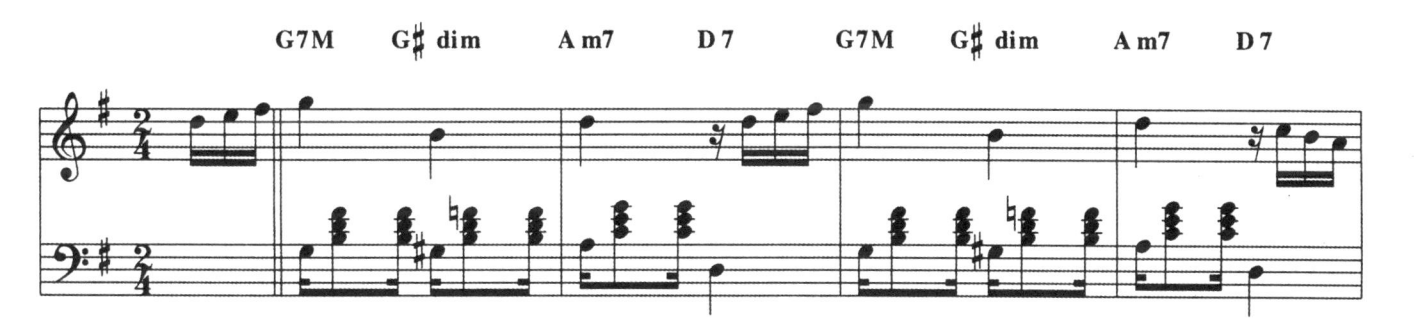

Prática: Baseado nos princípios dados aqui, tocar primeiramente trechos de **Choros** com melodia ativa e com melodia pouco ativa. Depois tocar, solando, **Choros** inteiros. Sugiro que pelo menos dois **Choros** sejam trabalhados observando-se esses princípios. Use repertório criado pelos autores sugeridos anteriormente.

19ª AULA
encadeamentos com tétrades diatônicas

Em música popular temos encadeamentos que ocorrem com muita freqüência. Os que mais aparecem, e portanto precisam ser bem praticados, são:

II - V
V - I
I - IV

Devemos praticá-los tanto no modo maior quanto no modo menor.

Exemplos de encadeamento II - V

Dó maior (a quatro e a três vozes):

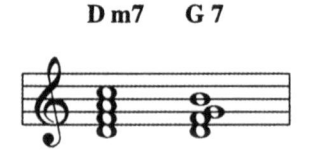

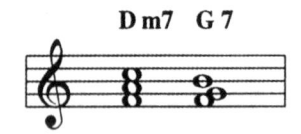

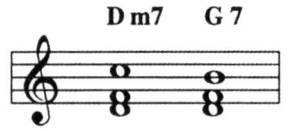

D m7   G 7

D m7   G 7

D m7   G 7

Dó menor (a quatro e a três vozes):

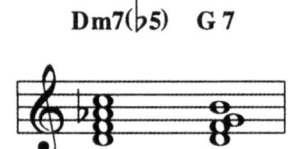

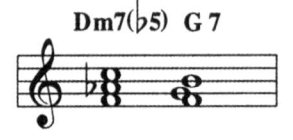

Dm7(♭5)   G 7

Dm7(♭5)   G 7

Exercício 47: Realize os encadeamentos **II - V** | **V - I** e **I - IV** nas seguintes tonalidades maiores e seus relativos menores. Dó maior | Lá menor | Fá maior | Ré menor | Sol maior | Mi menor | Ré maior | Si menor | Lá maior | Fá# menor | Mib maior | Dó menor | Sib maior | Sol menor.

Observação: Os encadeamentos a quatro vozes deverão ser realizados com o primeiro acorde na posição fundamental e na segunda inversão.

Exemplos *(a três e a quatro vozes):*

Dó Maior:

D m7   G 7

D m7   G 7

Os encadeamentos deverão ser realizados no teclado com a mão direita tocando o acorde, e a esquerda, o baixo. Depois, toque os acordes só com a mão esquerda.

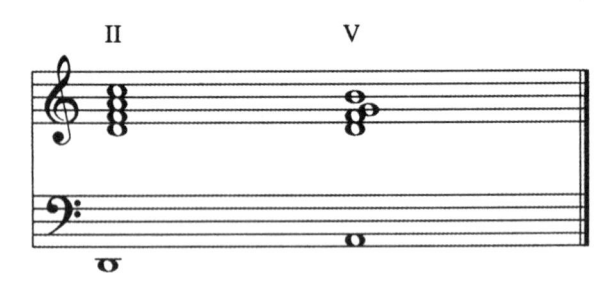

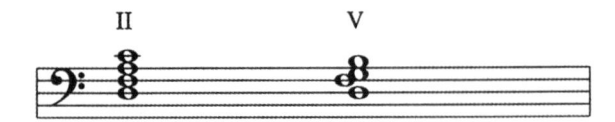

II   V

II   V

Os acordes podem ser arpejados:

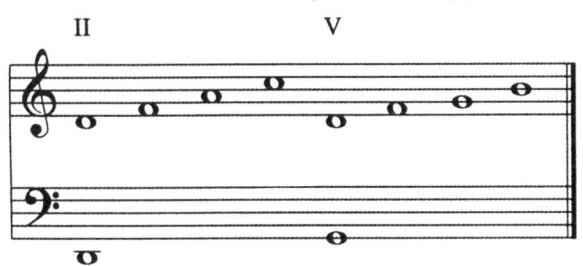

Para que esse treino se torne mais agradável, o aluno poderá utilizar diferentes modalidades e estilos.

Exemplos com Swing:

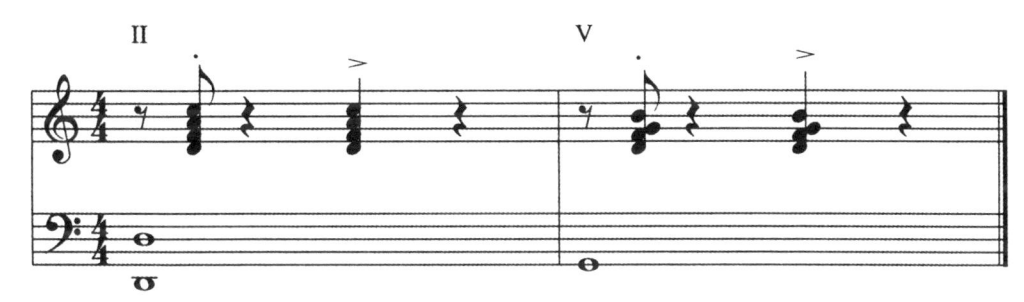

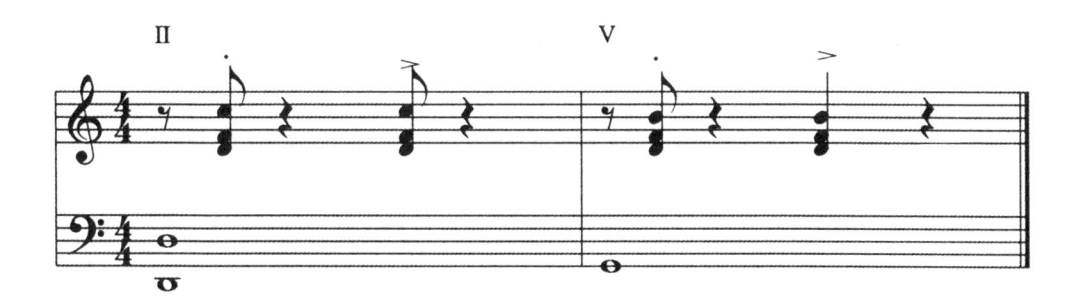

Outros exemplos com Canção/Balada:

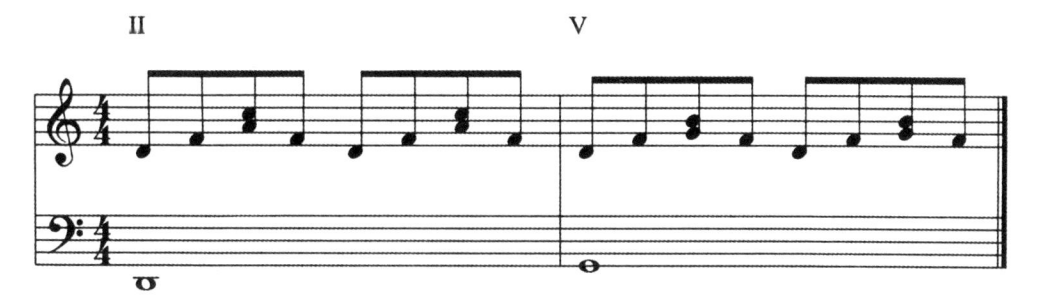

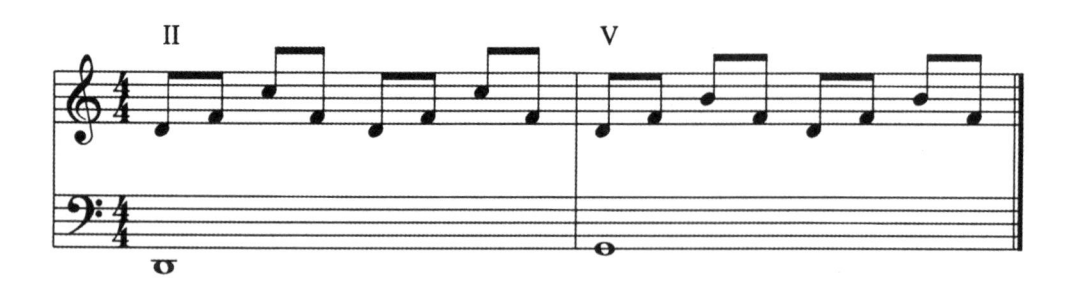

Visto isso, vá em frente e realize os encadeamentos pedidos.

Prática: 1) Professor demonstra ao aluno passagens diatônicas em **II-V/ V-I/ I-IV** em várias músicas.
2) Professor pede ao aluno que aponte os encadeamentos acima em várias músicas.

20ª AULA
ornamentos uma rápida abordagem (apogiaturas e mordentes)

Podemos começar a enriquecer nossas execuções e arranjos com o uso de ornamentos.

Por enquanto trataremos somente de algumas possibilidades.

Apogiatura cromática simples ascendente:

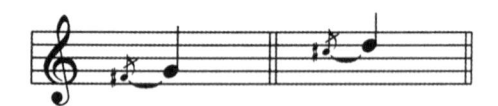

Exemplo com melodia usando apogiatura:

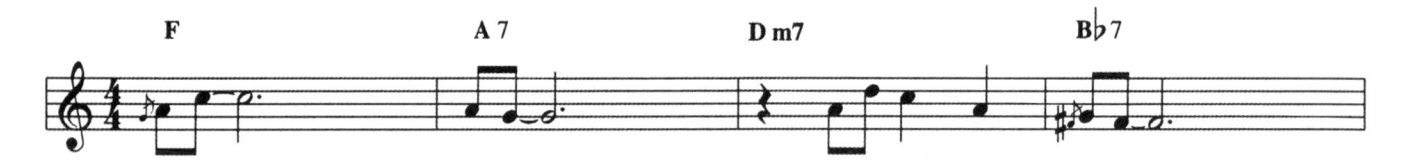

Mordente

Muito usado em **Choros** e **Sambas-canções** e que se escreve na forma abaixo:

e soa:

Exemplo com melodia usando mordente:

Esses ornamentos, que dão grande colorido, deverão ser usados com parcimônia. Assim, é importante que seu emprego seja supervisionado pelo professor. Não devem ultrapassar, em geral, cinco por cento das notas que compõem uma música. Não têm lugar certo para serem empregados, porém, ouvindo interpretações de músicas em diferentes estilos, o aluno poderá ter uma idéia de onde empregá-los.

Exercício 48: Identificar, através de exemplos dados pelo professor, os ornamentos de que falamos.

Prática: Adicionar apogiaturas e mordentes a arranjos que você apresentar a partir de agora.

21ª AULA
encadeamentos com acordes abertos para a mão esquerda

É muito importante que se pratiquem os encadeamentos com acordes abertos para a mão esquerda (região grave). Este treinamento deverá acompanhar o nosso curso até o final. O procedimento deve ser o seguinte:

Encadeamento II-V:

Usar para o acorde **II** posição completa com fundamental, quinta e décima, e para o acorde **V** somente fundamental e sétima.

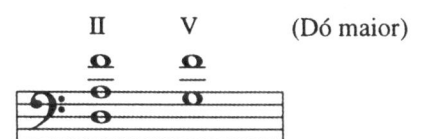

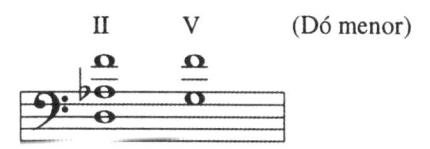

Para situações com acorde arpejados, esses encadeamentos devem ser feitos com o acorde **V**, usando fundamental, terça e sétima:

Canção/Balada:

Baião:

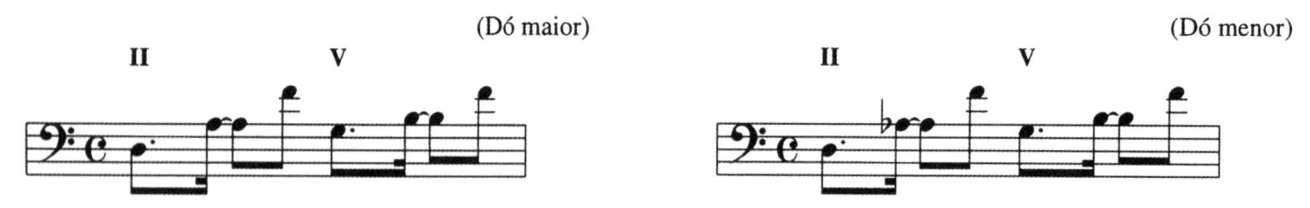

(Dó maior) (Dó menor)

II V II V

Exercício 49: Realize o encadeamento **II-V** (posição aberta) usando diferentes ritmos nas tonalidades abaixo:

Dó maior / Lá menor / Fá maior / Ré menor / Sol maior / Mi menor / Mib maior / Dó menor
Ré maior / Si menor / Lá maior / Fá# menor / Mi maior / Dó# menor / Sib maior / Sol menor

Observação: Não deixe de escrever em clave de Fá (𝄢) os acordes abertos. Por exemplo:

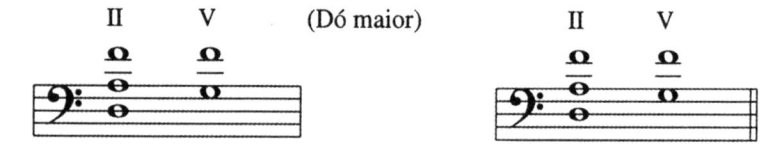

II V (Dó maior)   II V

Encadeamento V-I

Usar para o acorde **V** somente fundamental e sétima, e para o acorde **I**, fundamental, quinta e décima.

(Dó maior)   (Dó menor)

V I   V I

Para situações onde for necessário arpejo, esses encadeamentos devem incluir a terça no acorde **V**.

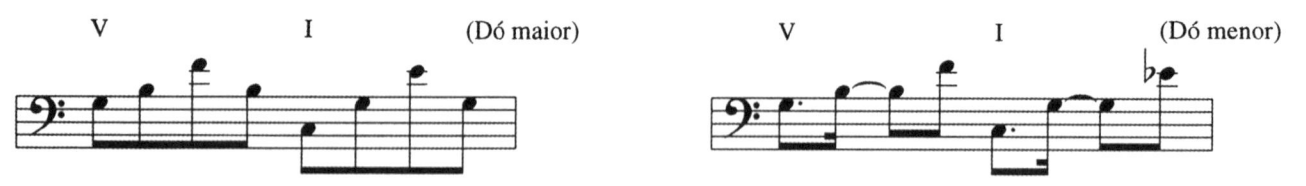

V I (Dó maior)   V I (Dó menor)

Exercício 50: Realize o encadeamento **V-I** (posição aberta com a mão esquerda) usando diferentes ritmos nas tonalidades do exercício anterior. Escreva em clave de Fá. (𝄢)

Encadeamento I-IV

Usar para o acorde **I** posição aberta completa com fundamental, quinta e décima, e para o acorde **IV** somente fundamental e sétima.

(Dó maior)   (Dó menor)

I IV   I IV

Para situações em que o arpejo se fizer necessário, usar terça para o acorde **IV**:

I   IV   (Dó maior)   I   IV   (Dó menor)

Exercício 51: Realize o encadeamento **I - IV** (posição aberta para a mão esquerda) usando diferentes ritmos nas tonalidades do exercício anterior. Escreva em clave de Fá.(𝄢)

Prática: Utilizar em **Canções/Baladas** e em **Baiões/Toadas** posição aberta arpejada para a mão esquerda.

Outras opções para a mão esquerda:

Existem situações em que posições abertas para a mão esquerda ficam impossíveis de serem usadas. Isso ocorre com freqüência quando estamos tocando com a mão direita na região média usando a melodia como primeira voz. Para tais ocasiões, usamos um formato alternativo para a mão esquerda:

Encadeamento II - V (exemplo em Dó maior):

Dm7   G7

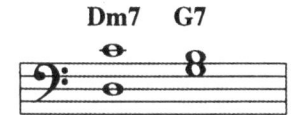

Encadeamento V - I (exemplo em Dó maior):

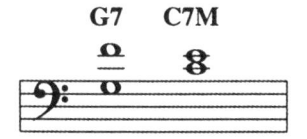

G7   C7M

Encadeamento I - IV (exemplo em Dó maior):

C7M   F7M

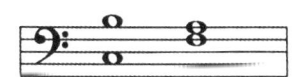

Apresentamos a seguir mais um exemplo com a modalidade de que acabamos de falar:

Dm7   G7   C7M   F7M

22ª AULA
marchas harmônicas com tétrades

Para que não existam barreiras de tonalidades e para que os encadeamentos fiquem praticamente automáticos, já que o aluno deve ter uma fluência de leitura, criação automática de arranjo no teclado e improvisação imediata, é importante que pratique no mínimo esses três encadeamentos mais usados que acabamos de estudar, em todas as tonalidades. Para isso, deve praticar as marchas harmônicas, que consistem em realizar encadeamentos por progressão harmônica simétrica, passando por todas as tonalidades. Aqui adotamos a progressão harmônica por tom descendente, conforme demonstrado a seguir, mas o aluno pode criar outras progressões com opções simétricas.

Para realizarmos as marchas harmônicas, deveremos seguir a seqüência abaixo:

Opção 1: progressão por tom descendente:

Tonalidades de   Dó / Sib / Láb / Fá# / Mi / Ré

Dó# / Si / Lá / Sol / Fá / Mib

Opção 2: progressão por semitom descendente:

Tonalidades de: Dó / Si / Sib / Lá / Láb / Sol /

Fá# / Fá / Mi / Mib / Ré / Réb

Opção 3: progressão por ciclo de quintas ascendente:

Tonalidades de: Dó / Sol / Ré / Lá / Mi / Si /

Fá# / Réb / Láb / Mib / Sib / Fá

Opção 4: progressão por ciclo de quintas descendente:

Tonalidades de: Dó / Fá / Sib / Mib / Láb / Réb /

Fá# / Si / Mi / Lá / Ré / Sol

Exemplo com opção 1 em tonalidades maiores:

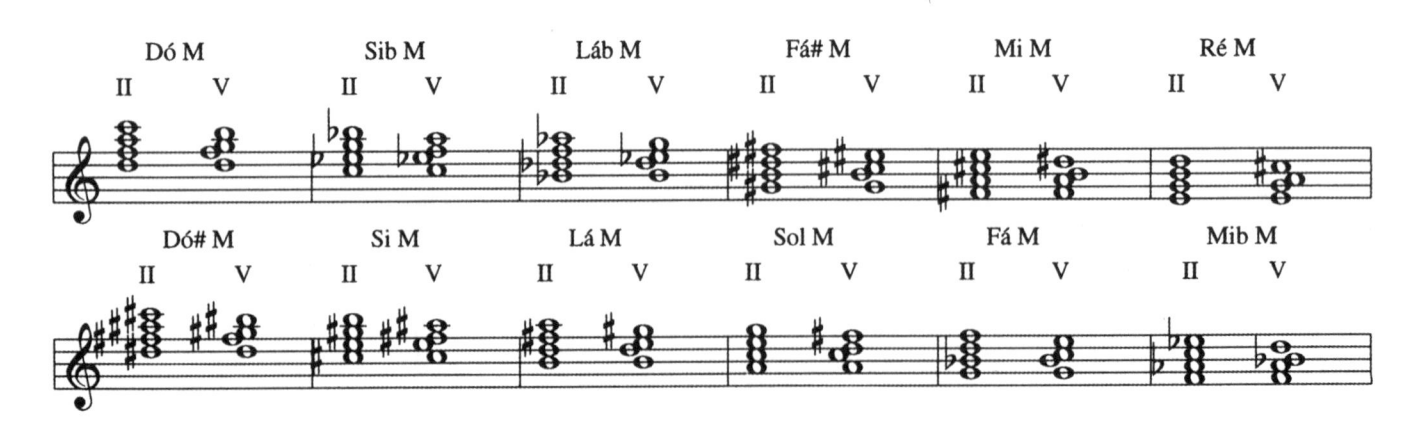

O aluno deverá realizar em tonalidades maiores e menores.

O exemplo acima é de marcha harmônica **II - V** (tonalidades maiores) opção 1 com o primeiro acorde de cada tonalidade em posição fundamental; esta marcha deve ser executada no piano com a mão direita e também com o primeiro acorde na segunda inversão. Devemos também realizá-la com a mão esquerda, bem como em tonalidades menores, e com o primeiro acorde na posição fundamental. Quando a marcha for realizada com a mão direita, o aluno deverá usar o baixo (fundamental) na mão esquerda ao mesmo tempo. Deve inventar ritmos. Quanto ao andamento, deve progredir à medida que vá adquirindo mais técnica. Os acordes podem ser tocados também de forma arpejada (posição aberta) ou apresentando a modalidade harmônica que acabamos de mostrar como opções para mão esquerda. Devemos incorporar as marchas harmônicas ao nosso estudo diário como exercício de aquecimento harmônico.

Exercício 52: Realize (escrevendo e tocando) as marchas harmônicas para os três encadeamentos dados (**II-V, V-I, I-IV**) nas tonalidades maiores e menores, usando as opções dadas acima.
Observe a ordem a ser aplicada para a prática de marchas harmônicas (**II-V / V-I e I-IV**) nas tonalidades maiores e menores.

1) **Mão direita**: primeiro acorde na posição fundamental (fazer com os três encadeamentos primeiramente em tonalidades maiores e depois em tonalidades menores).

Mão esquerda: baixo, que deverá ser a fundamental do acorde.

2) **Mão direita**: primeiro acorde na segunda inversão (fazer com os três encadeamentos primeiramente em tonalidades maiores e depois em tonalidades menores).

Mão esquerda: baixo (ver observação anterior).

3) **Mão direita**: não tocar.

Mão esquerda: primeiro acorde na posição fundamental. Seguir ordem dada anteriormente.
Observação: conforme for encaminhando para um registro muito grave, mudamos de novo para o registro médio.

4) **Mão direita:** não tocar.

Mão esquerda: primeiro acorde na segunda inversão. Seguir ordem dada anteriormente.

5) Usar as duas mãos simultaneamente começando com posição fundamental.

6) Usar as duas mãos simultaneamente começando com a segunda inversão.

7) Tocar as marchas harmônicas (**II-V / V-I e I-IV**) conforme seqüência dada anteriormente, usando diferentes modalidades. Trabalhar mais com modalidades em que o aluno não estiver seguro.

8) Usar posição aberta para a mão esquerda, aplicando as diferentes modalidades e estilos (**Canção, Baião etc.**)

9) Usar posição alternativa aberta a para mão esquerda.

As diferentes opções apresentadas nesta aula deverão ser aplicadas no decorrer de todo o nosso estudo.

Façamos uma revisão geral. As matérias teóricas, bem como os estilos dados, devem estar completamente incorporados à capacidade de criação do aluno.

Não devemos seguir em frente se não estivermos formando qualquer tipo de tríade ou tétrade em qualquer posição. Temos que estar encadeando os acordes com facilidade, tocando com certa desenvoltura e aptos a criar arranjos com os elementos já dados.

Sugiro aqui uma avaliação de todo o estudo realizado, já que vamos trabalhar com tensões e, portanto, a base já deve estar totalmente construída.

PARTE III

1ª AULA
tríades com sexta

Para termos uma tríade com sexta basta adicionar uma sexta maior a uma tríade maior ou menor. A tríade com sexta, em alguns casos, enriquece a tríade maior ou menor dando um certo colorido.

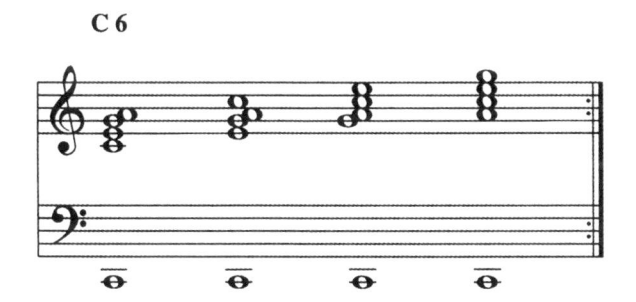

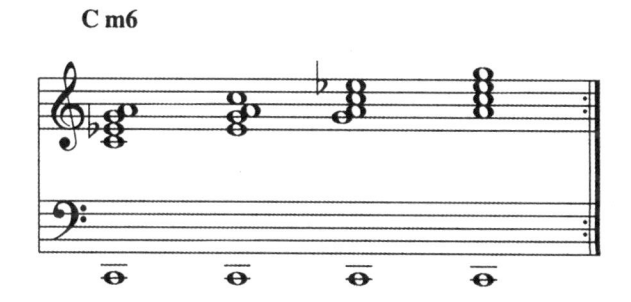

Exercício 53: Formar intervalos de sexta maior a partir de cada uma das notas da oitava. *Observação:* a sexta maior é igual ao sexto grau de uma escala maior.

Exemplo:

Exercício 54: Formar, escrever e tocar, nas quatro posições, as seguintes tríades com sexta.

F#6   C#6   A6   Ab6

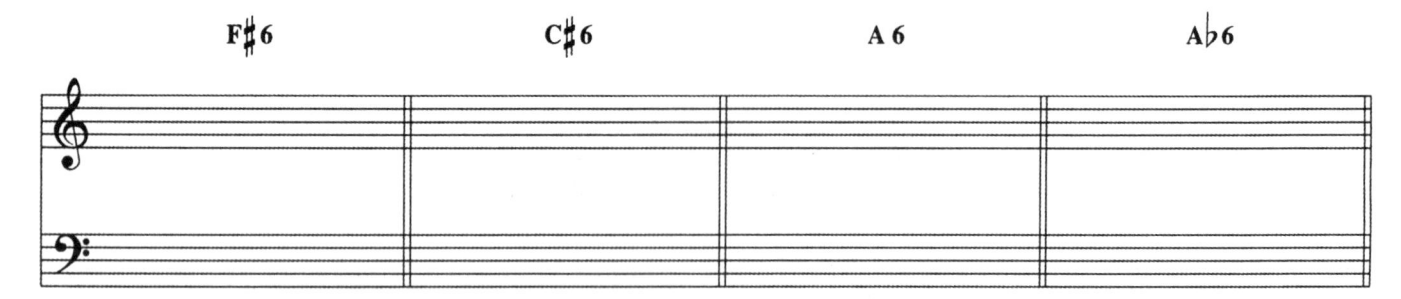

Exercício adicional: Transforme os acordes do exercício anterior em **m6**.

O uso das tríades com sexta pode ser útil nas seguintes situações:

1) como colorido melódico dado à harmonia:

a) 5 ———— #5 ———— 6

No estilo Canção:

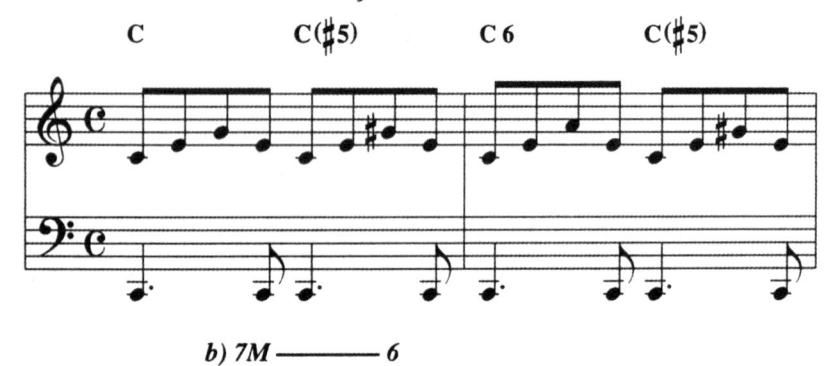

C   C(#5)   C6   C(#5)

b) 7M ———— 6

No estilo Baião/Toada ou Rhythm & Blues:

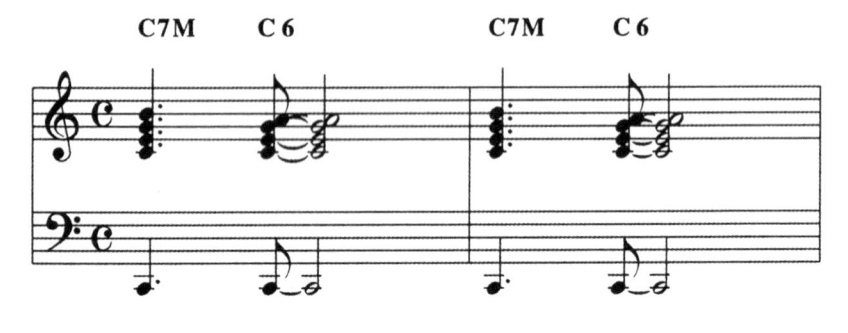

C7M   C6   C7M   C6

c) m7 ———— m6

Ainda no estilo Baião/Toada ou Rhythm & Blues:

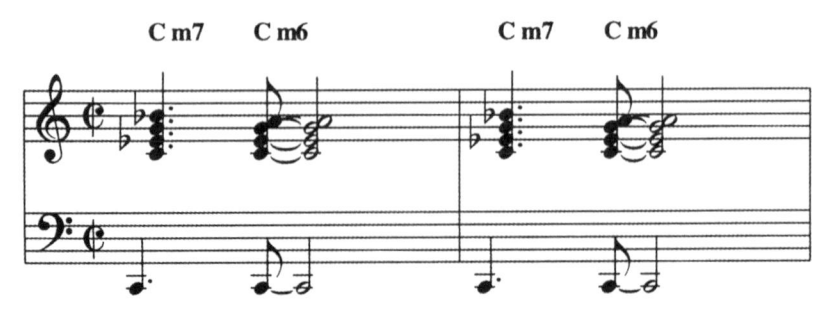

Cm7   Cm6   Cm7   Cm6

d) m ——————— m7M ——————— m7 ——————— m6

No estilo Balada:

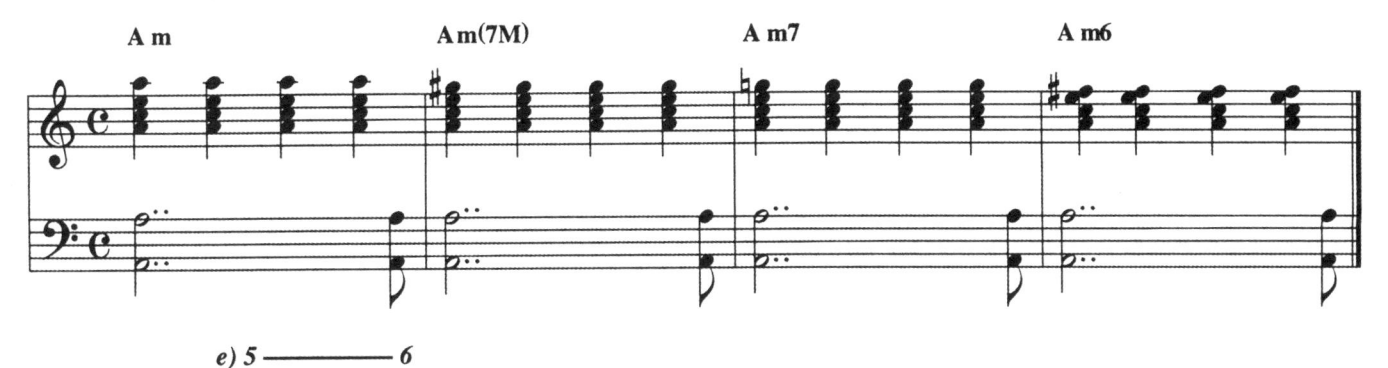

A m   Am(7M)   A m7   A m6

e) 5 ——————— 6

No estilo Bossa Nova ou em Samba:

D   D 6

f) *IV7M - IV m6 neste caso substituindo bVII7(9)*

No estilo Samba-Canção:

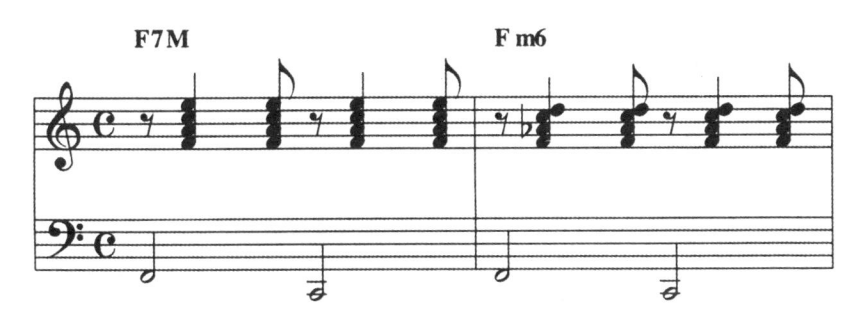

F7M   F m6

Nota: O acorde **Fm6** está substituindo **Bb7.**

g) *Acorde m6 substituindo acorde 7* (neste caso a tríade com sexta está situada a uma quinta acima do acorde 7). Geralmente isso ocorre para valorizar o caminho melódico do baixo.

No estilo Swing:

A m6   Ab dim

Nota: O acorde **Am6** está substituindo **D7.**

No caso acima, **Abdim** está substituindo **G7**. Vide possibilidades no capítulo Rearmonização.

Exercício 55: Realizar marchas harmônicas (escrever e tocar) começando em posição fundamental e inversões com os encadeamentos abaixo. Usar diferentes progressões, conforme já feito com tétrades.

1) I 7M - I 6
2) I - I(#5) - I6
3) I m7 - I m6
4) I m - I m (7M) - I m7 - I m6
5) I - I6
6) IV 7M - IV m6
7) VIm6 - bVIdim

Exemplo com progressão por tom descendente:

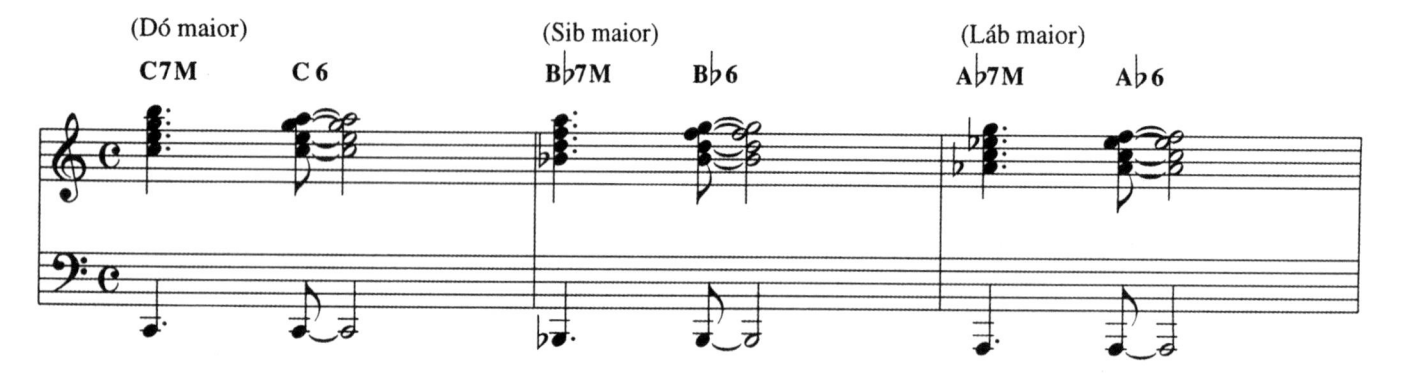

(Dó maior)　　　　　　(Sib maior)　　　　　　(Láb maior)
C7M　　C 6　　　　　Bb7M　　Bb6　　　　　Ab7M　　Ab6

Observação: Conforme for se aproximando de um registro muito grave, mudar para uma oitava acima.

Exercício adicional: O professor toca tríades maiores e menores com sexta para que o aluno identifique.

2ª AULA
samba-canção

Esse estilo brasileiro, cultivado por compositores como Jobim, Maysa, João Bosco e muitos outros, utiliza com freqüência a tríade com sexta.

Apresentamos abaixo alguns acentos típicos para serem praticados. O aluno deve pesquisar outras, através de gravações representativas. Convém observar que modalidades universais (pop) são freqüentemente usadas em qualquer estilo.

Modalidade a　(acompanhamento):

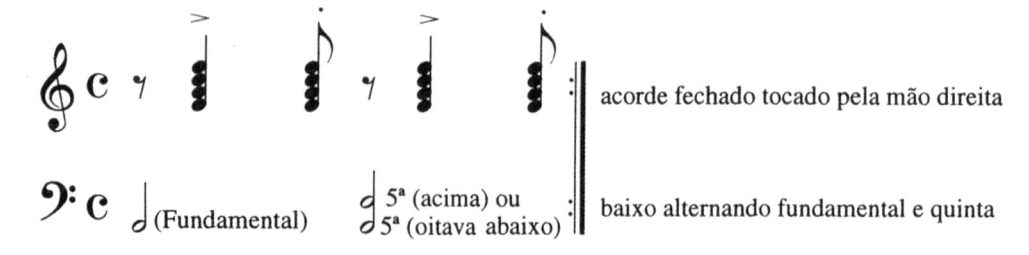

acorde fechado tocado pela mão direita

(Fundamental)　5ª (acima) ou
　　　　　　　5ª (oitava abaixo)　baixo alternando fundamental e quinta

Modalidade b (acompanhamento):   *Modalidade c* (acompanhamento):

Observação: 1) como pode ser notado, o primeiro acento deve ser interpretado como nota longa e o segundo, como nota curta (staccato):

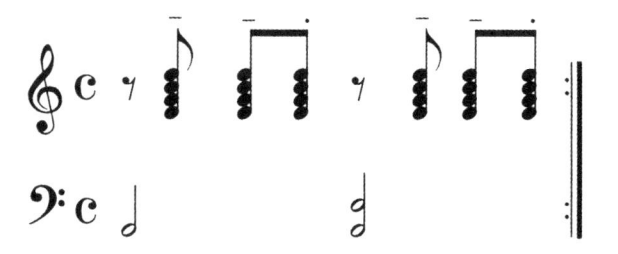

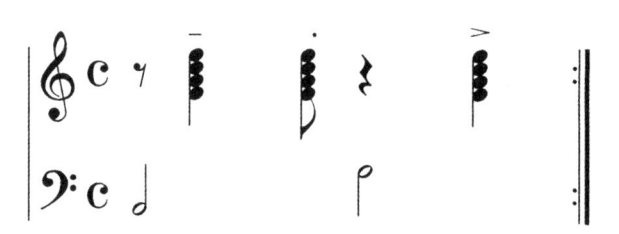

Variação 1 (acompanhamento):

Variação 2 (acompanhamento):

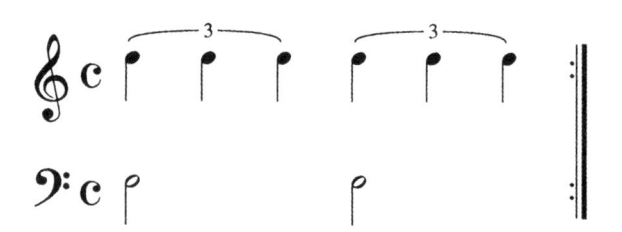

Ao acompanharmos no estilo **Samba-Canção,** convém mesclarmos as diferentes modalidades:

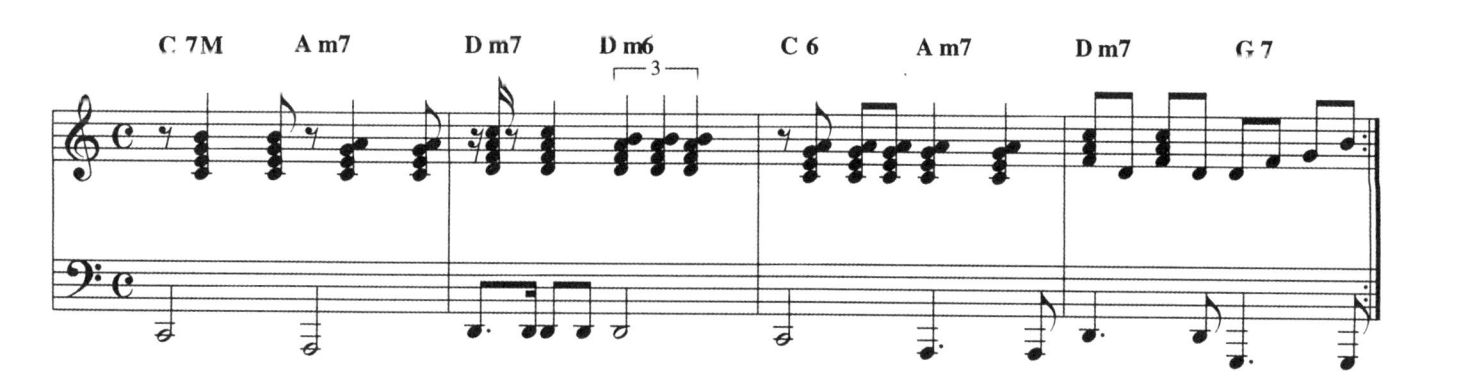

Modalidade d (solo):   *Modalidade e* (solo):

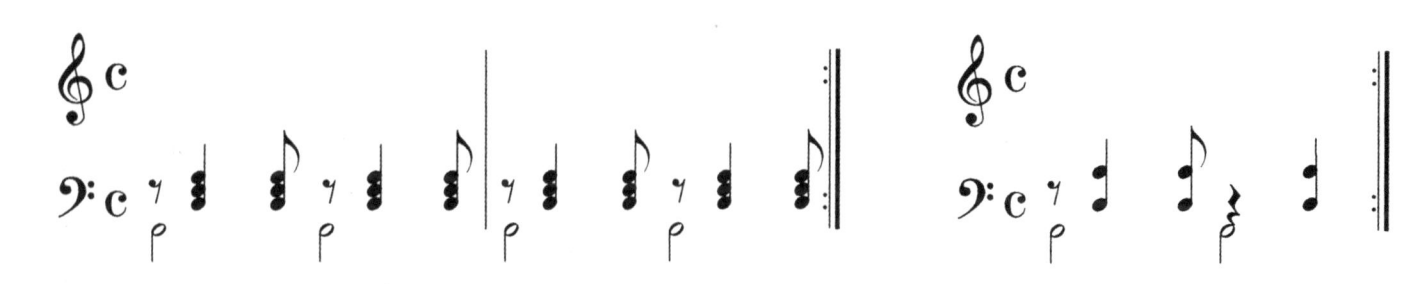

Exemplo combinando modalidades para solo:

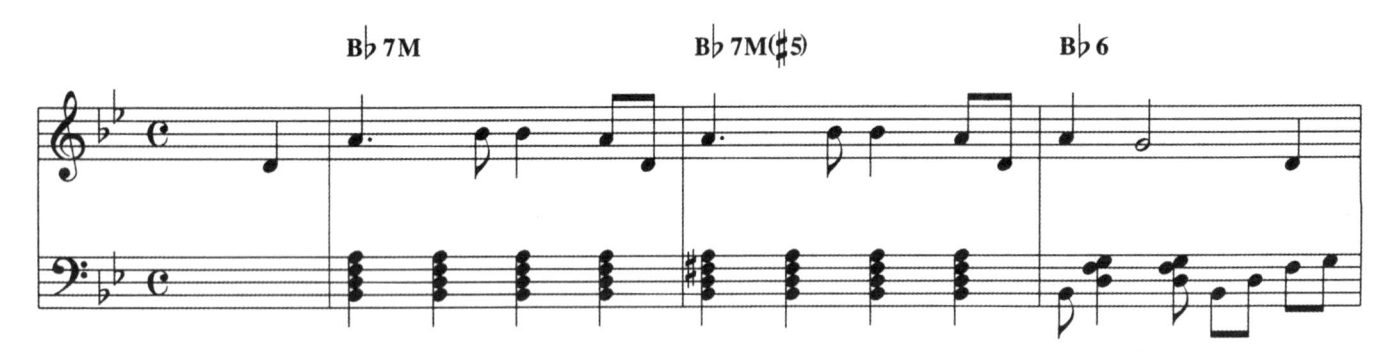

Bb 7M   Bb 7M(#5)   Bb 6

Apesar de o acompanhamento básico utilizar sempre as modalidades dadas para **Samba-Canção**, as variações, como as do exemplo anterior, incluindo **Canção/Balada**, se encaixam bem neste estilo.

Não deixar de utilizar também elementos de arranjo já dados anteriormente.

A modalidade em que a melodia atua como primeira voz deverá também ser aplicada como no estilo **Swing**. Para notas longas, preencher com pulsação.

F#m7   B 7

Mordentes

Antes de praticarmos em músicas do estilo **Samba-Canção**, convém lembrar que, assim como o **Choro**, esse estilo utiliza muitos mordentes.

O mordente, que é representado pelo símbolo ⁓, é muito usado principalmente na forma ascendente:

é igual a   ou a

Existem outras possibilidades, mas vamos trabalhar por enquanto só com o tipo de mordente que acabamos de enfocar.

Exemplo (dentro de uma melodia)

deverá ser executado na seguinte forma:

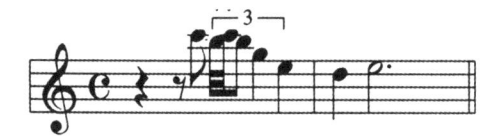

Exercício adicional: O professor toca mordentes e apogiaturas para que o aluno identifique.

Prática: 1) Aplicar mordentes (~) a melodias para **Sambas-Canções** existentes.
2) Tocar três músicas no estilo **Samba-Canção**, utilizando os elementos e modalidades dados. Não se esquecer da forma do arranjo, bem como variações de dinâmica já discutidas.
Utilizar também mordentes, introdução e finalização.

Observação: Esses três **Sambas-Canções** deverão ser apresentados até o final desta parte do livro. Sugerimos que se trabalhe um **Samba-Canção** agora e mais dois depois de se trabalhar tétrades com tensões.
Sugestões para repertório: **Songbook Bossa Nova**: *Atrás da Porta, Demais, Dindi, Eu Sei Que Vou Te Amar, Maria Ninguém, Preciso Aprender a Ser Só etc*. Consulte lista adicional no final do livro.

3ª AULA
tríade com nona (acorde add9)

Para obtermos um acorde **add9** (add = additional), basta adicionarmos uma nona maior a uma tríade maior ou menor.
A nona maior é igual ao segundo grau de uma escala maior na oitava acima.
A fundamental deverá ir para o baixo (mão esquerda). Normalmente, o acorde **add9** é usado na posição fundamental, mas as inversões também são interessantes e sofisticadas.

Exemplo de acorde add9:

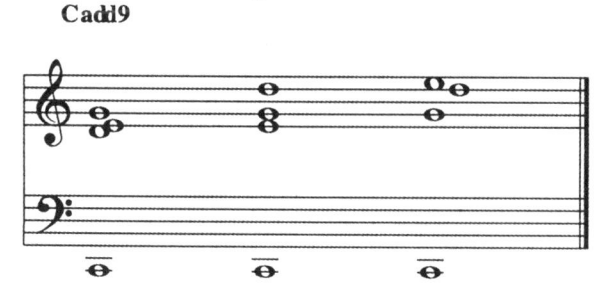

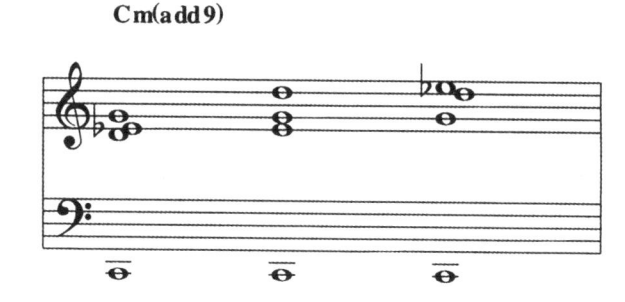

Cadd9

Cm(add9)

Possibilidades a quatro vozes também são empregadas principalmente em posição fundamental:

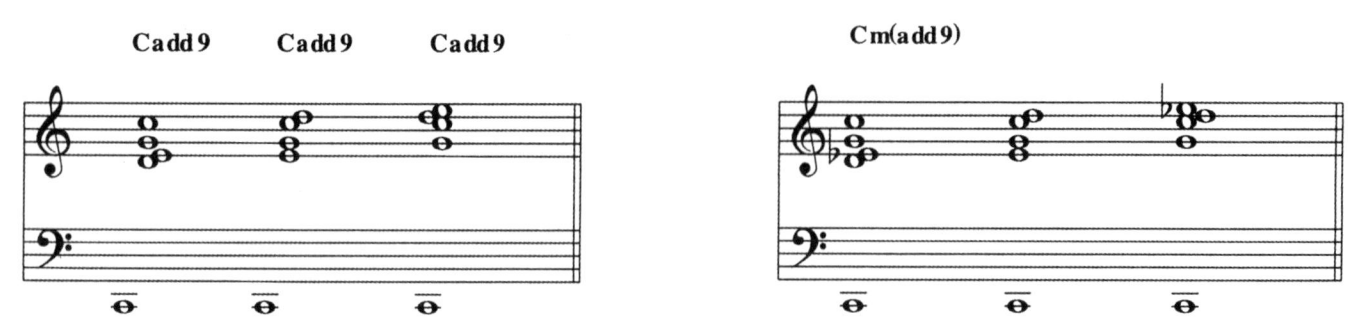

Podemos notar que certas inversões causam *clusters* (amontoados).

Como foi visto, o acorde **add9** só tem três possibilidades (posição fundamental, primeira inversão e segunda inversão) devido à supressão da fundamental.

A tríade com sexta tem no entanto mais uma possibilidade (a terceira inversão), já que não há basicamente supressão de notas.

É bom lembrar que o acorde **add9** é utilizado principalmente para ser tocado com a mão direita.

Exercício 56: 1) Formar nonas maiores para todas as notas de uma oitava. **Exemplo:** para Dó, Dó#, Ré, Mib etc.

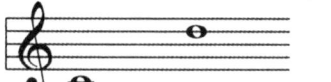

continue ...

2) Formar (escrever e tocar) nas três posições os seguintes acordes **add9**:

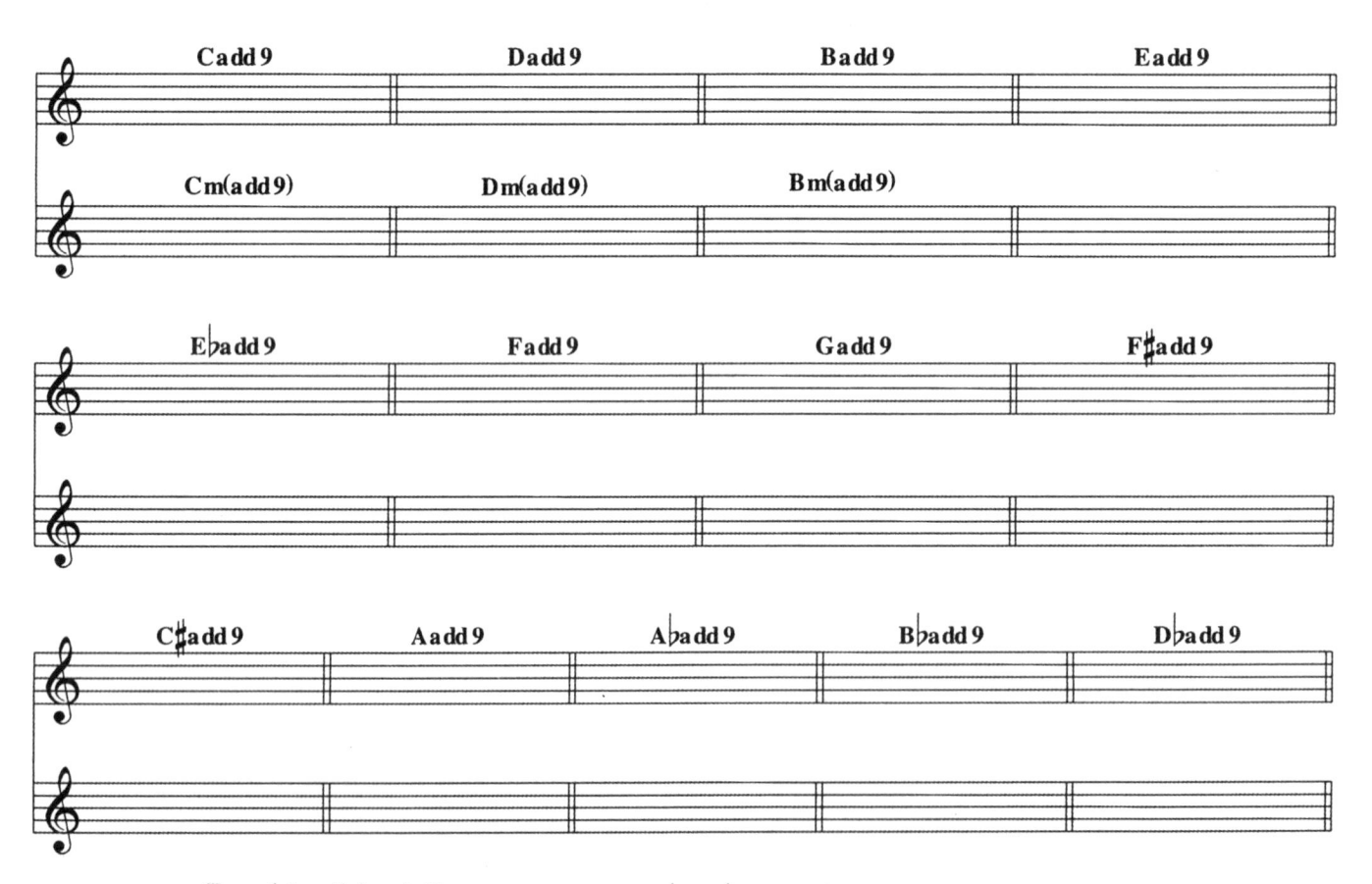

Cadd9   Dadd9   Badd9   Eadd9

Cm(add9)   Dm(add9)   Bm(add9)

E♭add9   Fadd9   Gadd9   F#add9

C#add9   Aadd9   A♭add9   B♭add9   D♭add9

Exercício adicional: Escrever e tocar os acordes acima a quatro vozes.

Uso dos acordes add9 alternando com a oitava

É muito comum a nona adicional alternar com a oitava:

Prática: Pesquisar **Baladas** e outros estilos onde se encontra o acorde **add9**.

Exercício adicional: O professor toca acordes para serem identificados visual e auditivamente pelo aluno (esses acordes devem incluir os seguintes tipos: tríades, tétrades, tríades com sexta e tríades com nona adicionada).

Exercício 57: Escrever e tocar com diferentes ritmos, marchas harmônicas em progressão por tom descendente, com as seguintes tríades com nona adicionada (usar diferentes opções conforme dado anteriormente):
1) I add9   -   IV add9
Exemplo :
Dó Maior

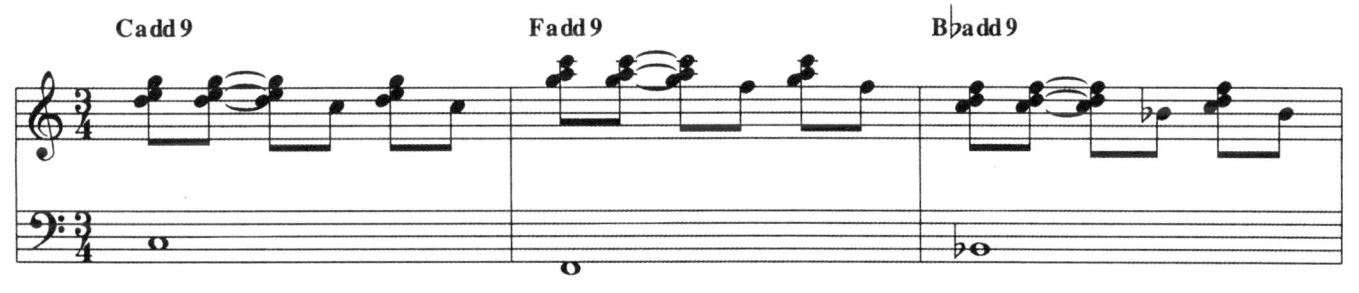

2) Im add9   -   IVm add9   (seguir modelo acima)

Exercício adicional: Adicionar nonas a tríades em diversas músicas.
Esse trabalho deverá ser orientado pelo professor.

4ª AULA
baladas e toadas

É hora de recordarmos esses estilos e aplicarmos nonas aos mesmos. Podemos aplicar também os acordes do tipo **7sus**, bem como **acordes com baixo trocado.**
Procure aplicar essas tensões às suas interpretações para dar um colorido à harmonia.
Para **Baladas**, um uso eficiente da tríade com nona (**add9**) é alternar com a oitava no compasso seguinte ou no mesmo compasso.

Consideremos um trecho com a seguinte cifragem:

Podemos interpretá-lo com **add9**, mesmo que não esteja cifrado para tal:

Mesmo que fosse um acorde para cada compasso:

E para **Toadas** podemos utilizar para acompanhamento o estilo "acorde quebrado":

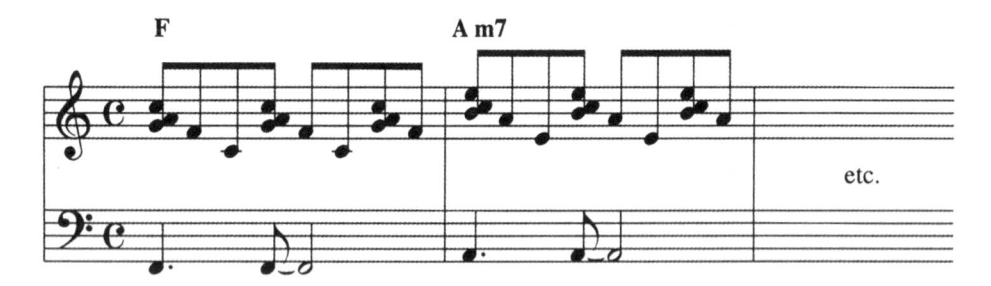

Exercício adicional: O professor cria situações em que os exemplos mais recentes com **Baladas** e **Toadas** possam ser empregados.

Prática: O aluno toca **Baladas** e **Toadas** empregando as modalidades que acabamos de mostrar.

5ª AULA
tétrades com nona

Falamos anteriormente que as tríades com sexta e as tríades com nona adicionada dão um certo colorido harmônico. Mas é principalmente a partir da tétrade com nona, ou seja, acorde que contém a sexta ou sétima e mais a nona, que a harmonia passa a ser realmente enriquecida e sofisticada.

Podemos classificar as tétrades com nona em quatro grupos:

Maior :   7M(9)   6/9   7M(#5/9)   6/7M(9)

Menor :   m7(9)   m6/9   m7(b5/9)   m7M(9)

7 :   7(9)   7(b9)   7(#9)

Diminuta :   dim9   dim7M(9)

Somente os acordes do terceiro grupo (**7**) podem conter (**b9**) - nona menor e/ou (**#9**) - nona aumentada.

O uso da tétrade com nona a quatro vozes (quatro sons), que é a formação mais usada, seja na posição fundamental ou em qualquer inversão, é feito com a supressão da fundamental, ou seja, esta passa a ser usada no baixo (mão esquerda). Se quisermos usar as tétrades com nona na mão esquerda, adotamos o mesmo procedimento. Sendo assim, temos:

Porém, não é obrigatório armarmos a tétrade com nona completa na mão esquerda. Podemos substituí-la por um acorde de sétima (tétrade) ou até mesmo uma tríade aberta, já que será complementada pela mão direita.

Exercício 58: formar intervalos de nona maior, nona menor e nona aumentada tendo como base as notas de uma oitava. Não realizar o exercício cromaticamente (Dó, Dó#, Ré, Mib etc.) - fazer de forma alternada.

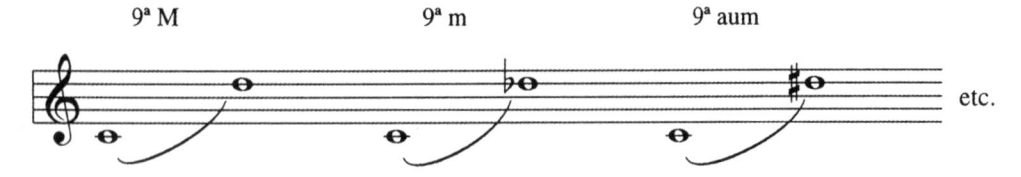

Exercício 59: Formar na posição fundamental e inversões os seguintes acordes (escrever e tocar):

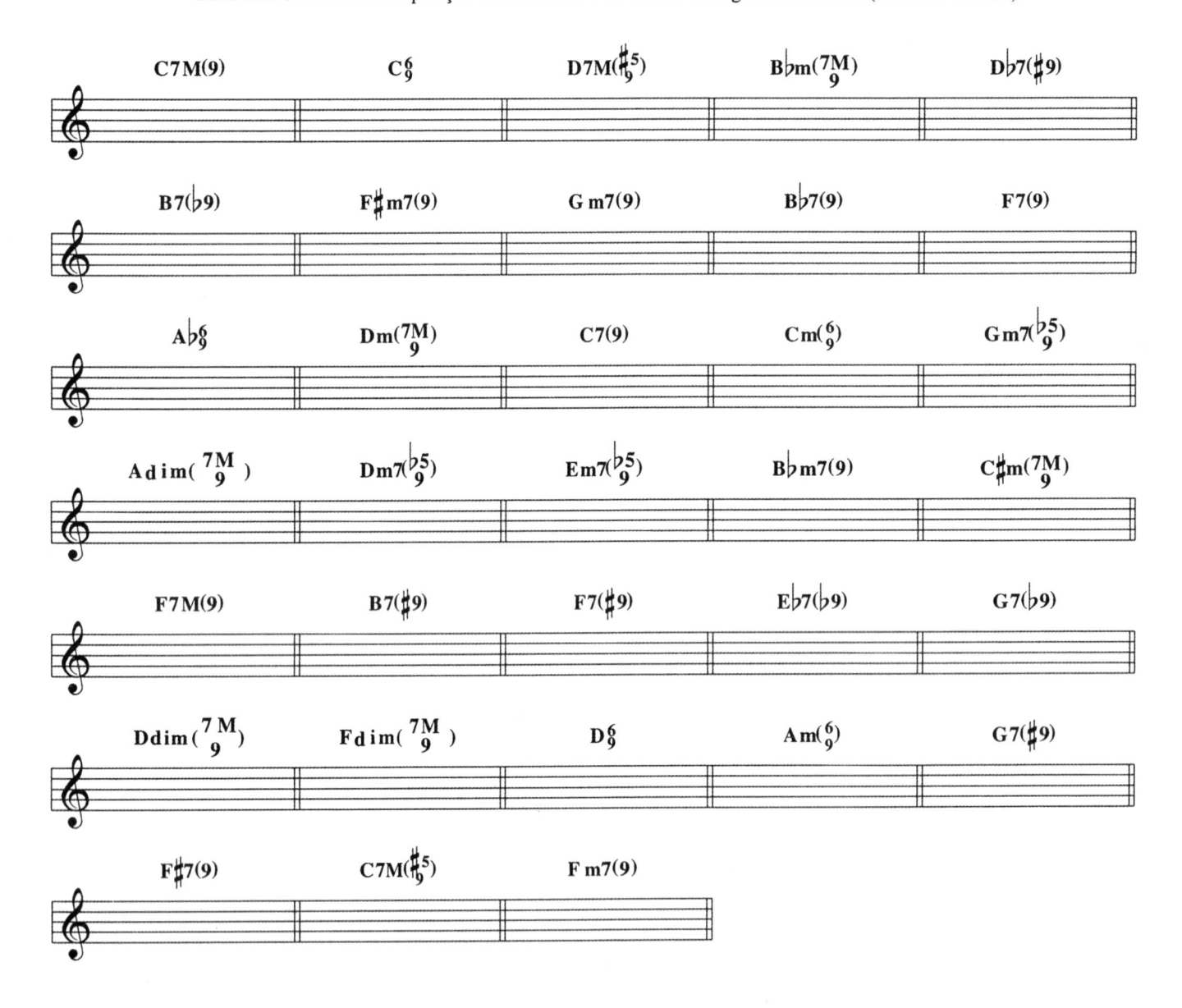

C7M(9)　　C$^6_9$　　D7M($^{\#5}_9$)　　Bbm($^{7M}_9$)　　Db7(#9)

B7(b9)　　F#m7(9)　　Gm7(9)　　Bb7(9)　　F7(9)

Ab$^6_9$　　Dm($^{7M}_9$)　　C7(9)　　Cm($^6_9$)　　Gm7($^{b5}_9$)

Adim($^{7M}_9$)　　Dm7($^{b5}_9$)　　Em7($^{b5}_9$)　　Bbm7(9)　　C#m($^{7M}_9$)

F7M(9)　　B7(#9)　　F7(#9)　　Eb7(b9)　　G7(b9)

Ddim($^{7M}_9$)　　Fdim($^{7M}_9$)　　D$^6_9$　　Am($^6_9$)　　G7(#9)

F#7(9)　　C7M($^{\#5}_9$)　　Fm7(9)

Note que o acorde **7(#9)** fica mais confortável se tocado na posição fundamental.

6ª AULA
tétrades com nona a três vozes

É muito comum o uso de tétrades com nona a três vozes omitindo-se a quinta:

Exemplo:

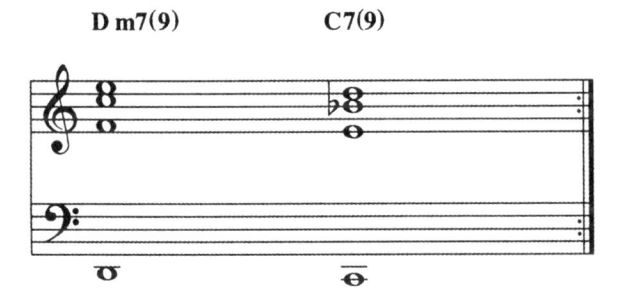

Inversões:

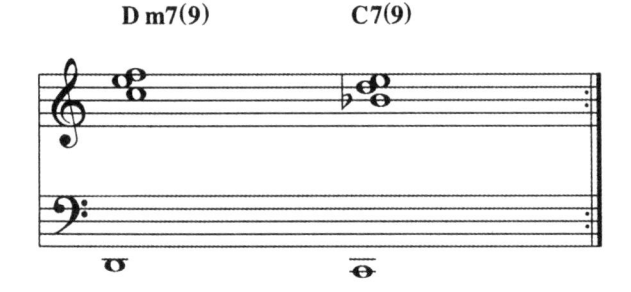

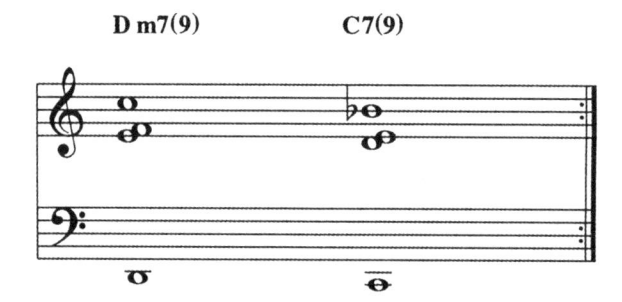

No entanto, para tétrades com nona que formam quinta aumentada ou quinta diminuta, essa prática torna-se inviável. Portanto, não considere supressão de quinta nos referidos acordes.

Para a mão esquerda:

Para a mão esquerda (acordes fechados), é recomendável o uso a quatro vozes:

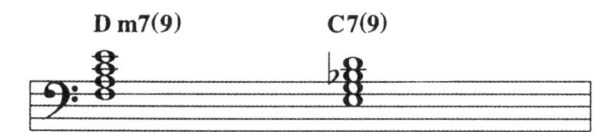

Exercício 60: Identifique os acordes com nona a três vozes. *Observação:* estão incluídas 6/9 e add9.

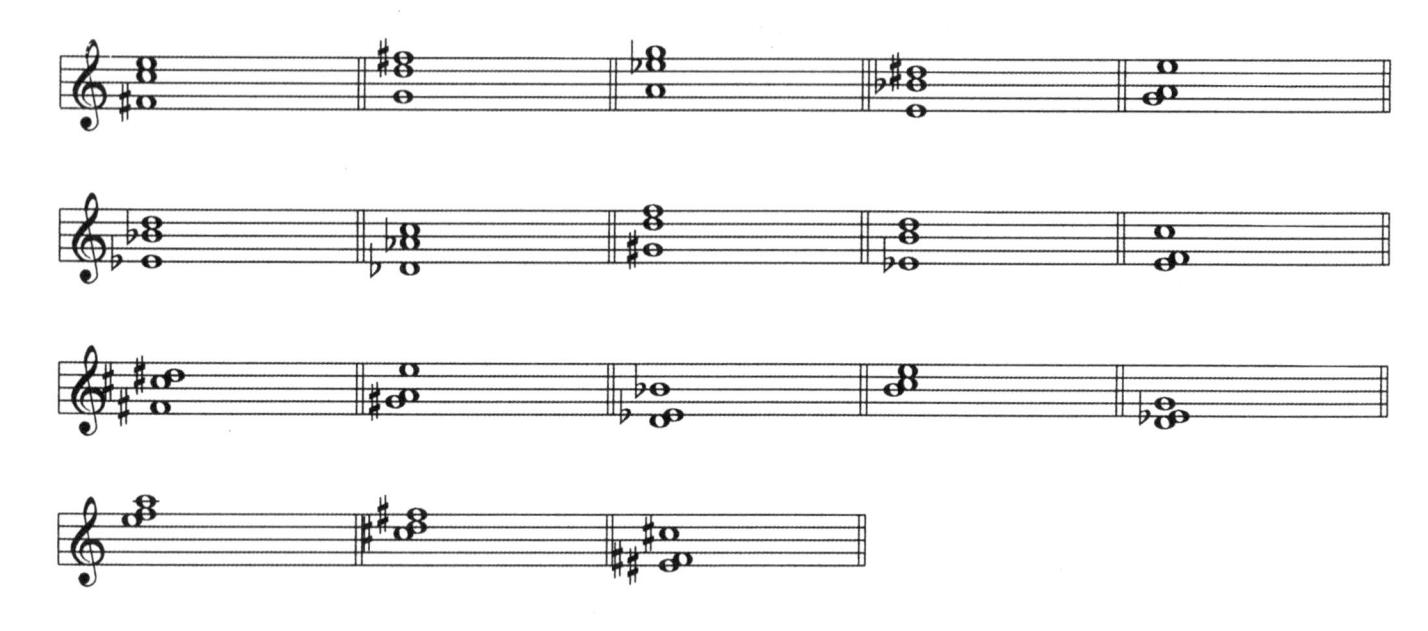

Exercício 61: Adicionar nonas para os seguintes acordes:

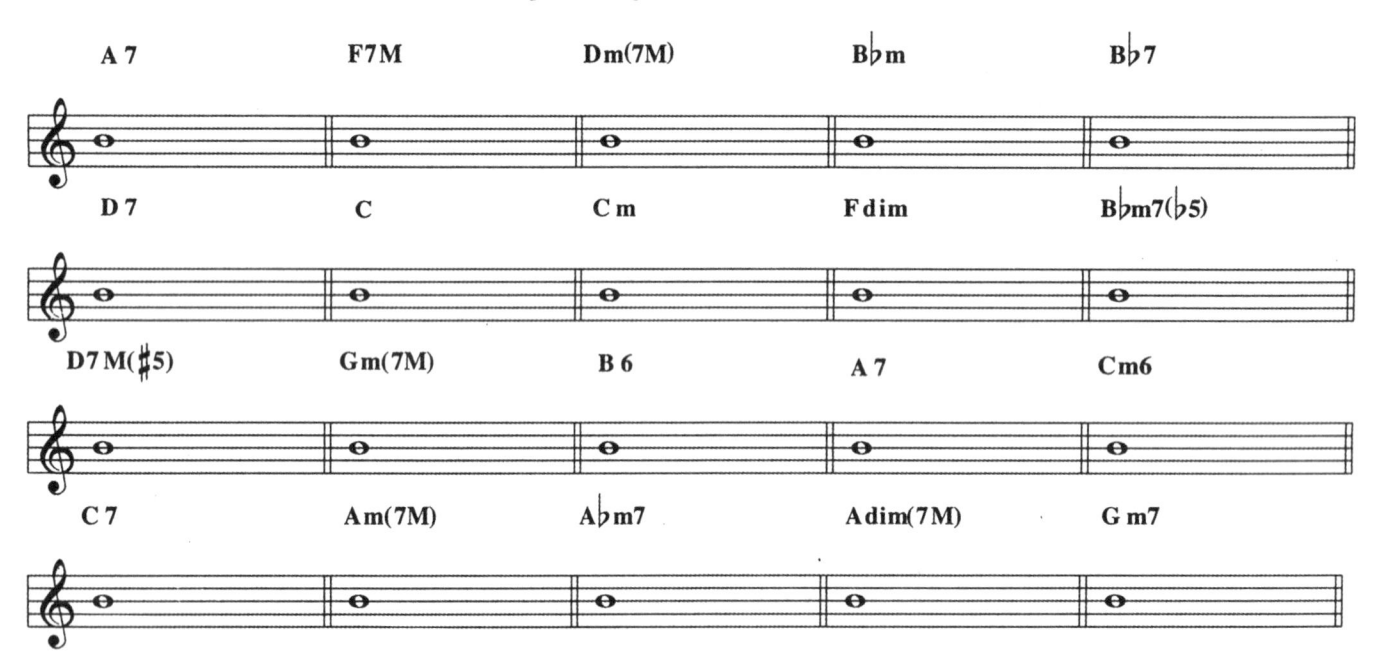

| A 7 | F7M | Dm(7M) | B♭m | B♭7 |

| D 7 | C | C m | F dim | B♭m7(♭5) |

| D7M(♯5) | Gm(7M) | B 6 | A 7 | Cm6 |

| C 7 | Am(7M) | A♭m7 | Adim(7M) | G m7 |

Exercício 62: Identificar os seguintes acordes com nona, bem como suas respectivas inversões. Tocar os acordes a quatro e a três vozes (sem a quinta). Para acordes add9 a três vozes, suprimir a fundamental.

D m7(9)

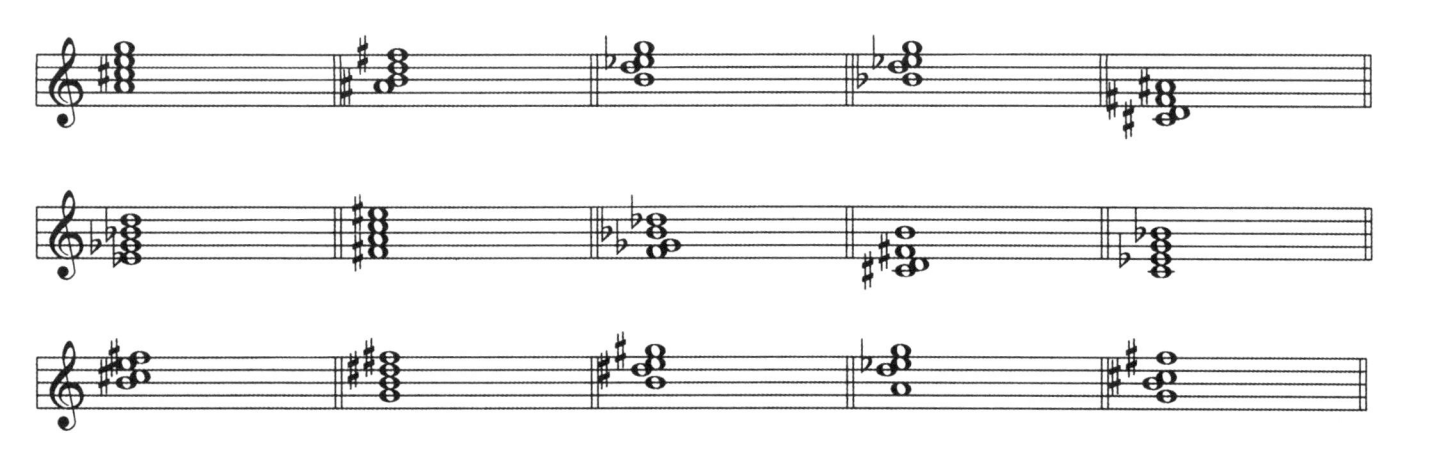

Exercício adicional: O professor cria outras possibilidades com acordes com nona a quatro e a três vozes para que o aluno identifique.

Exercício 63: Encadear (escrevendo e tocando com cada uma das mãos separadamente no teclado) cada dois acordes. Cifre os que não estiverem cifrados.

F7M(9)   D m7(9)   A m7(9)

F m7(9)   C7M(9)

A7(9)   A7(♭9)

A♭7M(9)   A♭m7(9)

B♭m7(9)   E♭7(9)

G7(9)   G dim9

B♭m7(9)   D7(♭9)

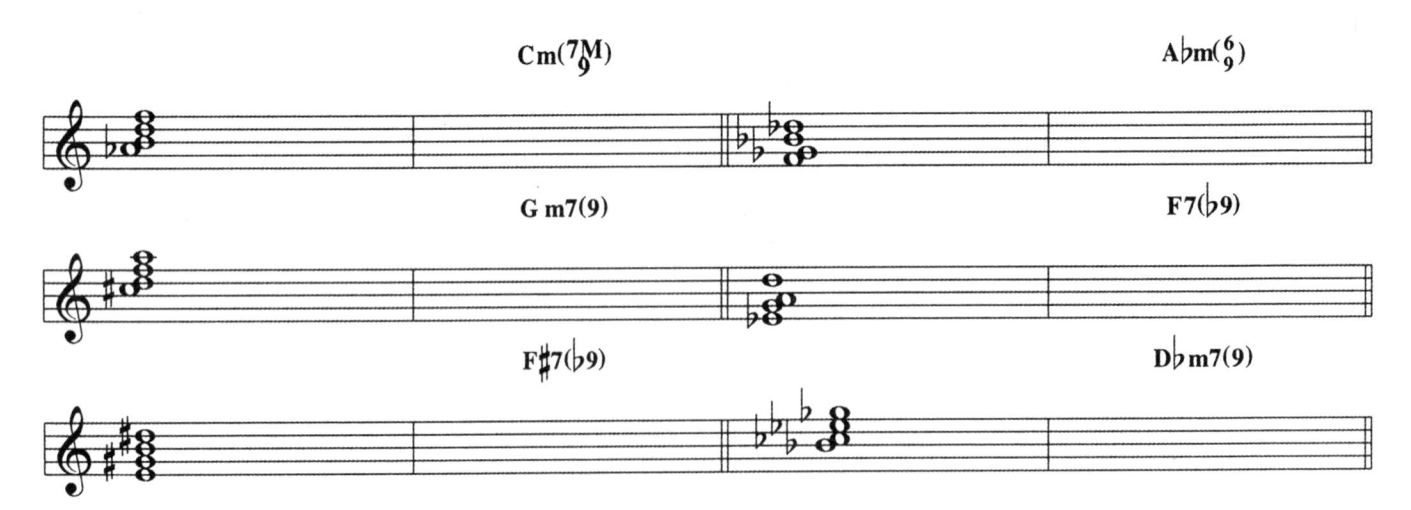

[Notação musical: Cm(7M), Abm(6/9), Gm7(9), F7(b9), F#7(b9), Dbm7(9)]

Exercício 64: Suprimir quintas, quando possível, ou fundamental (no caso de **add9**) de cada acorde do exercício anterior. Escrever e tocar separadamente cada um.

Prática: Adicionar nonas às tétrades em dez músicas. Toque os acordes a quatro e a três vozes. *Nota:* não é necessário adicionar nonas a todos os acordes.

Prática: Encadeie os acordes com nona nessas dez músicas.

Exercício 65: Realize marchas harmônicas com tétrades com nona seguindo modelos já aplicados com as tétrades (encadeamentos **II-V/ V-I** e **I-IV** nas tonalidades maiores e menores). Para o acorde **V7**, use as três possibilidades **b9, 9 e #9** - uma de cada vez. Qualquer uma das três possibilidades pode anteceder tanto um **I maior** quanto um **I menor**. Sugestões para marchas:
1) IIm7(9) - V7(b9) - I7M(9) - IV7M(9)
2) IIm7(b5/9) - V7(b9) - Im7(9) - IVm7(9)

Realize as marchas começando com o primeiro acorde em posição fundamental. Depois, faça o mesmo começando em segunda inversão. Consulte outras possibilidades no capítulo que se refere a marchas harmônicas com tétrades.

Exercício: Identificar tétrades com nona visual e auditivamente. Depois, inverter e arpejar tétrades com nona.

Prática: Tocar com a mão esquerda as tétrades com nona dos exercícios dados nesta aula.
Tétrades com nona, bem como tétrades com décima primeira e com décima terceira, são muito usadas para estilos como **Bossa Nova, Swing, Jazz** etc.
Para **Baladas, Blues** etc., usamos principalmente tríades e tétrades.

7ª AULA
bossa nova (acompanhamento I)

Um dos estilos mais populares entre os tecladistas é a **Bossa Nova**. Antes de apresentarmos algumas das modalidades mais usadas (acentos típicos), é bom lembrar que se trata de um estilo que, além de apresentar harmonias sofisticadas, apresenta também uma sonoridade suave.

O ritmo é sincopado e exige muito treino para que se torne natural. Mais adiante apresentaremos outras dicas estilísticas.

No piano, porém, por se tratar de estilo de ritmo sofisticado e que ao mesmo tempo exige os quatro elementos da música (melodia, harmonia, pulsação e linha do baixo), a modalidade em que **a melodia atua como primeira voz** é a mais eficiente para se alcançar tal resultado. Tal modalidade, assim como a modalidade (g) para **Canção/Balada (música pop)**, já vem sendo usada durante nosso curso para diferentes estilos.

Modalidade a para acompanhamento (acento eficientíssimo para uso da melodia na primeira voz):

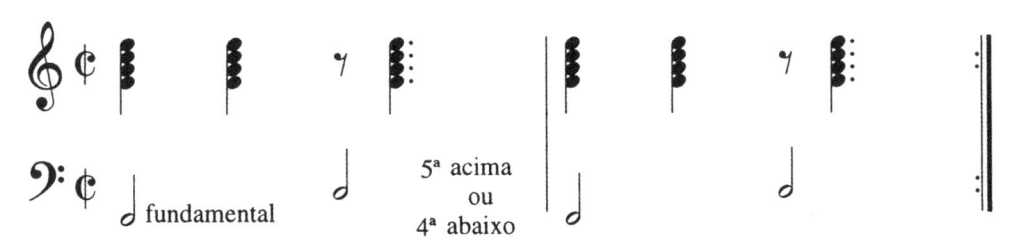

Exemplo com um acorde típico desse estilo:

Modalidade b:

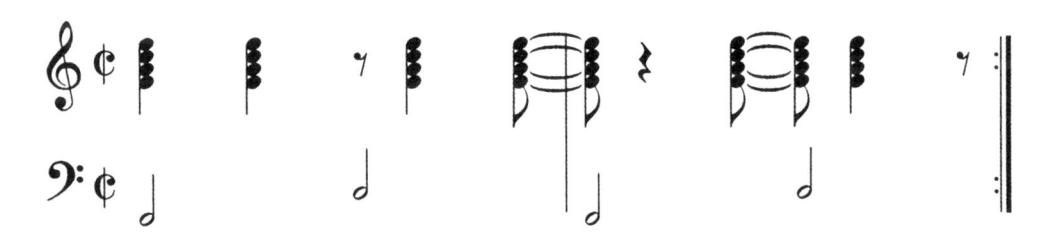

Interpretado com um acorde 6/9, soará da seguinte maneira:

Sendo assim, combinando diferentes acentos com uma linha do baixo simples podemos apresentar várias modalidades.

Modalidade c:

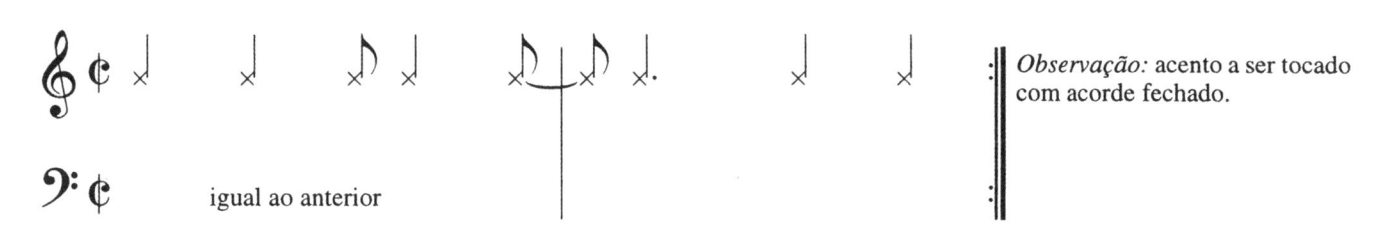

Observação: acento a ser tocado com acorde fechado.

Exemplo:

Modalidade d:

Acento:

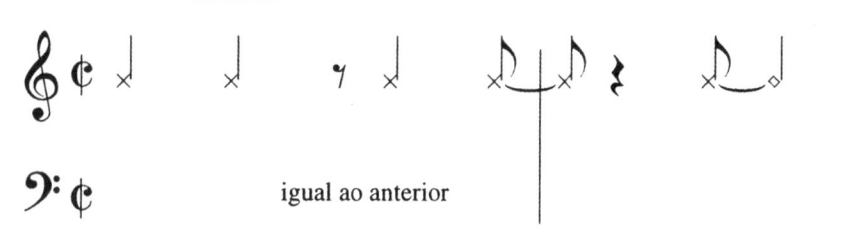

igual ao anterior

O baixo (linha de baixo) deverá alternar entre a fundamental e a quinta. Normalmente, a quinta, por se tratar de uma imitação do surdo, deverá ser tocada abaixo da fundamental. Isto, contudo, não é regra.

Para acordes que contenham quinta diminuta, como por exemplo **m7(b5)** ou simplesmente **dim7** ou **dim9**, a quinta deverá ser omitida cedendo lugar à oitava ou à repetição da fundamental. No entanto, se tivermos **IIm7(b5)** seguido de **V7**, podemos usar quinta diminuta. Vide exemplo #2.

1)

2)

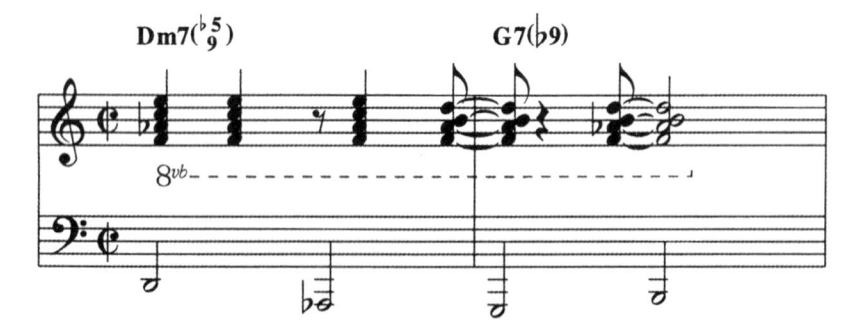

Para acordes que contenham quinta aumentada, como por exemplo, **C7M(#5/9)**, podemos optar entre quinta justa abaixo da fundamental ou oitava (acima ou abaixo).

Exemplo:

Prática: 1) Tocar com diferentes acordes as diferentes modalidades apresentadas até agora. Incluir acordes do tipo **m7(b5)** e **dim7**.

    2) Tocar só acompanhamento para músicas inteiras. Nessa fase deverão ser trabalhadas pelo menos três músicas. Um colega, ou o professor, poderá solar as melodias. O aluno deverá, para uma mesma música, intercalar com diferentes modalidades (diferentes acentos). A **Bossa Nova**, assim como o **Jazz**, não deve se enquadrar como estilo pop.

    3) Solar com a mão direita e acompanhar com acordes fechados na região média. Neste caso, o professor ou um colega, deverá tocar a linha do baixo.

    4) Acompanhar com as duas mãos sem usar a linha do baixo.

8ª AULA

tétrades com décima primeira

A décima primeira tem a mesma classificação da quarta. A quarta justa é o quarto grau de uma escala maior. Assim como vimos anteriormente, podemos enquadrar as tétrades com décima primeira em quatro categorias:

Maior : 7M(#11)   7M(9/#11)   6/9(#11)

(só comportam décima primeira aumentada)

Menor : m7(11)   m7(9/11)   m6/9(11)

(só comportam décima primeira justa)

7 : 7(11)   7(9/11)   7(9/#11)   7(b9/11)   7(#11)   7(b9/11)   7(b9/#11)   7(#9/#11)

(comportam décima primeira justa bem como décima primeira aumentada)

Diminuta: dim(11)   dim(9/11)

(só comportam décima primeira justa)

Observação: para os acordes **7(9/11)**, **7(11)** e **7(b9/11)**, deverá ser omitida a terça maior, em virtude da sua incompatibilidade com a décima primeira justa.

Antes de prosseguirmos no estudo das tétrades com décima primeira, convém que o aluno esteja familiarizado com o intervalo de décima primeira. Lembramos também que tétrades com décima primeira são normalmente utilizáveis somente pela mão direita.

Exercício 67: Formar intervalos de décima primeira e décima primeira aumentada (#11) para todas as notas de uma oitava. Não utilizar ordem cromática (Do, Do#, Ré etc.). Procure alternar.

Exemplo:

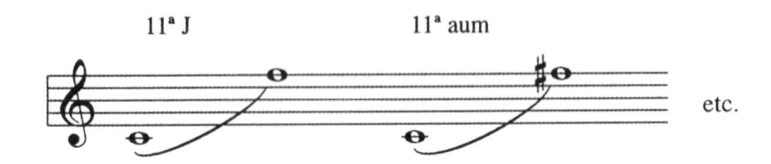

Para usarmos as tétrades com décima primeira a quatro vozes na mão direita, poderemos ou não omitir a quinta. Isso dependerá de como a base do acorde (tríade aberta) estiver colocada.
Exemplo:

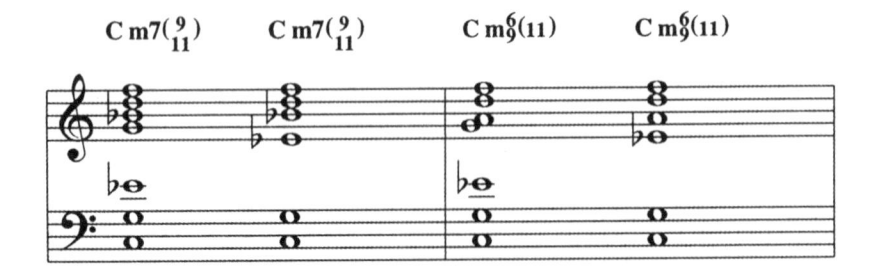

Consideremos como posição fundamental a quatro vozes a que começar pela quinta do acorde. Por exemplo:

Posição fundamental

C m7(9/11)

Posição fundamental

C m6/9(11)

primeira inversão

C m7(9/11)

primeira inversão

C m6/9(11)

segunda inversão

C m7(9/11)

segunda inversão

C m6/9(11)

terceira inversão

C m7(9/11)

terceira inversão

C m6/9(11)

Não confunda, porém, os acordes acima com **Gm7** em vez de **Cm7 (9/11)**, ou mesmo **Dm4** em vez de **Cm 6/9(11)**. Os acordes acima devem ser complementados por uma tríade ou tétrade na mão esquerda para continuarem soando como acordes de décima primeira:

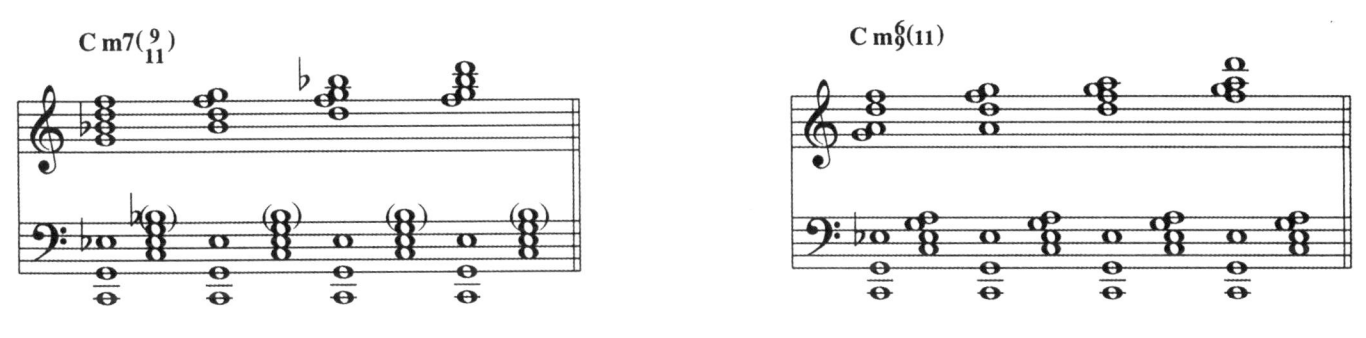

C m7(9/11)

C m6/9(11)

Se estivesse cifrado somente **Cm7(11)** ou até mesmo **Cm6(11)**, os acordes deveriam ser tocados e escritos da seguinte forma:

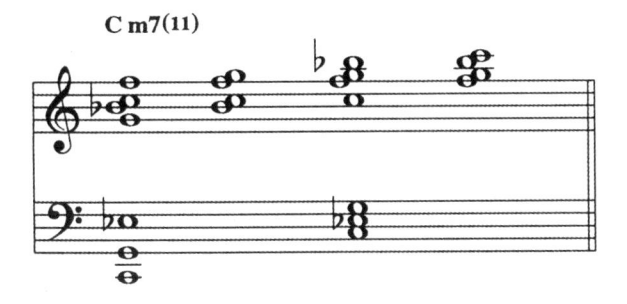

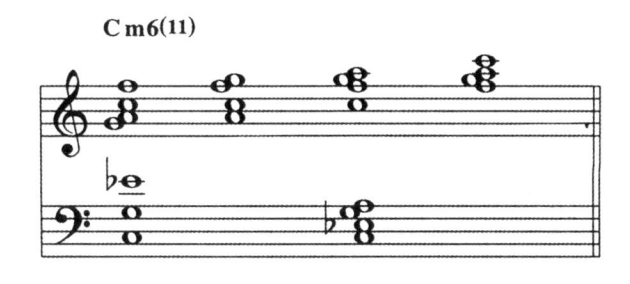

C m7(11)

C m6(11)

Devem ser evitadas as inversões que formam *clusters* (notas amontoadas) como, por exemplo, em algumas inversões dos acordes com sexta que acabamos de ver. O mesmo procedimento poderá ser adotado para acordes do tipo maior e diminuta.

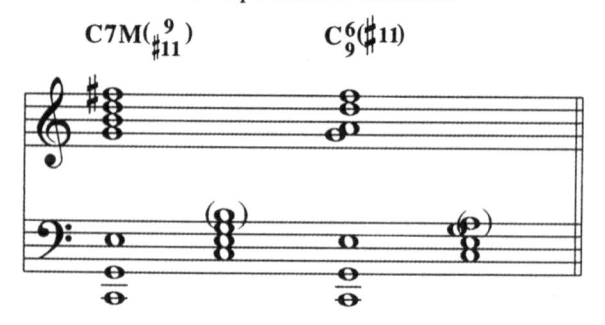

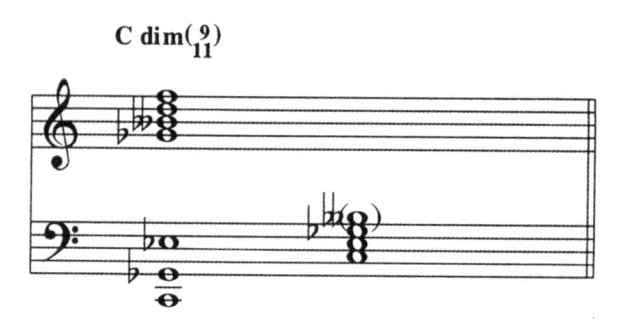

Para os acordes do tipo **7**, não necessariamente dominantes, o que altera é a posição fechada para a mão esquerda, que, como vimos anteriormente, deve conter a sétima:

Tétrades com décima primeira a três vozes

Assim como acontece com as tétrades com nona, o uso a três vozes é muito comum também com os acordes com décima primeira, suprimindo-se a quinta na mão direita.

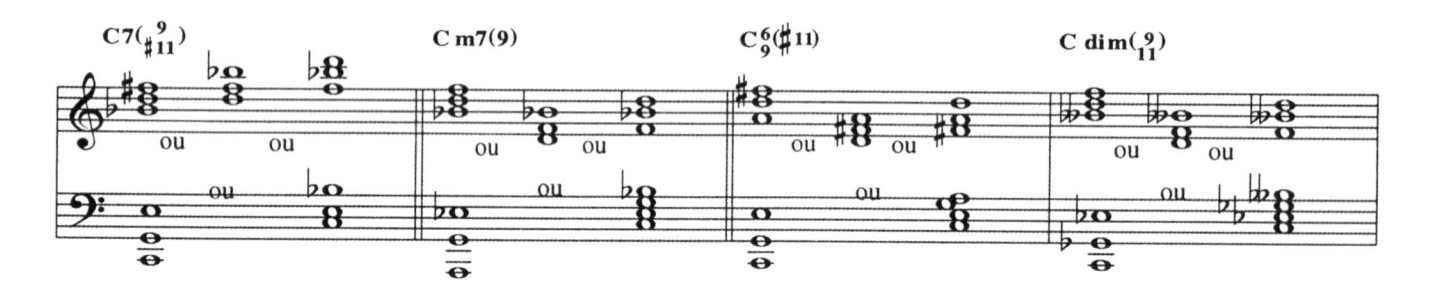

Para acordes do tipo **7(9/11)** ou **7(11)**, devemos usar a mão esquerda nos seguintes formatos:

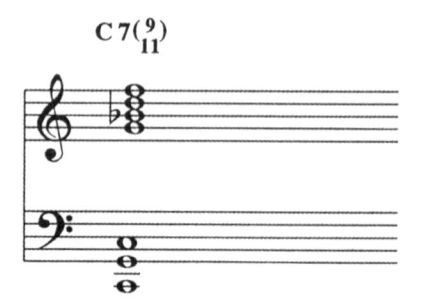

1) *posição aberta:* dobra-se a fundamental

2) *posição fechada:* arma-se 7/4

Exercício 68: Escrever e tocar a quatro e a três vozes, incluindo mão esquerda e inversões, os seguintes acordes:

F7($^9_{\sharp 11}$)   Dm7($^9_{11}$)   B♭7($^{\sharp 9}_{\sharp 11}$)

C♯m$^6_9$(11)   Am7(11)   Bm$^6_9$(11)

G7($^{♭9}_{\sharp 11}$)   E♭7($^9_{\sharp 11}$)   A♭m7($^9_{11}$)

F♯7($^9_{11}$)   C dim(11)   D7($^9_{\sharp 11}$)

A7($^{\sharp 9}_{\sharp 11}$)   B♭m7($^9_{11}$)   Gm7($^{♭5}_{9\ 11}$)

F7($^{♭9}_{11}$)   E♭ dim(11)   B7($^9_{11}$)

A terça entre a nona e a décima primeira

Uma outra possibilidade de distribuição de vozes para as tétrades com décima primeira é a inclusão da terça entre a nona e a décima primeira. Essa é uma boa opção para situações onde a mão esquerda não apresentar a terça.

Vejamos o exemplo abaixo:

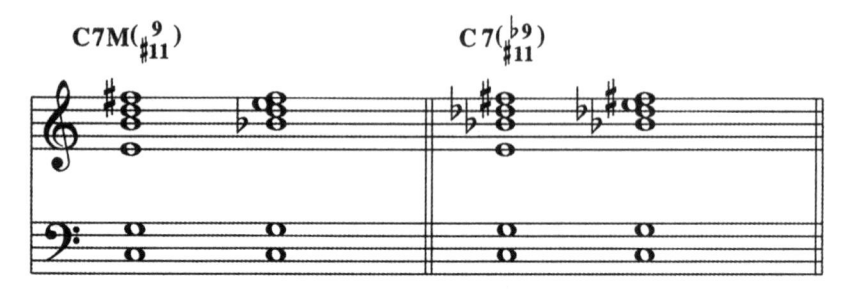

Exercício 69: Construir os acordes abaixo incluindo a terça entre a nona e a décima primeira, conforme a explicação que acabamos de dar. Note que todos os acordes contêm décima primeira aumentada.

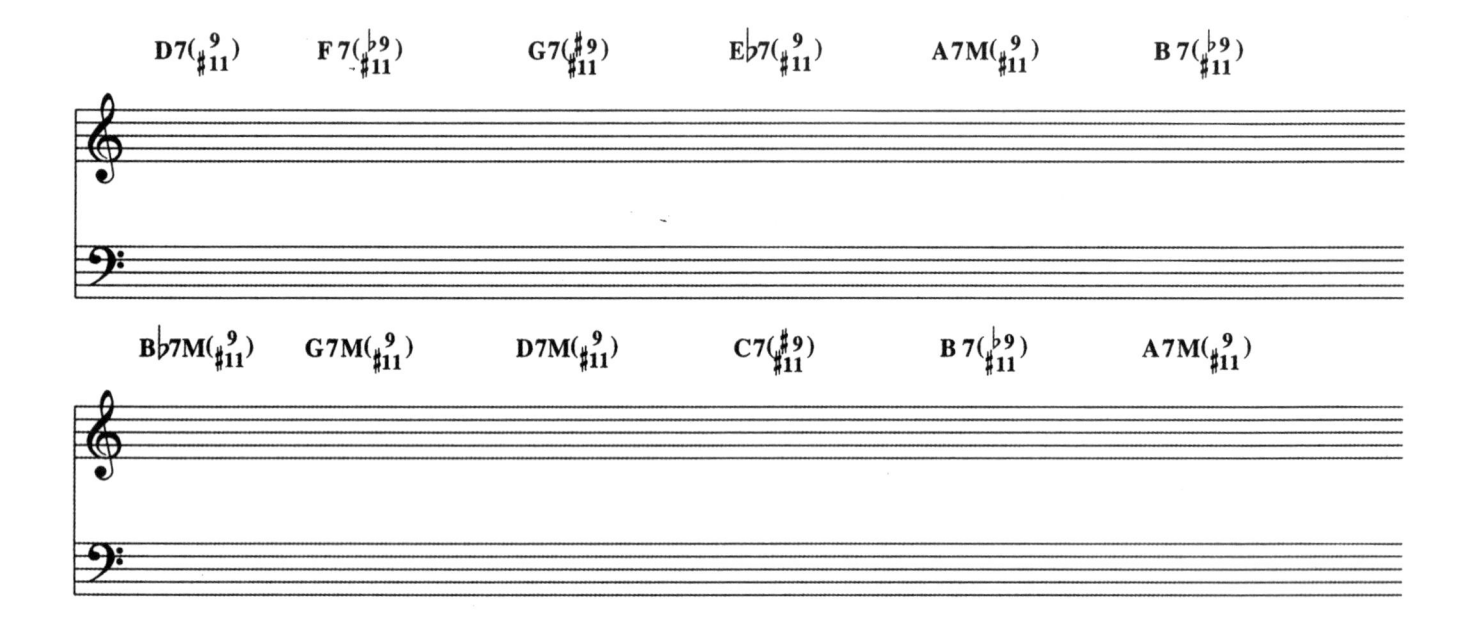

Exercício adicional: O professor cria outras possibilidades para que o aluno escreva e toque os acordes como no exercício anterior.

Exercício 70: Empregar corretamente as décimas primeiras para os acordes abaixo. Toque a quatro e a três vozes com a mão direita, incluindo inversões.

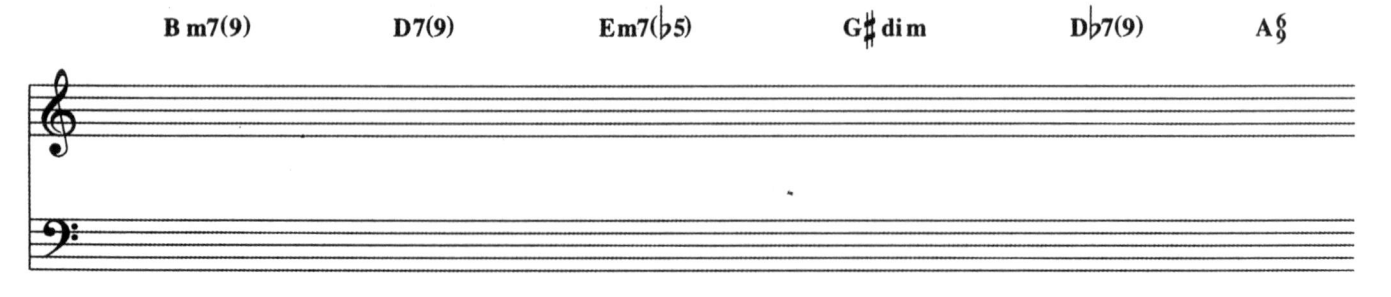

Bm(6/9)   C#7(#9)   Ebm7(9)   D7M(9)   F7   Dm(7M/9)

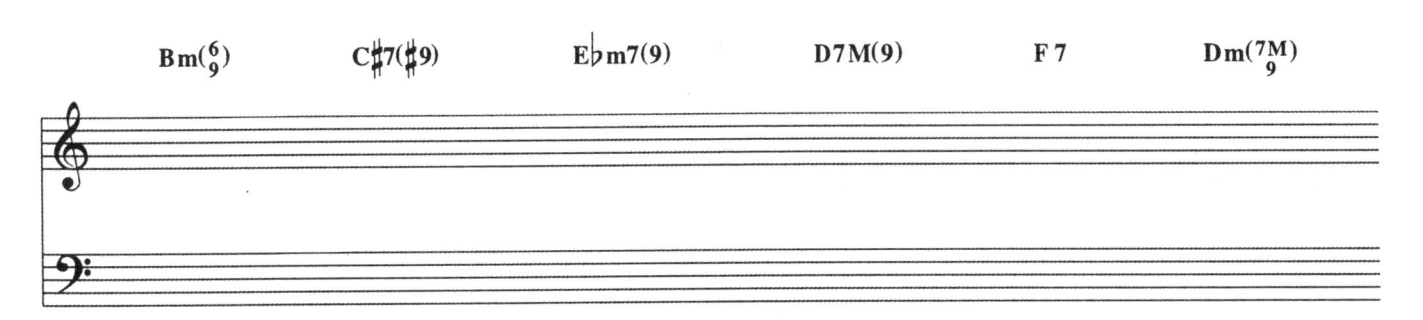

Exercício 71: Identificar as tétrades com décima primeira abaixo:

Exercício 72: Adicionar décimas primeiras a tríades, tétrades e a tétrades com nona em cinco músicas. Tocar os acordes com possibilidades diferentes (quatro ou três vozes) e também invertendo-os.

Exercício adicional: O professor toca diferentes possibilidades de acordes com décima primeira para que o aluno identifique visual e auditivamente.

Exercício adicional: Aplicar tétrades com décima primeira às modalidades dadas para **Bossa Nova, Swing, Samba-Canção** etc. *Nota:* tétrades com décima primeira são utilizadas em menor número em comparação com as tétrades com nona.

Sugestões adicionais: Não deixe de tocar **Baladas, Canções** etc. com tríades e tétrades como foi visto no início de nosso estudo, pois esses estilos não deverão ser abandonados.

9ª AULA
bossa nova (acompanhamento II)

Continuamos fornecendo novas possibilidades com acentos diferentes para as modalidades de **Bossa Nova**.

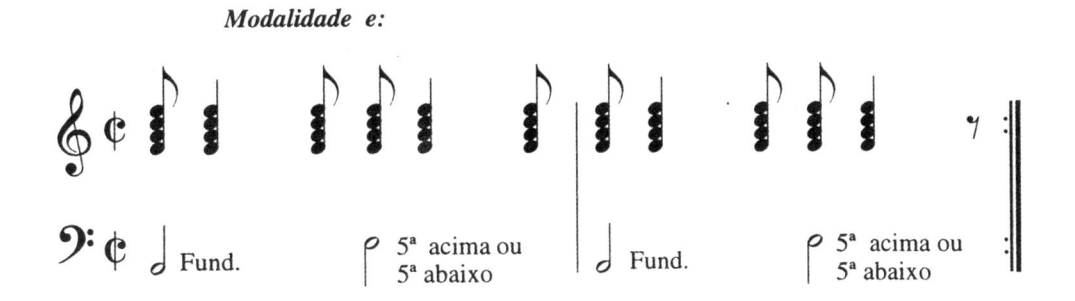

Modalidade e:

Fund.   5ª acima ou 5ª abaixo   Fund.   5ª acima ou 5ª abaixo que soará da seguinte maneira:

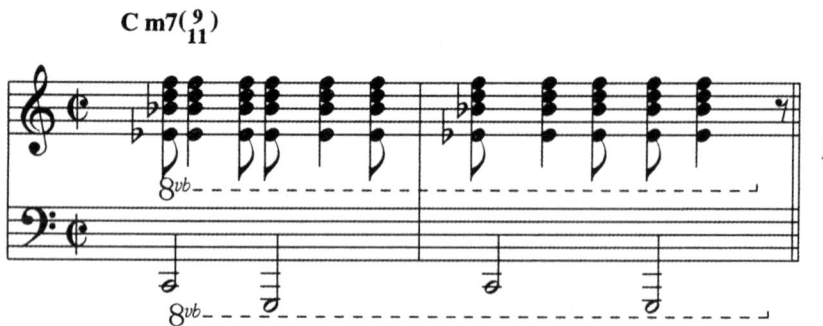

C m7($^{\ 9}_{11}$)

Nota: A nota Mi bemol poderá ser substituída pela nota Sol.

Nota: É importante lembrar que, em **Bossa Nova**, se a mão esquerda não tocar a terça, a mão direita de preferência deverá contê-la em seu *voicing* (distribuição de vozes).

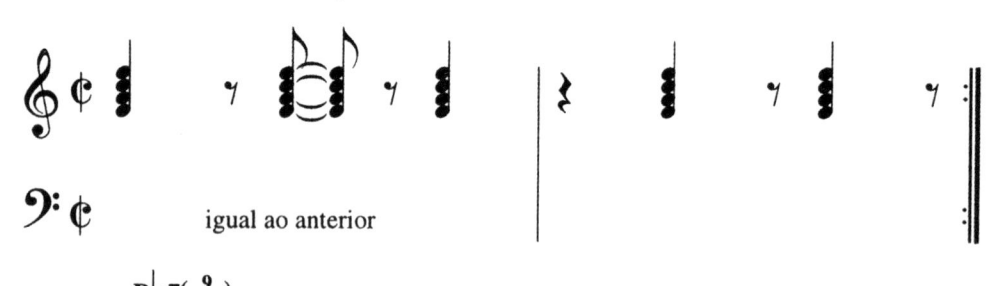

Modalidade f:

igual ao anterior

B♭7($^{\ 9}_{\sharp 11}$)

Modalidade g:

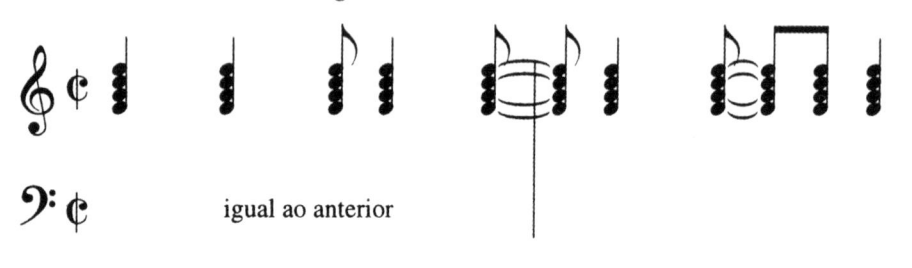

igual ao anterior

A♭7($^{\ 9}_{\sharp 11}$)

Outras modalidades para **Bossa Nova** e **Samba** podem ser encontradas no vídeo-livreto *Ginga Musical Brasileira*. Modalidades para um estilo podem ser usadas também para um outro.

Prática:

1) Tocar acordes e seqüências simples usando as diferentes modalidades para **Bossa Nova** apresentadas aqui.

2) Tocar acompanhamento para três músicas utilizando todas as modalidades de **Bossa Nova** apresentadas até aqui. Lembre-se de que deveremos variar o acompanhamento para manter uma das características do estilo - padrões rítmicos não-repetitivos. Procure aplicar tétrades com décima primeira, pois dessa maneira estaremos praticando harmonia e estilos ao mesmo tempo.

3) Solar músicas no estilo **Bossa Nova** usando modalidade onde **a melodia atue como primeira voz**, inserindo acentos típicos durante as pausas (descansos).

IMPORTANTE: Não há necessidade de trabalharmos encadeamentos com acordes de décima primeira nesta fase. Porém, na aula seguinte encontraremos possibilidades para seu uso em conjunção com os acordes de décima terceira.

10ª AULA
tétrades com décima terceira

As tétrades com décima terceira são usadas principalmente com sentido **V7** (dominante) e geralmente encadeiam bem com os acordes **IIm7** e **IIm7(b5)** que também possuam nona e/ou décima primeira.

Exemplos de acordes V7(13):

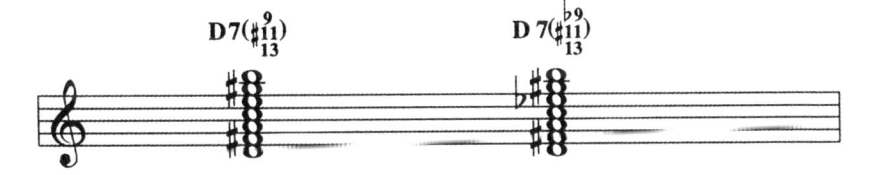

A décima terceira maior é igual ao sexto grau de uma escala maior na oitava de cima. Além da décima terceira maior, podemos usar a décima terceira menor (meio-tom abaixo da décima terceira maior).

Exemplo:

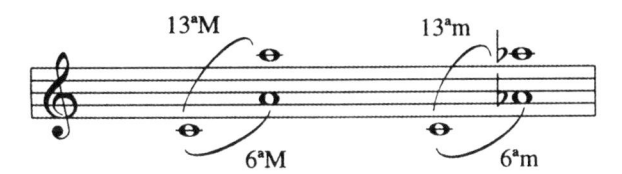

Exercício 73: Formar intervalos de décima terceira maior e décima terceira menor para todas as notas da oitava 3. (Dó 3 é o Dó central do piano.)

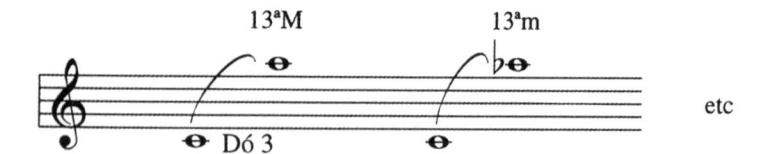

13ªM 13ªm   etc

Nota: Não usar intervalos cromáticos.

Eis os **V7** com décima terceira mais usados. Note que as nonas e décimas primeiras são optativas.

$$V7\begin{pmatrix}9\\13\end{pmatrix} \quad V7\begin{pmatrix}9\\b13\end{pmatrix} \quad V7\begin{pmatrix}b9\\13\end{pmatrix} \quad V7\begin{pmatrix}b9\\b13\end{pmatrix}$$

$$V7(13) \quad V7\begin{pmatrix}\#9\\13\end{pmatrix} \quad V7\begin{pmatrix}\#9\\b13\end{pmatrix} \quad V7\begin{pmatrix}b9 \text{ ou } \#9\\ \#11\\b13\end{pmatrix}$$

$$V7\begin{pmatrix}9\\\#11\\13\end{pmatrix} \quad V7\begin{pmatrix}9\\\#11\\b13\end{pmatrix} \quad V7\begin{pmatrix}b9\\\#11\\13\end{pmatrix}$$

Nota: Às vezes os acordes com décima terceira aparecem cifrados omitindo-se a sétima. Por exemplo: **V7(13)** pode aparecer cifrado somente **V13 (G13)**.

Para tétrades com décima terceira, podemos ter como posição fundamental o acorde começando com a sétima, da mesma maneira como tínhamos para tétrades com nona o acorde começando por terça, e para tétrades com décima primeira o acorde começando por quinta.

Exemplo com posições fundamentais:

C7(9)   C7($^9_{\#11}$)   C7($^9_{13}$)

Dessa maneira, um acorde **C7(9/13)** em suas quatro posições deve ficar da seguinte maneira:

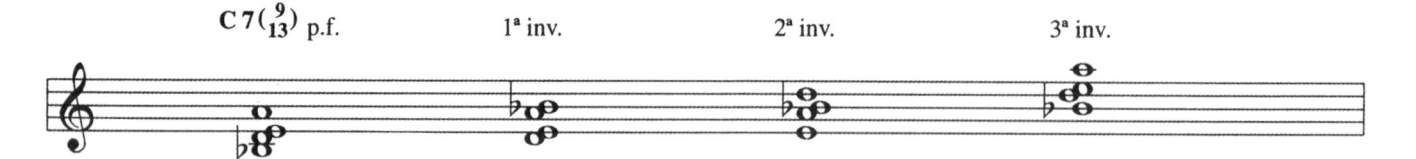

C7($^9_{13}$) p.f.   1ª inv.   2ª inv.   3ª inv.

Apesar da posição fundamental e da segunda inversão serem mais confortáveis (portanto, o tecladista dará preferência a elas), as outras duas possibilidades - primeira e terceira inversões - são também usadas em encadeamentos **II-V**, se o acorde **II** estiver numa posição que não seja fundamental ou segunda inversão:

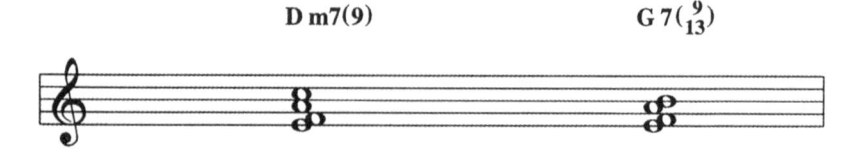

D m7(9)   G 7($^9_{13}$)

Normalmente as tétrades com décima terceira são complementadas na região grave (mão esquerda) das seguintes maneiras:

a) por tétrade fechada: Nesse caso, usando modalidade em que a melodia atue como primeira voz ou mesmo como acompanhamento.

Observação: O *Walking Bass* estaria incluído como possibilidade para o exemplo acima.

b) pela fundamental: eficiente como acompanhamento para estilos que exigem baixo ativo na mão esquerda como por exemplo **Bossa Nova**, **Swing** etc.

c) pela fundamental e quinta:

d) por tríade ou tétrade em posição aberta:

Tétrades com décima terceira são também usadas para mão esquerda principalmente nos encadeamentos **II-V**.

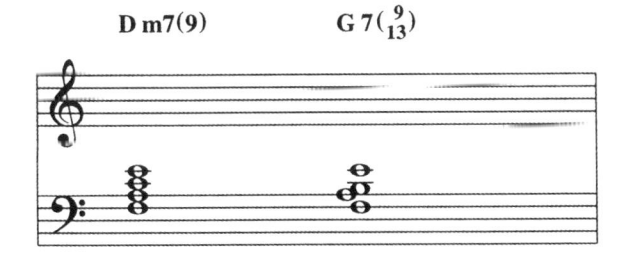

Devemos lembrar, porém, que, como o encadeamento **II-V** é muito utilizado e devido a esse fato já estar totalmente "entranhado" no nosso sistema harmônico, fica possível em certas ocasiões usá-lo na mão esquerda com acordes fechados. Devemos ter em mente, no entanto, que poderemos sentir falta do elemento (linha do baixo), no caso de não contarmos com algum instrumento que desempenhe aquele papel. Portanto, considere tétrades com décima terceira fechadas para mão esquerda, principalmente quando estiver tocando juntamente com contrabaixo ou outro instrumento que possa desempenhar este papel.

Exercício 74: Escrever nas quatro posições os seguintes acordes (toque separadamente com a mão direita e a mão esquerda):

C7($^9_{13}$)   F7($^{b9}_{b13}$)   D7($^{b9}_{\#11}$ 13)   Bb7($^9_{b13}$)   Eb7($^{\#9}_{13}$)   A7($^{b9}_{11}$ 13)

C#7(13)   Ab7($^{\#11}_{13}$)   A7($^{\#9}_{b13}$)   C7($^{b9}_{11}$ b13)   F7($^9_{13}$)   C7($^9_{11}$ 13)

F#7(13)   F#7($^{\#11}_{13}$)   D7($^{b9}_{b13}$)   C#7(13)   Ab7($^{b9}_{11}$ 13)   Db7($^9_{11}$ 13)

Tétrades com décima terceira a três vozes

Se utilizarmos para a mão esquerda modelos com tríades abertas, poderemos então usar para a mão direita as tétrades com décima terceira a três vozes:

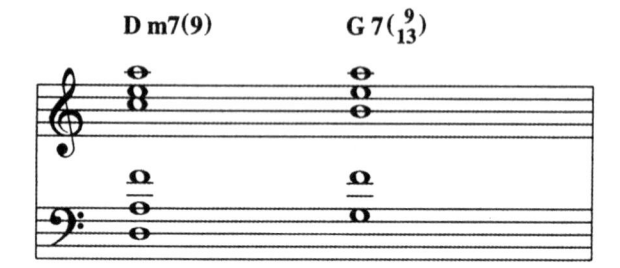

Dm7(9)   G7($^9_{13}$)

Note que no exemplo acima foi utilizado para a mão esquerda o modelo **II - V** com posições abertas. Nesses casos, há supressão da sétima na mão direita.

Outras possibilidades para V7(13) a três vozes:

G7(13)   G7($^{b9}_{13}$)   G7($^{b9}_{b13}$)

Porém, para tétrades com décima terceira a três vozes não podemos deixar de usar ao mesmo tempo a terça, o que descaracterizaria o acorde, a não ser que consigamos incluí-la na mão esquerda.

G7(#11 9 13)   Está incompleta, falta a terça.

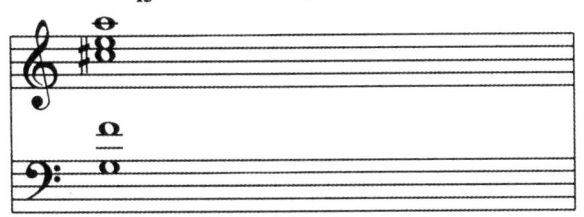

Dessa forma está completa:

Às vezes podemos omitir o baixo:

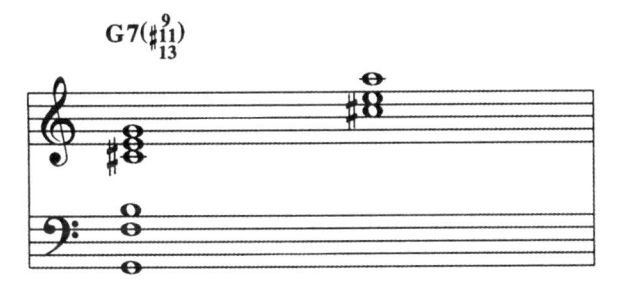

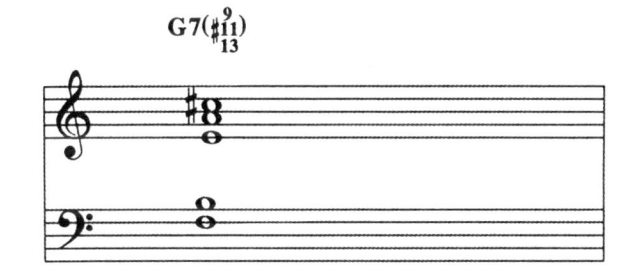

Exercício 75: Considerando o que vimos acima, forme os acordes do exercício anterior usando três vozes para a mão direita, completando-os com a mão esquerda. (Toque-os também).

Exemplo:

Note que a nota **Sib (7ª)** do exemplo abaixo poderá ser tocada pela mão direita o que caracteriza posição aberta.

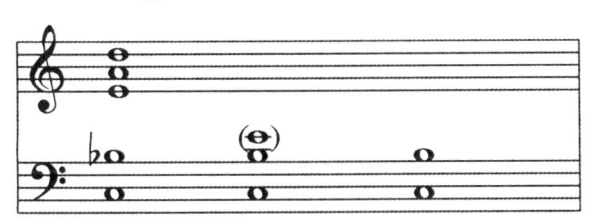

C7($^9_{13}$)

Exercício adicional: O professor cria outras possibilidades para o aluno formar, a quatro e a três vozes, as tétrades com décima terceira.

A posição aberta para acordes com décima terceira é possível, se seguirmos (de baixo para cima) a seguinte ordem: sétima, terça, décima terceira e nona (ou oitava).

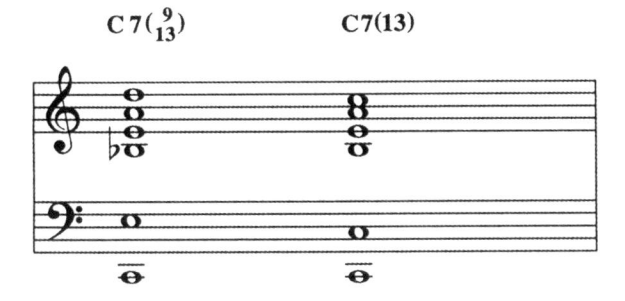

C7($^9_{13}$)   C7(13)

Essas opções são eficientes quando antecedidas de tétrades com nona ou com décima primeira em posição aberta:

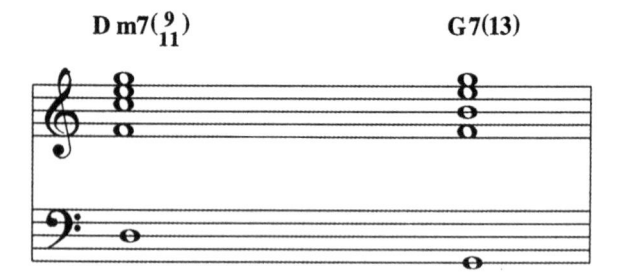

D m7($^9_{11}$)   **G 7(13)**

Nota: É muito utilizável em **Bossa Nova**.

11ª AULA
samba (acompanhamento)

Na prática, os padrões rítmicos de **Samba** podem ser usados também em **Bossa Nova** e vice-versa. Daremos aqui mais algumas modalidades que podem ser usadas em acompanhamento de **Samba** ou **Bossa**.

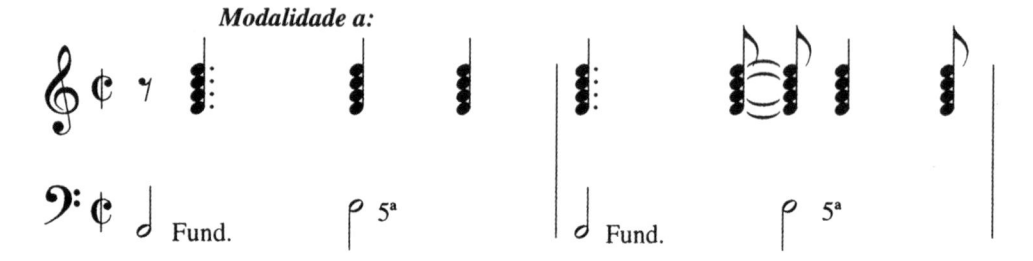

Modalidade a:

Exemplo de como deverá ser tocada a modalidade acima:

C 7($^9_{13}$)

A partir de agora mostraremos em **Samba** e/ou **Bossa Nova** somente os acentos, visto que para a mão esquerda, não havendo acompanhamento de outro instrumento que utilize a linha do baixo, o aluno deverá seguir o mesmo modelo apresentado anteriormente (fundamental e quinta).
Exemplo:

C 7($^9_{13}$)

Modalidade b (só os acentos):

Modalidade c (só os acentos):

Modalidade d (só os acentos):

Modalidade e (só os acentos):

Modalidade f (só os acentos):

Modalidade g (só os acentos):

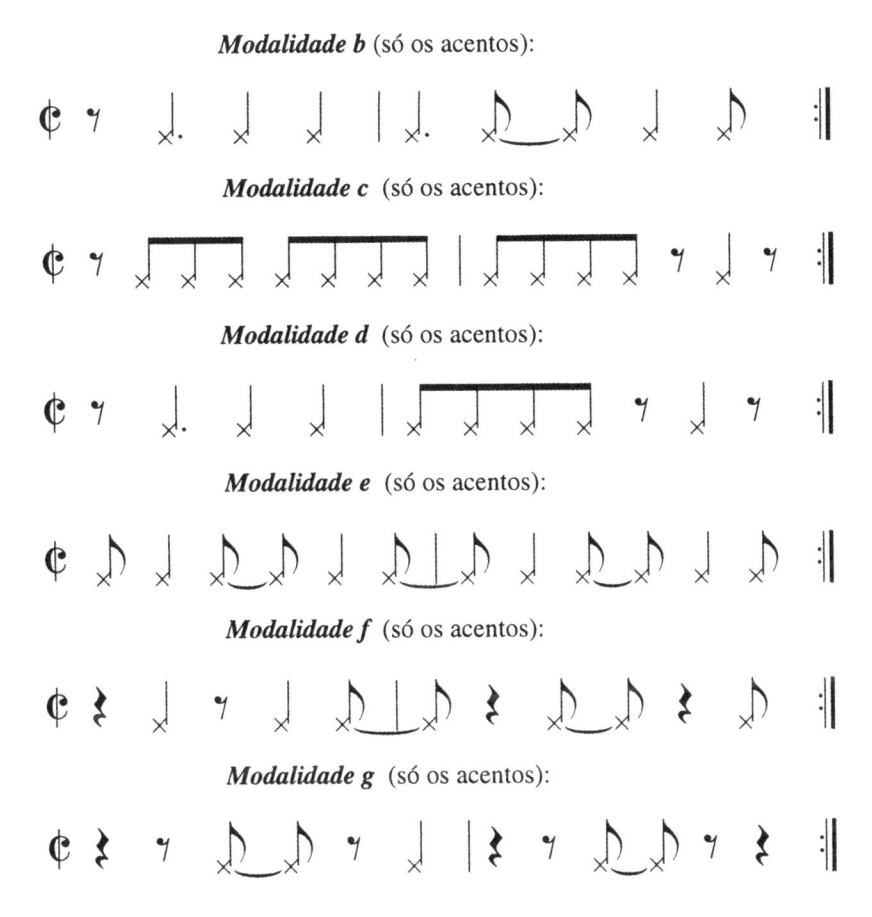

Exercício 76: Praticar com diferentes tipos de tétrades com nona, tétrades com décima primeira e tétrades com décima terceira as modalidades de **Samba** que acabamos de dar até que se tornem automáticas.

Observação: Primeiramente, deveremos praticar só com um acorde. Depois, utilizando séries de acordes dados pelo professor ou extraídos de músicas, usando um acorde para cada dois compassos. E, finalmente, essas modalidades deverão ser praticadas variando entre uma e outra por toda extensão de cada música. Nessa etapa, deverão ser trabalhadas no mínimo cinco músicas (acompanhamento) nesse estilo. Praticar também acompanhamento considerando-se que outro instrumento estará desempenhando o papel de linha do baixo, ou seja, praticar também sem o baixo (solo e acompanhamento).

12ª AULA
encadeamentos e continuação do estudo das tétrades com décima terceira

Como já vimos anteriormente, para encadearmos dois acordes mantemos as notas comuns nas mesmas vozes e encadeamos as restantes seguindo pelo caminho mais próximo. Esse procedimento é também adotado nas tétrades com décima terceira.

Exercício 77: Encadear os acordes a seguir:

Nota: Os acordes dos próximos exercícios deverão ser tocados uma oitava abaixo.

Exercício 78: Seguindo as diferentes opções dadas anteriormente, realizar as marchas harmônicas para os encadeamentos acima.

Exercício 79: Tocar e identificar as seguintes tétrades com décima terceira:

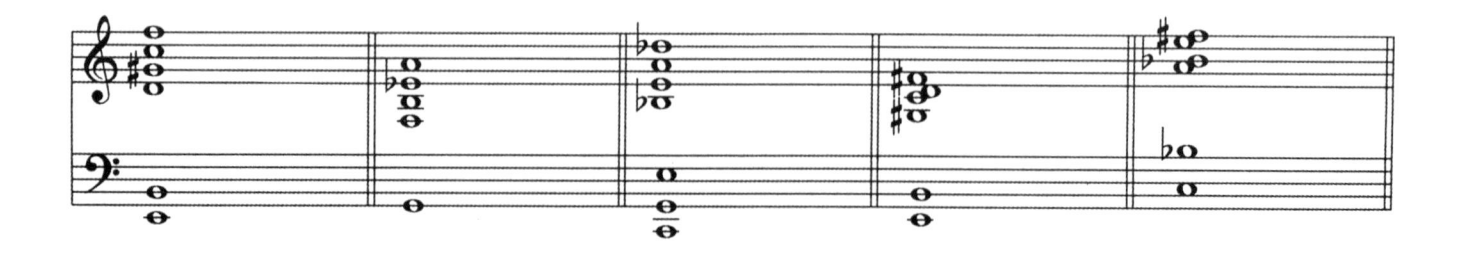

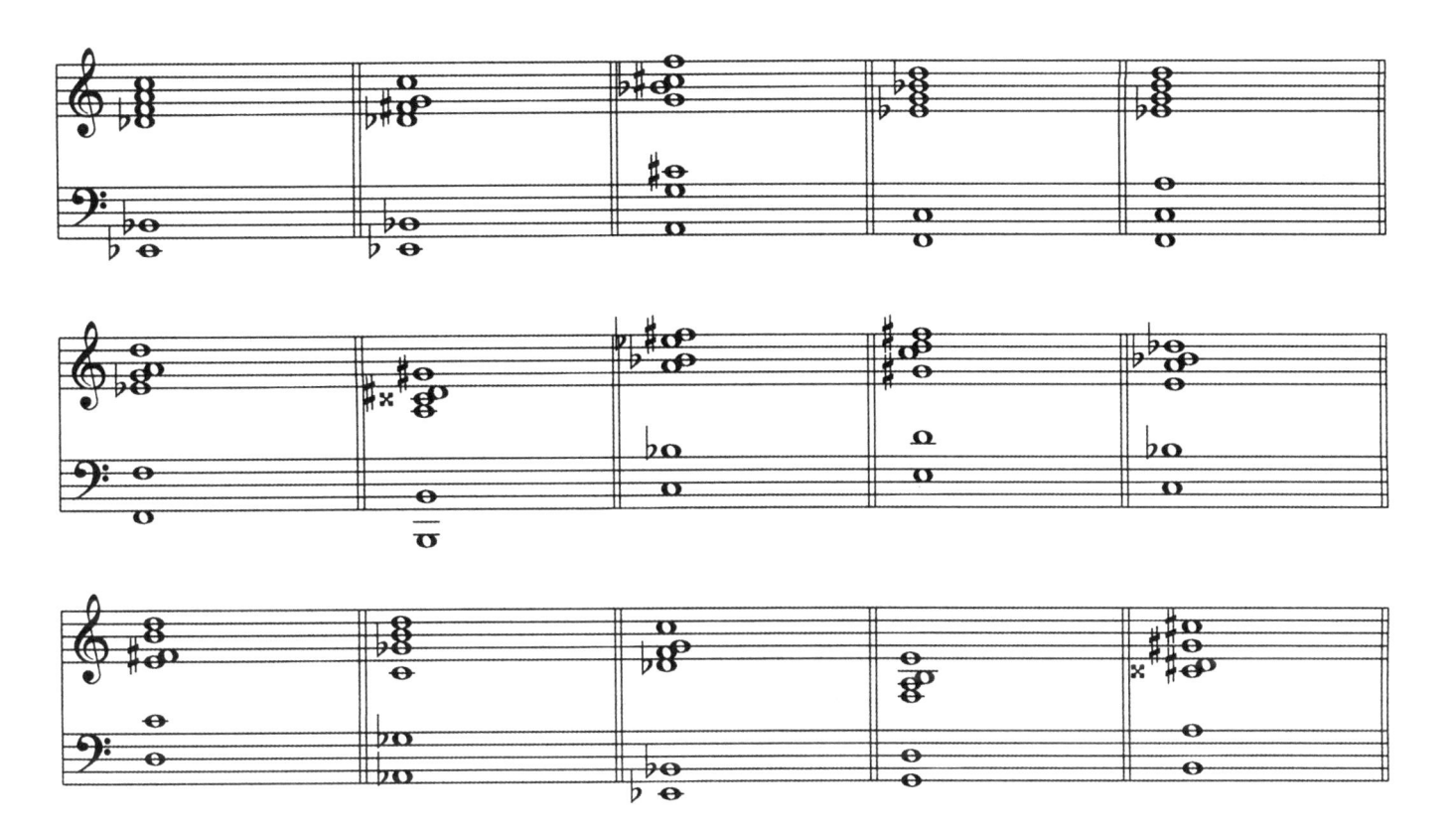

Exercício adicional: Tocar os acordes do exercício anterior usando três vozes na mão direita.

Exercícios adicionais:

1) O professor toca tétrades com décima terceira ao piano para que o aluno identifique.
2) Inverter tétrades com décima terceira do exercício anterior.
3) Inserir décimas terceiras em tétrades. Tomar músicas do **Real Book** e **Songbooks** e inserir décimas-terceiras.

Observação: não é necessário usarmos décimas terceiras em todos os acordes **V7**.

4) Praticar com a mão esquerda tétrades com décima terceira.

Outro uso muito freqüente para as tétrades com décima terceira é o movimento **13 - b13** (comum no estilo **Bossa Nova**), que se faz como reforço melódico em cima das tétrades com décima terceira:

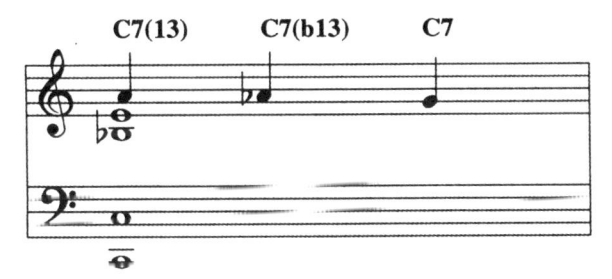

Exercício 80: Continuar as marchas harmônicas abaixo:

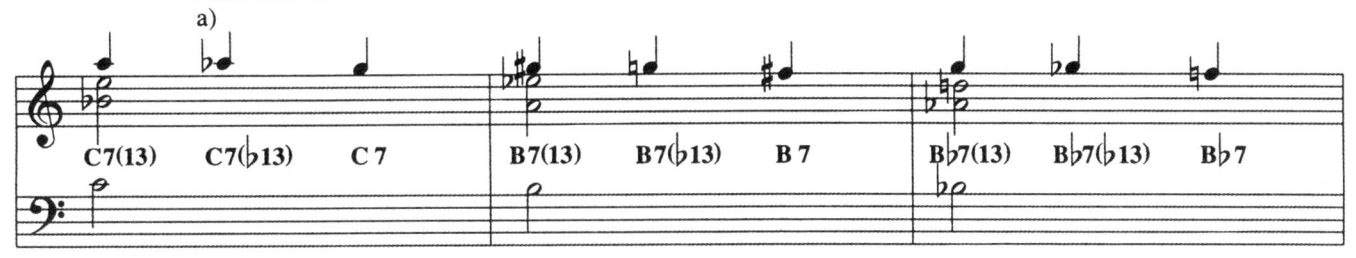

a)

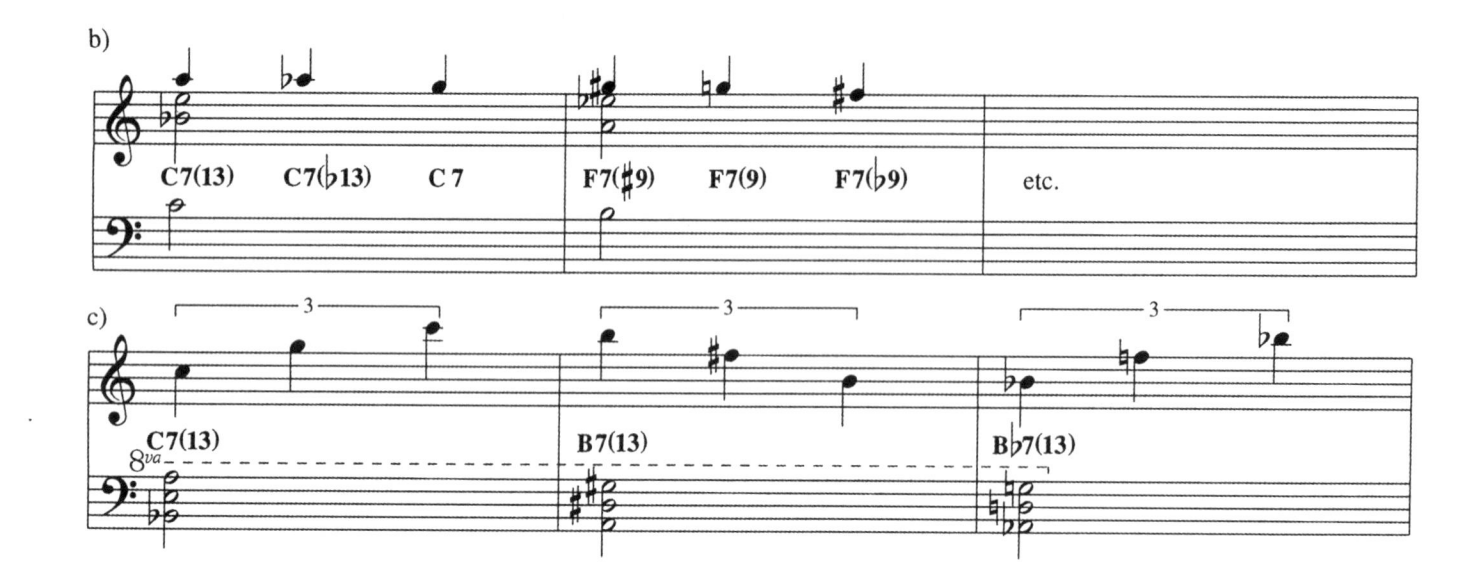

13ª AULA
a melodia atua como primeira voz em bossa nova e em samba

Neste ponto, o aluno não deverá esquecer de outros estilos já dados (**Canção, Balada, Baião, Swing** etc.), bem como de diferentes modalidades, ornamentos e formatos de arranjo usando elementos de dinâmica e de forma já recomendados, procurando aprimorar suas execuções e arranjos.

É muito importante lembrar que, para solar **Bossa Nova ou Samba** ao piano ou teclado sem acompanhamento de outros instrumentos, a maneira mais eficiente é aquela em que **a melodia atua como primeira voz**, visto que o elemento "linha do baixo" precisa ser enfatizado (imitação do instrumento de percussão: surdo) e a mão direita se encarregará de apresentar melodia, harmonia e pulsação.

Faz-se necessário que o aluno consulte as técnicas já dadas em que a melodia atua como primeira voz, fazendo exercícios com músicas já existentes para localizar as notas de apoio.

Em seguida daremos um exemplo de como essa técnica pode ser aplicada em trecho de música no estilo **Samba**.

Influência do Jazz, de Carlos Lyra

Como vimos no exemplo anterior, para se tirar bom proveito de músicas nos estilos **Samba** e **Bossa Nova** é preciso que, ao tocar sem acompanhamento de outro instrumento, utilizemos a melodia atuando como primeira voz, não esquecendo de:

1) quando a melodia pulsar, não há necessidade de complementarmos com pulsação através de acordes;

2) quando a melodia parar de pulsar, aí sim, pulsamos com os acordes na mão direita, prendendo a nota da melodia que descansou.

Exercício adicional: O professor extrai trechos de quatro a oito compassos em **Sambas** e/ou **Bossas Novas** para que o aluno comece a treinar utilizando essa técnica.
Trata-se de um dos estilos mais difíceis de se tocar ao piano sem acompanhamento de terceiros. Não se esquecer, porém, de praticar com acompanhamento de instrumento utilizando linha de baixo.

14ª AULA
acordes com sétima e quarta (7 sus)

O acorde **7/4**, também conhecido como **7 sus** (quarta suspensa), é muitas vezes confundido com o **7 (11)**. Quando trabalhamos com tétrades, já utilizamos de maneira superficial esses acordes.
Podemos notar que o acorde **7/4** é formado pela fundamental, pela quarta justa (quarto grau da escala maior) e pela sétima menor. Mas, pela semelhança sonora entre este acorde e o **7(11)**, que é formado pela fundamental, pela terça maior (evitável), pela quinta justa, pela sétima menor e pela décima primeira justa, hoje em dia resolveu-se cifrar os dois acordes da mesma maneira, **7/4** ou **7sus**, e a utilização da quinta justa vale tanto para um quanto para o outro.

Exemplo com acorde 7/4 ou 7sus:

F_4^7 ou **F7sus** (para mão direita)

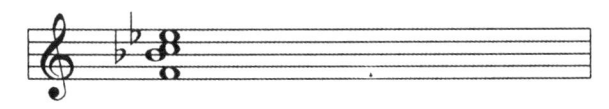

ou **F7sus** (para a mão esquerda):

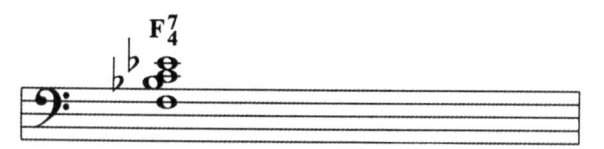

É muito comum termos a nona maior, ou nona menor, agregada a esse tipo de acorde, porém, ao tocarmos com a mão esquerda, é comum suprimirmos a nona. Observe o segundo exemplo:

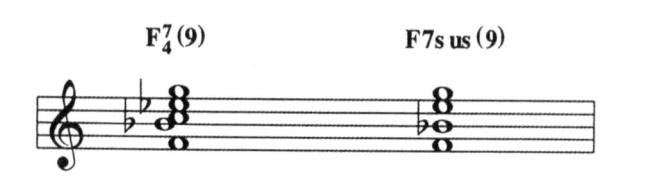

mão esquerda:

ou

Neste caso, a quinta pode não obrigatoriamente ser omitida. Depende do número de vozes empregadas:

1) a três vozes:

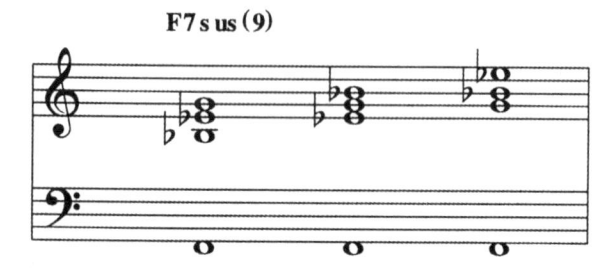

F7sus(9)

2) a quatro vozes:

F7sus(9)

Dependendo do caso, os acordes acima podem ser cifrados de maneiras diferentes. Por exemplo, a primeira opção pode ser cifrada **Eb/F**, e a segunda opção pode ser cifrada **Cm7/F**.

Não nos esqueçamos, porém, de que tanto uma opção como outra pode ser cifrada **F7(9/11)**. Como estamos vendo, a cada vez que avançamos no estudo de Harmonia as opções são mais variadas.

Exercício 81: Escrever e tocar a três e a quatro vozes os seguintes acordes para mão direita. Use a fundamental na mão esquerda.

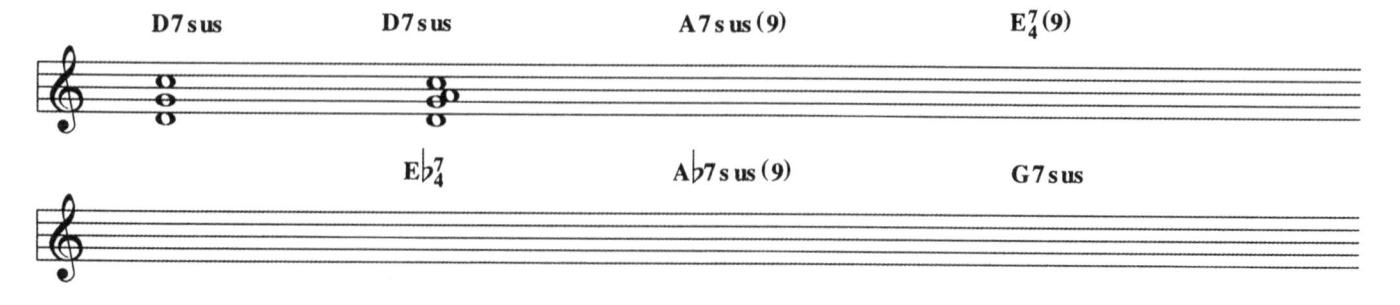

D7sus   D7sus   A7sus(9)   E$_4^7$(9)

E$\flat_4^7$ A$\flat$7sus(9)   G7sus

$C_4^7(9)$ $D\flat 7sus$ $B\flat 7sus$

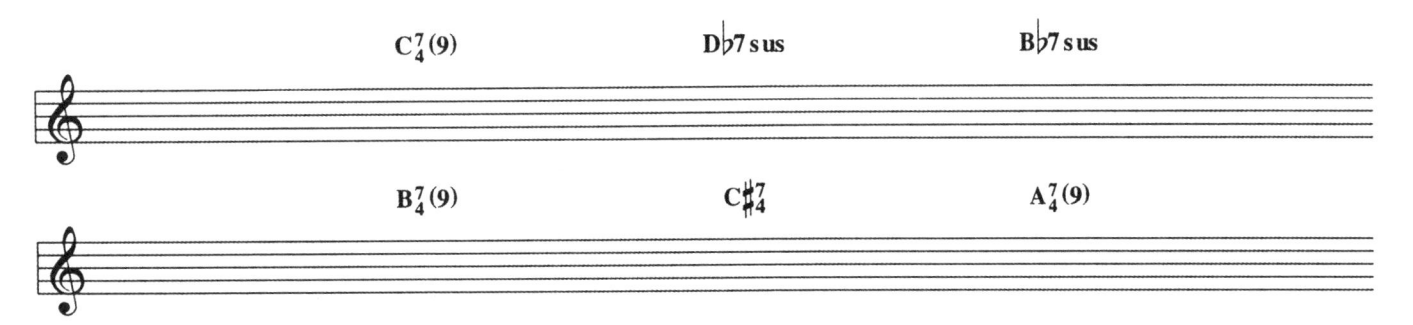

$B_4^7(9)$ $C\sharp_4^7$ $A_4^7(9)$

Exercício adicional: O professor cria possibilidades semelhantes às do exercício anterior para que o aluno escreva e toque.

Para mão esquerda, no entanto, esses acordes não deverão ser tocados sem a fundamental, a não ser que possamos contar com um baixista ou outro músico desempenhando o papel do elemento "linha do baixo".
Eis aqui como deverão ser tocados esses acordes na região média pela mão esquerda.

a três vozes: *a três vozes omitindo-se a nona*   ou   *a quatro vozes omitindo-se a nona*

F_4^7 $F_4^7(9)$ F_4^7 $F_4^7(9)$

Se, no entanto, quisermos, poderemos usar inversão.

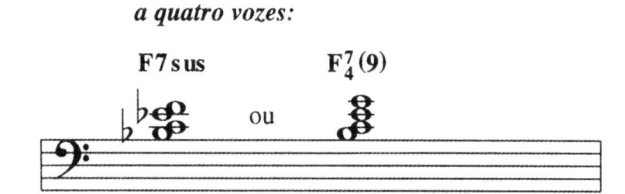

a três vozes: *a quatro vozes:*

F7sus $F_4^7(9)$ F7sus $F_4^7(9)$

Esteja atento, pois o primeiro acorde poderá dar um sentido de **Bb 4** ou **Eb** e o segundo poderá dar um sentido de **Cm7(11)** ou **Cm7**. Aconselhamos que, sem um outro músico para tocar a "linha do baixo" o aluno dê preferência à posição fundamental e, como dissemos anteriormente, não use a nona na mão esquerda.

Além da nona maior, poderemos, em certos casos, encontrar ainda o acorde **7sus** ou **7/4** complementado por uma nona menor ou nona aumentada:

C 7sus($\flat$9)   C 7sus($\sharp$9)

Note que o acorde **C7sus (b9)** poderá ser confundido com **Gm7(b5)** ou **Bbm/C** e o **C7sus (#9)** poderá ser confundido com um **Cm4** ou **Cm7(11)**. A fundamental deverá ser tocada pela mão esquerda.

Não há critério, a não ser uma abordagem em que o atonalismo (ausência de tonalidade) esteja presente, e torne obrigatória uma cifragem diferente de outra, pois depende de quem cifrou.

Exercício 82: Transforme, escrevendo e tocando, os acordes do exercício anterior em **7sus(b9)** e **7sus(#9)**.

Exercícios adicionais:
1) O professor determina outros acordes **7sus(b9)** e **7sus (#9)** para serem escritos e tocados pelo aluno.
2) Tocar com a mão direita os acordes do exercício anterior a três e a quatro vozes com **b9 e #9**. Dizer como poderiam esses acordes estar cifrados.
Determinar o máximo de possibilidades.

Marchas harmônicas para acordes 7sus

Exercício 83: Completar as marchas harmônicas abaixo, utilizando a fundamental com a mão esquerda.

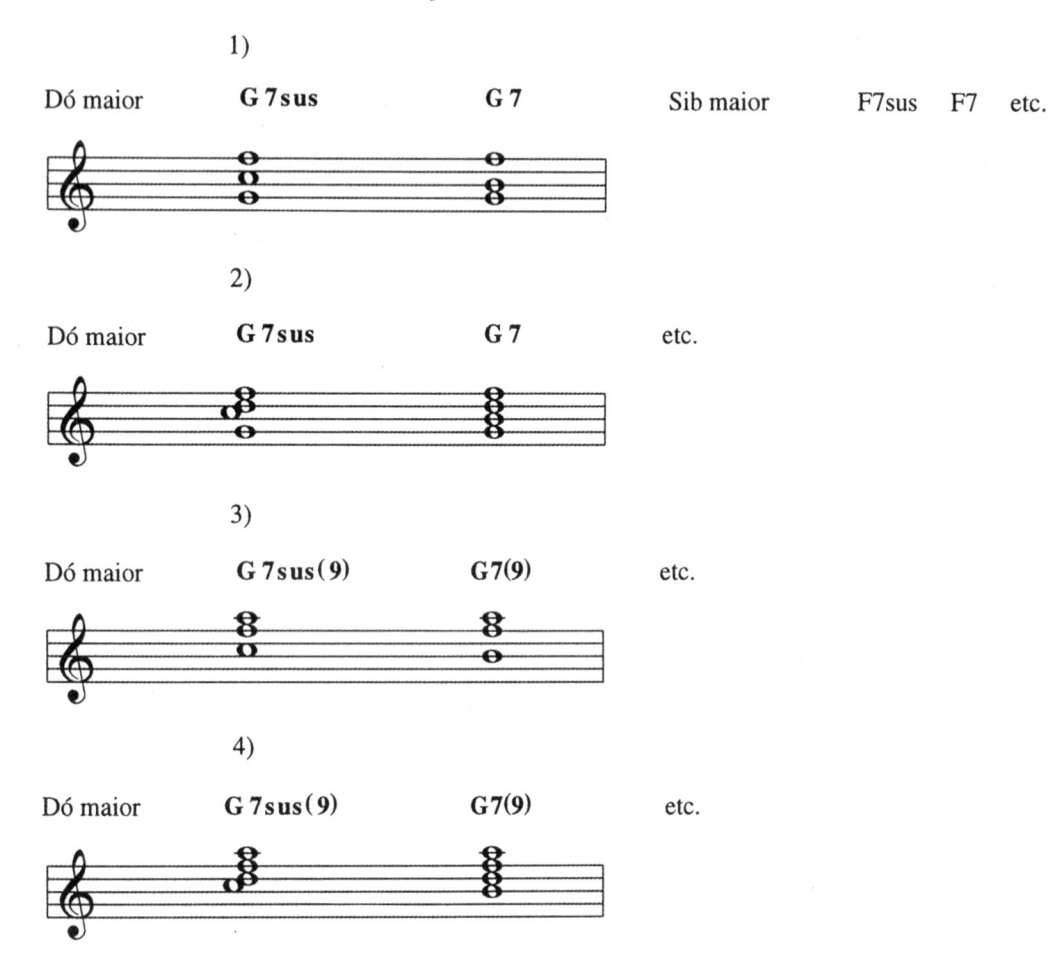

1)

Dó maior   G 7sus   G 7   Sib maior   F7sus   F7   etc.

2)

Dó maior   G 7sus   G 7   etc.

3)

Dó maior   G 7sus(9)   G7(9)   etc.

4)

Dó maior   G 7sus(9)   G7(9)   etc.

Exercício adicional: 1) Tocar as marchas harmônicas do exercício anterior com a mão esquerda.
2) Use outras opções conforme dado na aula 22 (Parte II). É importante realizar as marchas usando tambem (b9).

15ª AULA
ornamentos (um estudo mais aprofundado)

Agora que já trabalhamos diferentes estilos e diferentes pontos de nosso estudo de Harmonia, podemos nos aprofundar no estudo dos ornamentos, tão importantes para o embelezamento de nossas execuções no teclado.

Já vimos anteriormente **apogiaturas** e **mordentes** usados de forma mais simples.
Iremos agora considerar outras possibilidades além das **apogiaturas** e **mordentes**.

As **apogiaturas** são usadas em todos os tipos de música popular e normalmente antecedem a nota executada.

1) Apogiatura ascendente/simples/não-cromática:

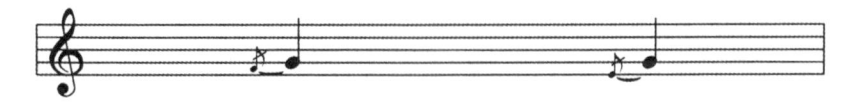

2) Apogiatura descendente/simples/cromática:

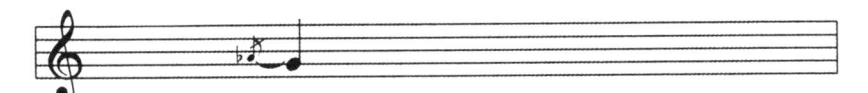

3) Apogiatura descendente/simples/não-cromática:

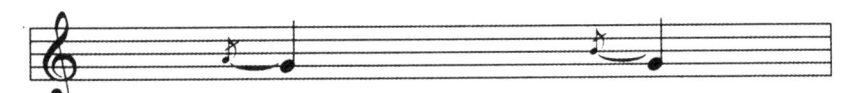

4) Apogiatura ascendente/composta/cromática:

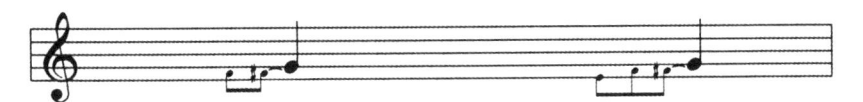

5) Apogiatura descendente/composta/cromática:

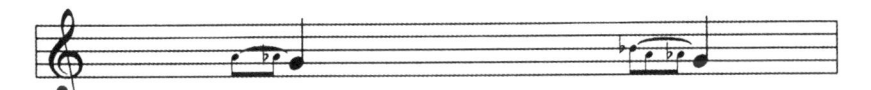

6) Apogiatura ascendente/composta/não-cromática:

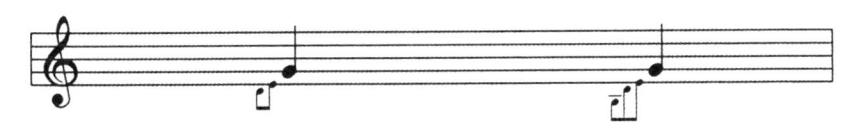

7) Apogiatura descendente/composta/não-cromática:

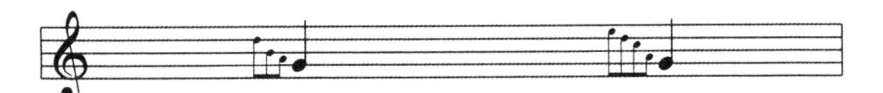

O **Jazz** é o estilo em que as **apogiaturas** aparecem mais freqüentemente.

Observação: O professor deverá mostrar algumas **apogiaturas** ao aluno através de exemplos ao piano e de gravações.

O **mordente** é usado principalmente em músicas do estilo **Choro** e **Samba-Canção.**
Em geral sucede a nota executada.
Já vimos anteriormente que o tipo mais usado é o cromático ascendente.
Mas podemos também usar **mordente** não-cromático. Vai depender do acorde.
Por exemplo, se temos um acorde **Dm7 (b5)**, não podemos executar um **mordente** para a nota **Sol** usando uma nota **Lá,** pois haverá choque harmônico. Deveremos então optar por um **Láb:**

Mas se fosse um **Dm7**, deveríamos usar Lá(♮) (bequadro)

D m7

Apesar de menos usado, podemos tocar **mordentes** descendentes:

D m7

Podemos até mesmo tocar **mordentes** afastados:

ou

O ouvido e o gosto deverão ajudar. Mais tarde, quando estudarmos os modos correspondentes aos acordes, teremos um conhecimento mais sólido para nos ajudar no uso dos ornamentos.

O **grupeto** é muito utilizado em **Jazz** e em estilos com influência jazzística como a **Bossa Nova**. Pode ser também empregado em músicas de estilo e formatos **Blues.**
Consiste em, a partir de uma nota, descermos ou subirmos, ou vice-versa.

ou ainda:

Exercício 84: Introduzir **grupetos** às suas interpretações nos estilos citados acima.

Exercício adicional: O professor mostra no instrumento e através de gravações, exemplos com **grupetos**.

O **trêmulo** é também muito usado em **Jazz** e **Blues**. Consiste em alternar a nota básica com notas afastadas, principalmente a terça ou oitava. Difere do **trinado**, que não é usado normalmente em música popular pelo fato de ser alternado com notas conjuntas.

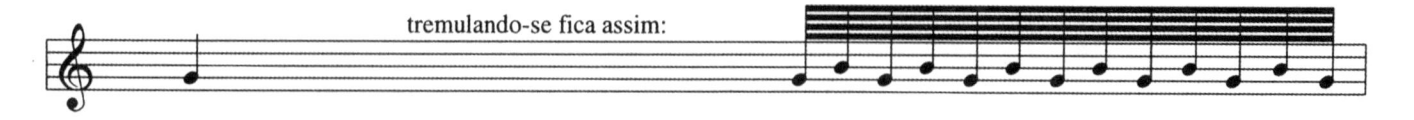

tremulando-se fica assim:

ou assim: *ou assim:*

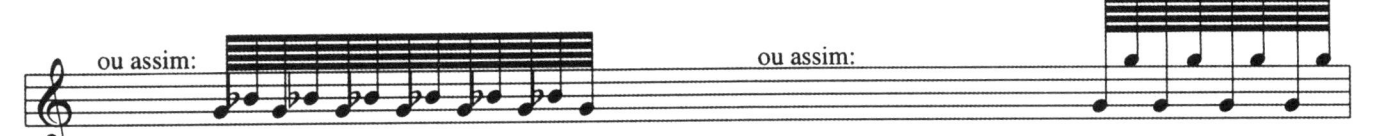

Exercício 85: Crie **trêmulos** para suas interpretações de **Jazz** e **Blues**.

Exercício adicional: O professor mostra, no instrumento e através de gravações, exemplos com **trêmulos**.

A **nota presa repetida** é também usada em **Jazz**, **Blues** e músicas com influência jazzística, e consiste em repetir uma nota enquanto simultaneamente passeia-se por outras notas de uma escala. Muito usado com escala de **Blues**.

Escala de Blues:

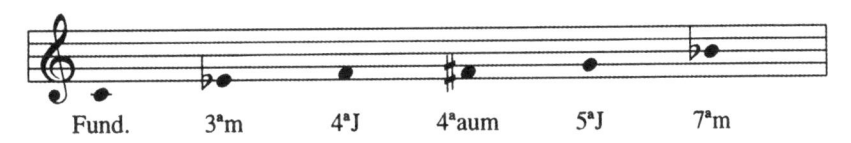

Fund.   3ªm   4ªJ   4ªaum   5ªJ   7ªm

Com nota presa repetida pode ficar assim:

C m7   C 7

A nota presa pode estar acima ou abaixo da melodia, como no próximo exemplo:

Exercício 86: Inserir esse ornamento em interpretações no estilo **Jazz** e **Blues**.

Exercício adicional: O professor mostra, no teclado e através de gravações, exemplos com o ornamento que acabamos de estudar.

16ª AULA
acordes com baixo trocado (um estudo mais aprofundado)

Os acordes com baixo trocado são utilizados como embelezamento melódico do baixo. São muito usuais em diferentes estilos, dando um toque sofisticado à Harmonia. Podemos dividir o estudo dos acordes com baixo trocado em dois tipos:

I) Acordes com baixo trocado sobre a tríade e tétrade.

II) Acordes com baixo trocado que não estão na tríade ou tétrade.

I - Acordes com baixo trocado sobre a tríade ou tétrade:

São acordes cujos baixos estão localizados na terça, na quinta ou na sétima do acorde. Podem estar divididos em quatro grupos:

1) **Maiores** - sobre terça maior, quinta justa ou sétima maior;

2) **Menores** - sobre terça menor, quinta justa, sétima menor ou sétima maior;

3) **7** (não necessariamente dominantes) sobre a terça maior, quinta justa ou sétima menor;

4) **Diminutos** - *Observação:* passam a ser diminutas de outra fundamental.

1a) Acordes maiores com a terça no baixo
Exemplos em Dó:

Podemos observar que a nota do baixo não foi repetida no acorde.

Se quisermos armar esses acordes na mão esquerda, a melhor opção é o acorde aberto (tríade aberta na primeira inversão) para qualquer acorde maior com terça no baixo:

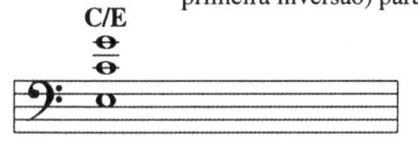

Para tocarmos esses acordes na mão esquerda em posição fechada, é necessário ter alguém tocando o baixo, pois senão os acordes ficarão descaracterizados e fará com que esses acordes soem simplesmente como inversões:

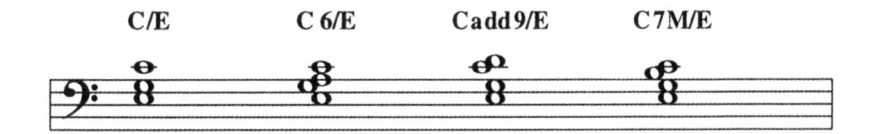

1b) Acorde menores com terça no baixo
Exemplos em Dó:

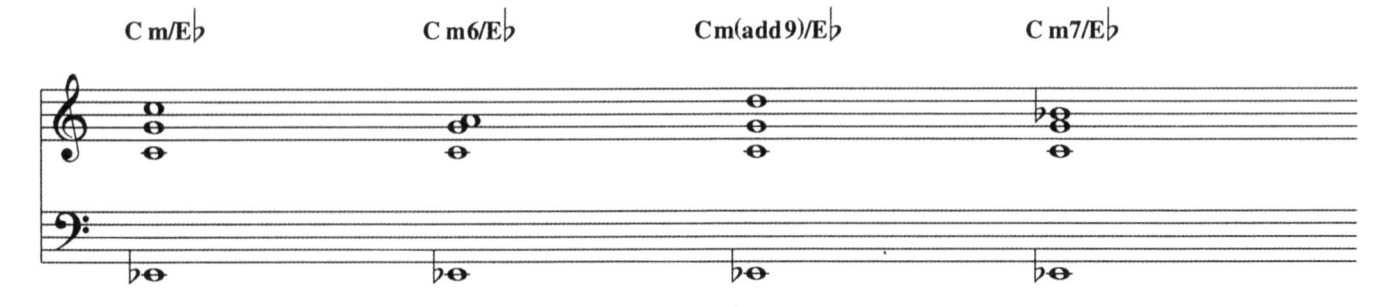

Observação: Podemos notar que a nota do baixo não deve ser repetida no acorde. Para a mão esquerda utilizaremos acorde aberto (como melhor opção para acordes menores com terça no baixo).

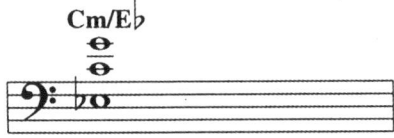

Para posição fechada na mão esquerda podemos considerar o que já foi visto acima para acordes maiores com terça no baixo.

1c) Acordes 7 com terça no baixo:

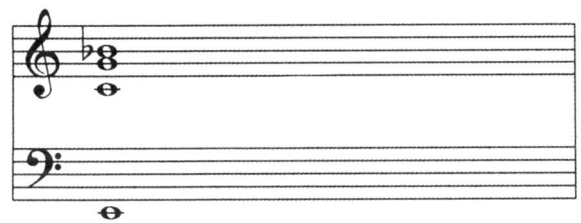

Para mão esquerda usaremos tétrade aberta na primeira inversão:

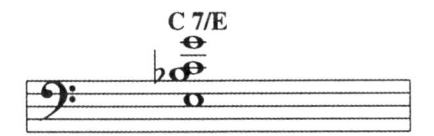

Posição fechada para mão esquerda poderá soar como simples inversão do acorde **C7**:

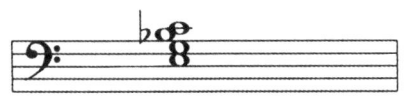

1d) Acorde diminuta com terça no baixo soará como acorde diminuto uma terça menor acima:

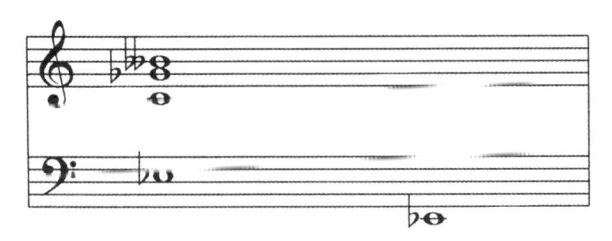

O acorde acima soará como **Eb dim**, tanto se armarmos na mão direita como na mão esquerda.

2a) Acordes maiores com quinta no baixo
Exemplos em Dó:

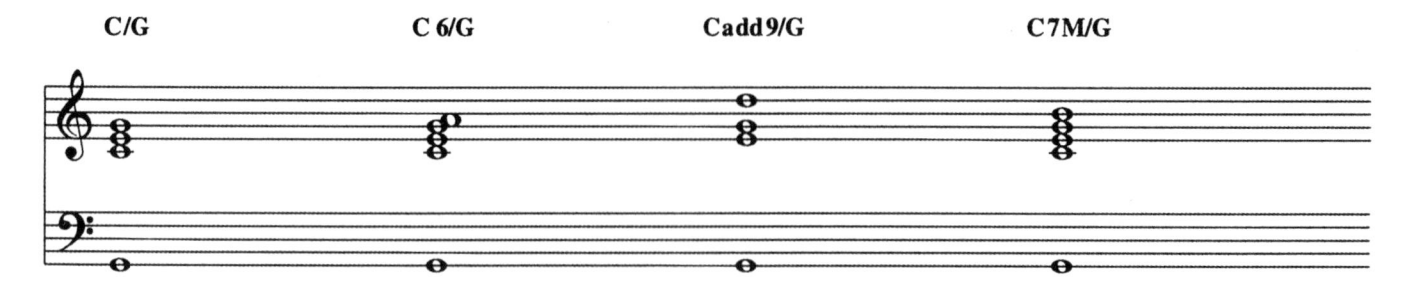

C/G   C 6/G   Cadd9/G   C7M/G

Observação: A quinta deve repetir-se no acorde.

Para a mão esquerda a melhor opção é usar tríade aberta na segunda inversão para qualquer tipo de acorde com quinta no baixo.

C/G

Posições fechadas podem ser também utilizadas. Mas, como já falamos anteriormente, podem confundir-se com simples inversões:

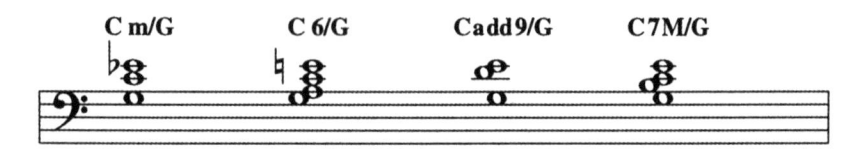

C m/G   C 6/G   Cadd9/G   C7M/G

2b) Acordes menores com quinta no baixo
Exemplos em Dó:

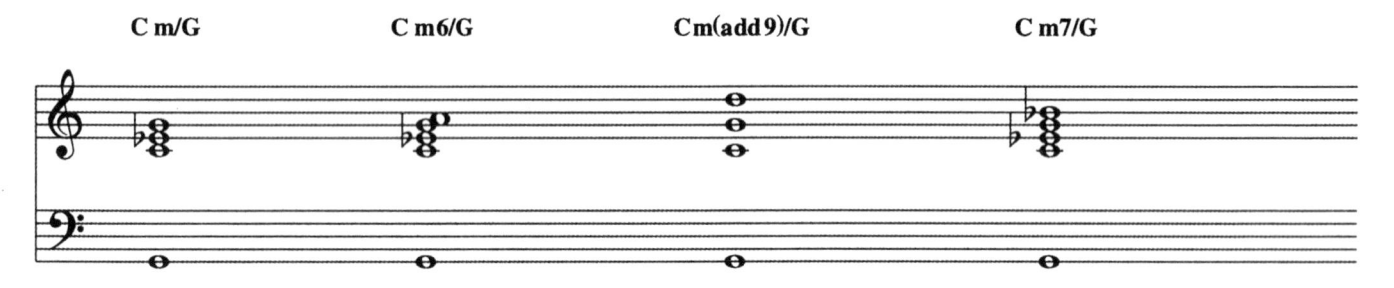

C m/G   C m6/G   Cm(add9)/G   C m7/G

Observação: Como já foi visto, a quinta pode repetir-se no acorde.
Para mão esquerda a melhor opção é usar tríade aberta na segunda inversão para qualquer acorde com quinta no baixo.

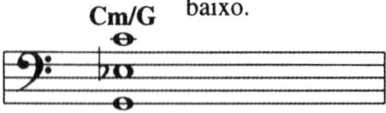

Cm/G

Posições fechadas podem soar com simples inversões:

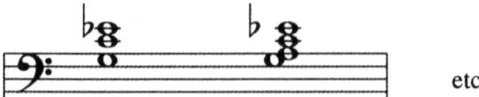

etc.

2c) Acordes 7 com quinta no baixo
Exemplo em Dó:

C 7/G

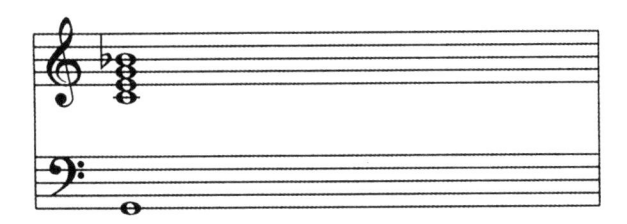

Para mão esquerda a melhor opção é usar tétrade aberta na segunda inversão:

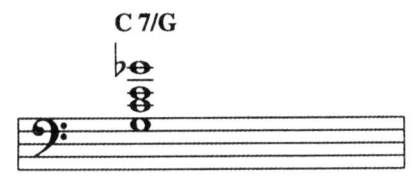

C 7/G

Posições fechadas podem ser usadas, mas poderão soar como simples inversões:

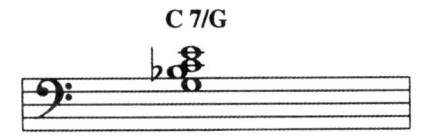

C 7/G

2d) Acordes diminutos com quinta no baixo
Exemplo em Dó:

C dim/G♭

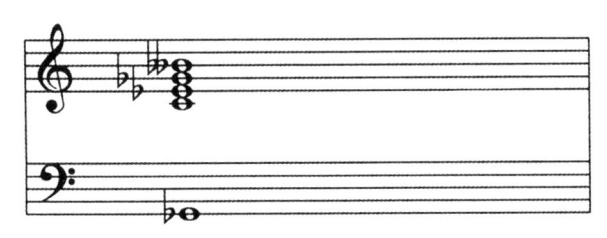

Observação: Soará como diminuto uma quinta diminuta acima.
O acorde acima soará como **Gbdim.**

3a) Acordes maiores com sétima maior no baixo
Exemplo em Dó:

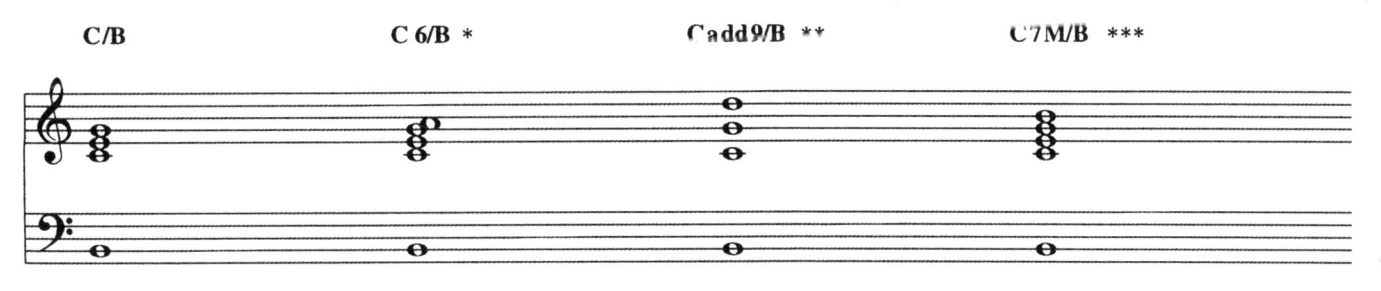

C/B   C 6/B *   Cadd9/B **   C7M/B ***

* - o acorde **C6/B** forma cluster (notas amontoadas) e por isso não soa bem.
** - o acorde **C add9/B** deixa de ser **C add9**.
*** - o acorde **C7M/B** soará muito semelhante ao **C/B**, mas é válido como acorde de passagem.

Para mão esquerda esses acordes podem ser utilizados com tríade ou tétrade aberta, invertidas.

Posições fechadas, como já vimos, podem soar como simples inversões.

3b) Acordes menores com sétima menor ou sétima maior no baixo
Exemplo em Dó:

(*observação*: não existe)

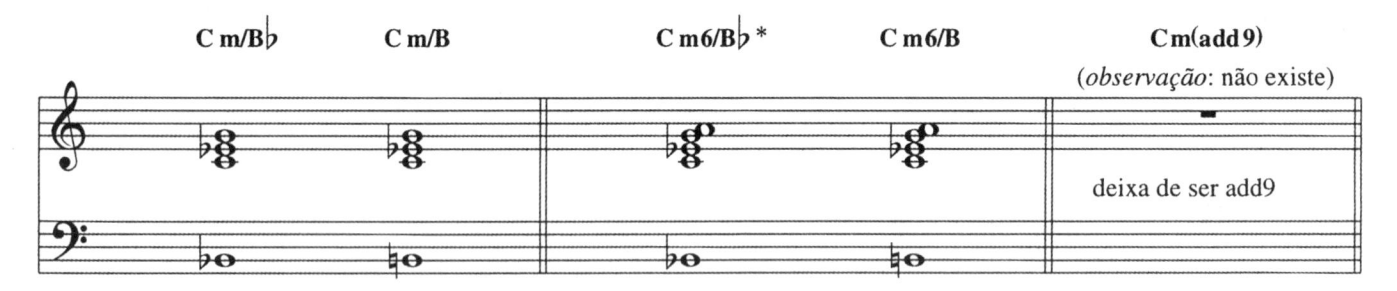

deixa de ser add9

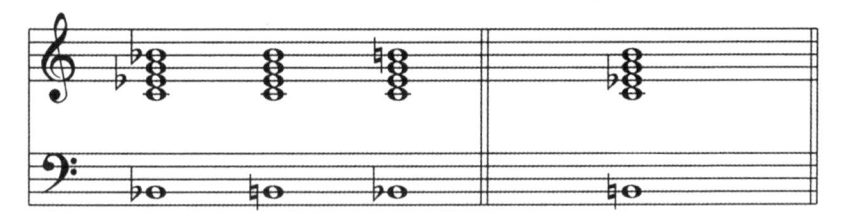

* - **Cm6** não soará bem com sétima no baixo. Forma cluster.
** - São impraticáveis. Não há compatibilidade entre 7 e 7M. Para a mão esquerda sugiro tétrade aberta invertida:

ou

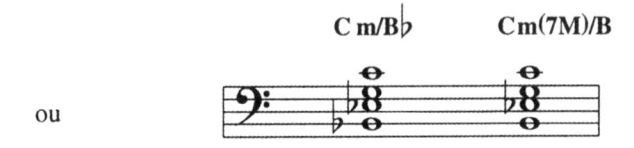

Posições fechadas na mão esquerda soarão como inversões.

3c) Acordes 7 com sétima no baixo
Exemplo em Dó:

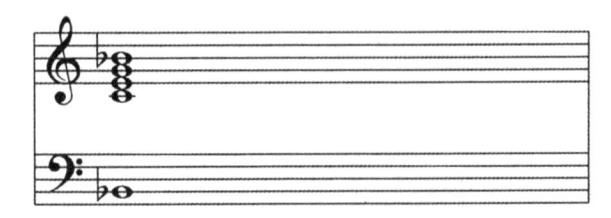

Observação: A sétima deverá ser eliminada na mão direita.
Sugerimos então que esse acorde fique sendo **C/Bb** (tríade com a sétima menor no baixo):

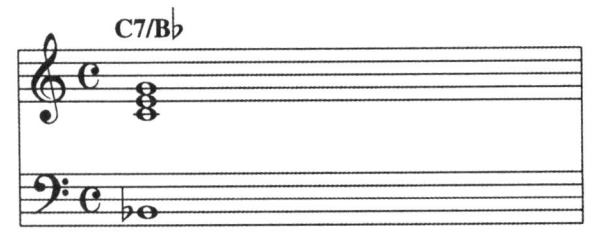

C7/Bb

É comum encontrarmos em cifragens americanas o símbolo **C7/Bb**, o que é uma redundância. Alegam que é para não confundir com **acordes híbridos** (**C** na mão direita e **Bb** na mão esquerda):

C/Bb **Cifragem americana**:

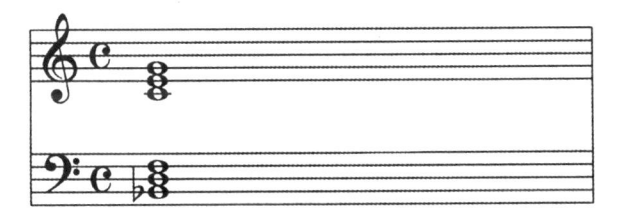

Para a mão esquerda o melhor é usar tétrade aberta invertida:

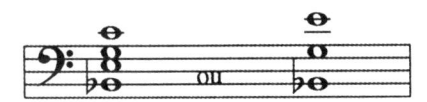

Posições fechadas para mão esquerda podem soar como inversões.

3d) Acorde diminuto com sétima no baixo

Observação: Já vimos anteriormente que irá soar como diminuto uma sétima diminuta acima.

Exemplo: **C dim/A** soará como **A dim**.

Antes de prosseguirmos com exercícios para acordes com baixo trocado, gostaríamos de fazer algumas considerações:

1 - certos acordes com baixo trocado são principalmente acordes de passagem;
2 - inversões na mão direita podem e devem ser com baixos trocados. Alguns, no entanto, só comportam uma inversão.

Exercício 87. Formar (escrever e tocar), usando tantas inversões quanto possível na mão direita, os acordes abaixo dizendo também a que grupo pertencem.

| F/Eb | B/A | D/C# | A 6/E | D7M/A | B m/A | F add 9/A |

Bb/Ab   D7M(#5)/F#   F#m6/A   C#m6/E   D/A   G7M/D   Bbm7/F

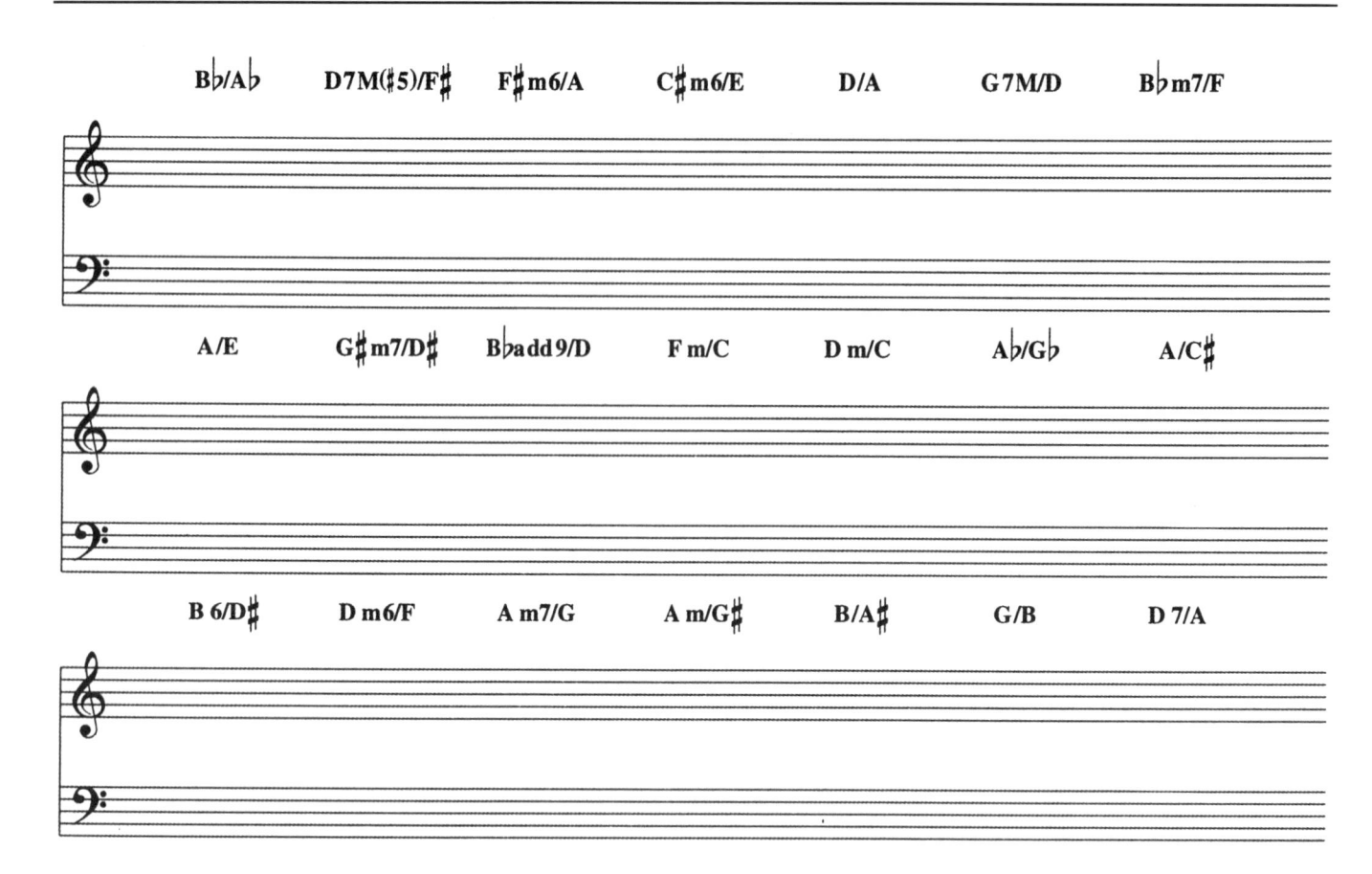

A/E   G#m7/D#   Bbadd9/D   Fm/C   Dm/C   Ab/Gb   A/C#

B6/D#   Dm6/F   Am7/G   Am/G#   B/A#   G/B   D7/A

Exercícios adicionais: 1) O professor cria outras possibilidades para que o aluno escreva e toque em diferentes posições na mão direita.
2) O professor toca no teclado acordes com baixo trocado para que o aluno identifique.

II- Acordes com baixo trocado que não estão na tríade ou tétrade

Existem acordes que, por força do movimento melódico do baixo ou mesmo quando numa seqüência de acordes pretende-se manter as mesmas vozes na mão direita, podem ser considerados como acordes com baixo baseado na escala diatônica (/2, /4, /6).

Muitos desses acordes podem ser confundidos com outros.

Exemplo (sobre a escala maior): *Observação*: M=Maior (Tríade Maior)

M/2 = **C/D** - pode ser confundido com **D7/4(9)** ou **D7sus(9)**

M/4 = **C/F** - pode ser confundido com **F7M(9)**

M/6 = **C/A** - pode ser confundido com **Am7**

C/D   C/F   C/A

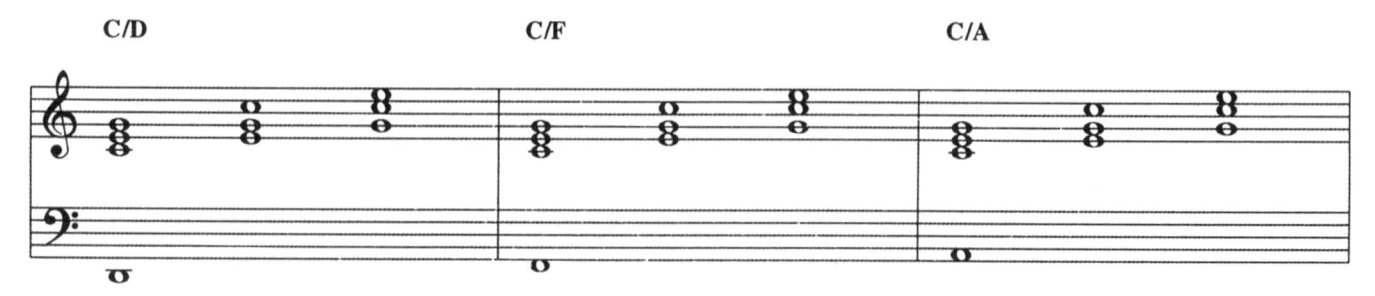

Ou, por exemplo (**sobre a escala menor harmônica**):   (*Observação*: m= tríade menor)

m/2 = **Cm/D** , que pode ser confundido com **D7/4(b9)** ou **Am7(b5)/D**

m/4 = **Cm/F** , que pode ser confundido com **F7(9)** ou **F 7/4(9)**

m/b6 = **Cm/Ab** , que pode ser confundido com **Ab7M**

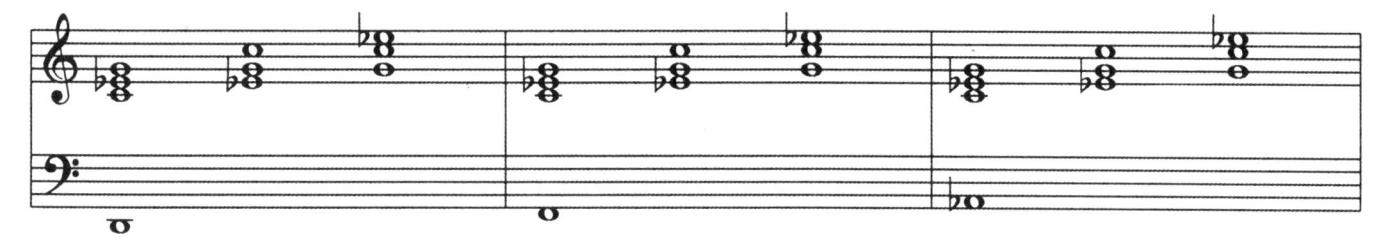

Ou, por exemplo (**sobre a escala menor melódica ascendente**):

Cm/A pode ser confundido com **Am7(b5)**

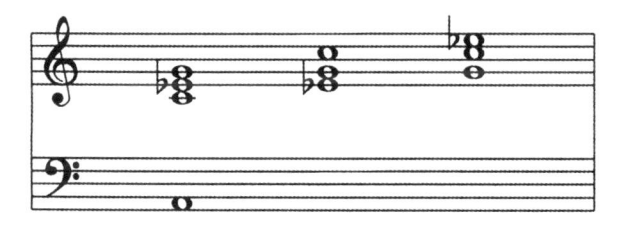

Exercício 88: Formar os acordes abaixo (escrever e tocar) com tantas inversões quanto possível, seguindo exemplos dados:

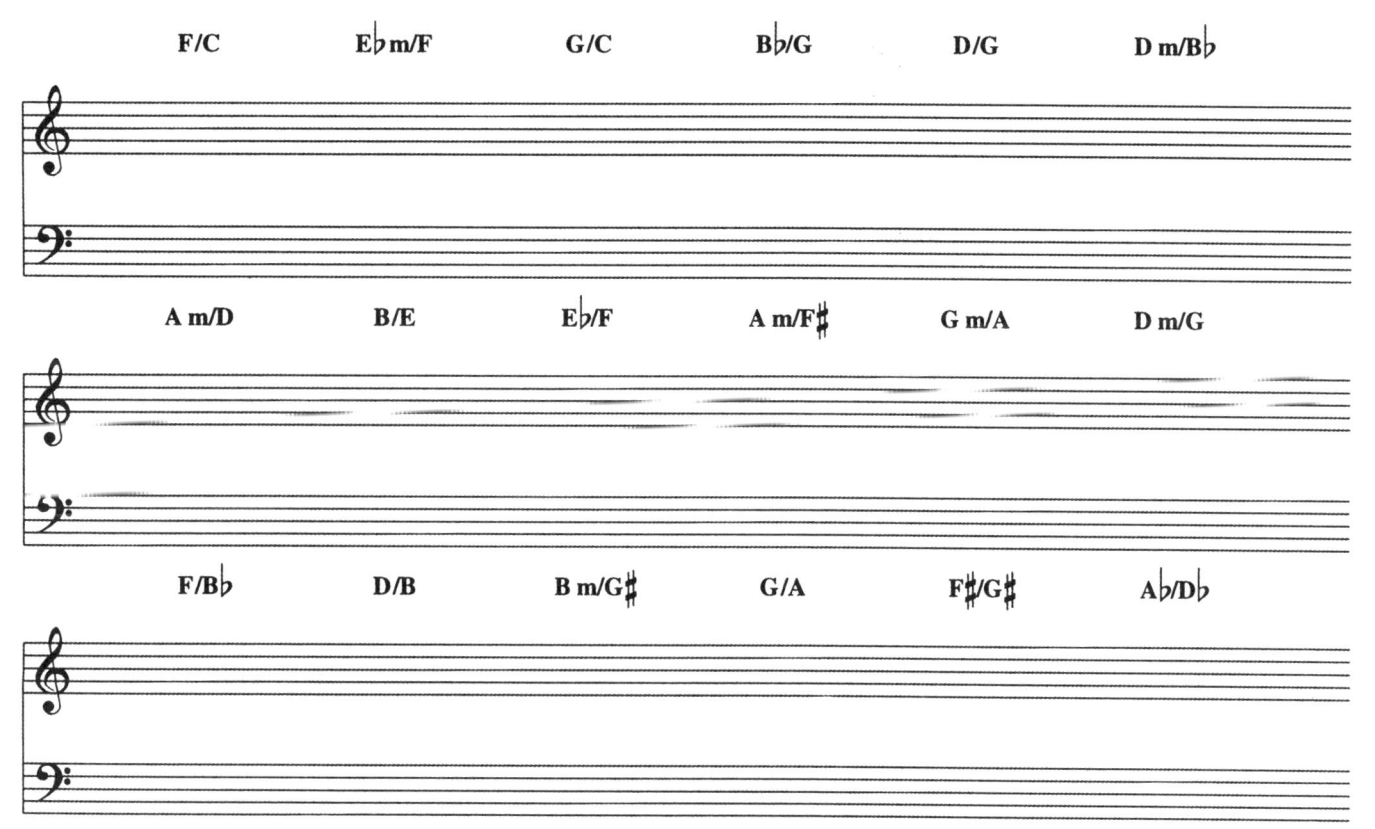

F/C   Ebm/F   G/C   Bb/G   D/G   D m/Bb

A m/D   B/E   Eb/F   A m/F#   G m/A   D m/G

F/Bb   D/B   B m/G#   G/A   F#/G#   Ab/Db

Exercício 89: Dizer com quais acordes podem ser confundidos os acordes do exercício anterior.

Podemos ainda encontrar acordes sobre baixos que não são notas da escala diatônica, nem tampouco são notas de tríades ou de tétrades.

M/#4 = **C/F#** , que pode ser confundido com **F#7 (b9/#11)**

M/b6 = **C/Ab** , que pode ser confundido com **Ab7M(#5)**

M/b2 = **C/Db** , que pode ser confundido com **Db dim**

Exercício 90: Dizer com que acordes podem ser confundidos os acordes abaixo. Invertê-los também:

Ab/D - B/G - Eb/A - F/Db - E/F - A/Bb - G/Db - Bb/F# - E/C - Dm/Eb - Ab/E - Dm/Eb - Fm/Db - Am/D

Exercício adicional: O professor cria outras possibilidades semelhantes às dos exercícios anteriores.
Esses acordes com baixo trocado sobre notas da escala diatônica ou mesmo sobre outras notas que não sejam da tríade ou da tétrade podem ser encontrados em algumas canções brasileiras, principalmente **Toadas** e outras oriundas do grupo mineiro (Milton Nascimento, Beto Guedes, Toninho Horta, ...) ou de caráter instrumental, ou mesmo em certas canções pop com características harmônicas mais sofisticadas (Sting etc.). Mais tarde, quando tratarmos de rearmonização, faremos outra abordagem desses acordes.

Prática: Identificar e depois tocar, a partir de partituras e/ou gravações, acordes do tipo que acabamos de estudar.

Observação: Quanto à mão esquerda desempenhando o papel de linha do baixo, devemos estar atentos para não alternarmos com a quinta (no caso de **Samba, Bossa Nova, Toada, Baião** etc.). Convém dobrar a oitava ou então, em caso de **Toada/Baião**, arpejar a tríade aberta invertida. No estilo *Walking Bass* deverão ser tomadas precauções ao utilizarmos as técnicas mais simples (fundamental - terça - quinta - sétima). Deveremos simplesmente arpejar no estilo *Walking Bass* as notas do acorde invertido, ou então repetir o baixo.
Aqui apresentamos nos diferentes estilos como um acorde **C/Bb** deverá ser interpretado pela linha do baixo (mão esquerda).

Samba e/ou **Bossa Nova** (simplesmente repetimos o baixo ou oitavamos):

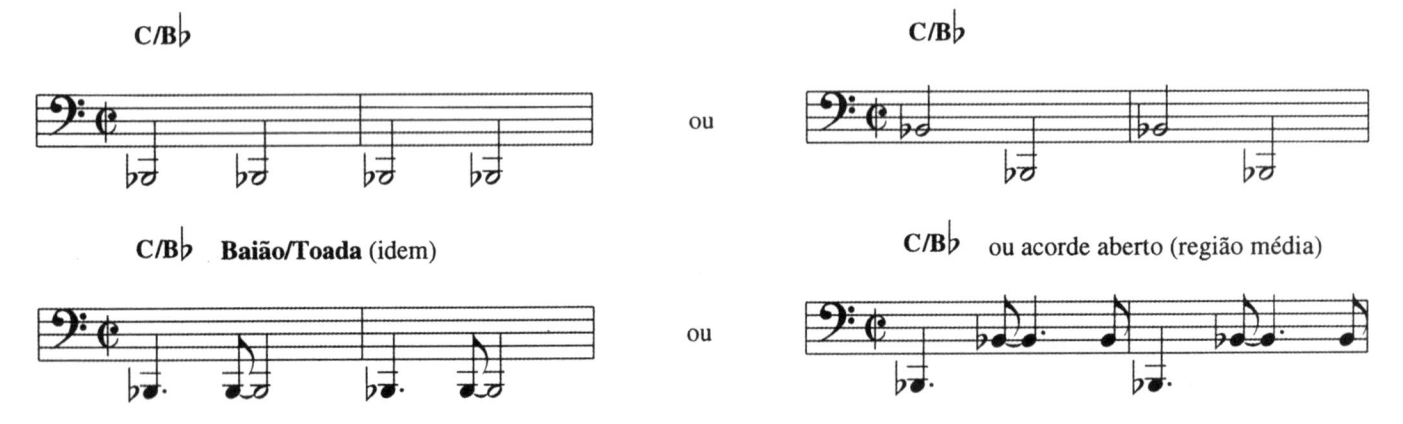

Essa última modalidade fica inviável para acordes com baixo trocado sobre notas que não sejam da tríade ou tétrade.

Samba-Canção ou **Choro** (repetimos o baixo ou oitavamos):

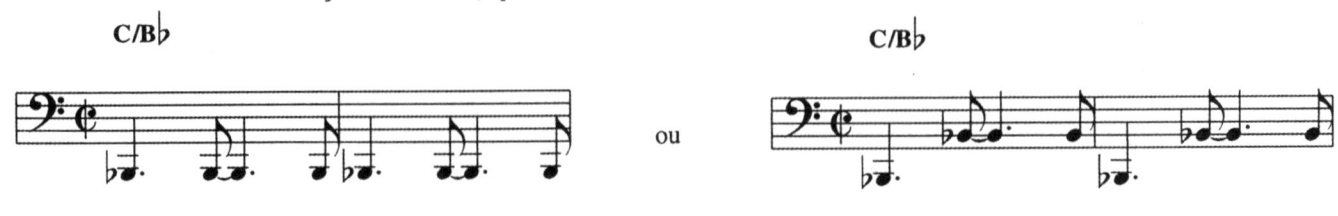

Canção/Balada (repetimos o baixo ou oitavamos):

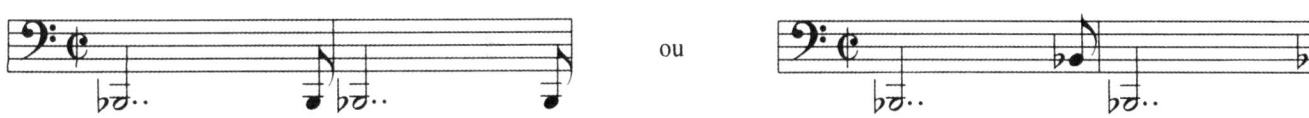

No caso de acorde arpejado na mão esquerda para **Canção/Balada**, podemos simplesmente arpejar tríade com baixo trocado em posição aberta (região média).

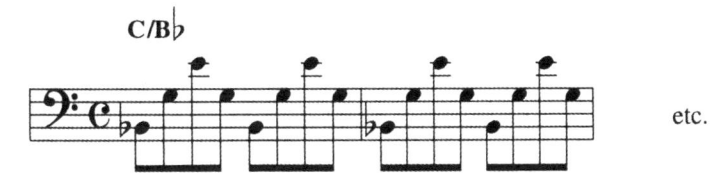

etc.

No entanto, essa modalidade é de difícil execução para acordes com baixo trocado sobre notas que não são da tríade ou tétrade.

Para Swing - Em vez de alternarmos fundamental e quinta, simplesmente repetimos a fundamental.
Para Walking Bass - Simplesmente arpejamos tríade ou tétrade, tentando nos afastar da região muito grave.

Não se esqueça de aplicar noções de arranjo já dadas, dinâmica, ornamentos e diferentes modalidades

Prática: Aplique acordes com baixo trocado em músicas que você já tocou. Procure obviamente concentrar esse trabalho em músicas nas quais esses tipos de acordes apareçam. Aplique esse tipo harmônico em **Toadas, Baiões, Bossas Novas, Canções** etc.

17ª AULA
baixo-pedal

Chamamos de baixo pedal o baixo "preguiçoso" que se repete enquanto diferentes acordes são tocados.
O termo "pedal" se emprega quando existe um encadeamento de, no mínimo, dois acordes.
Os principais pedais são os de dominante (quinto grau) e de tônica (primeiro grau).

Pedal de dominante - mantém-se o baixo na dominante e "passeia-se" com os acordes diatônicos de tonalidades maiores e menores.

Observação: Podemos também usar acordes não-diatônicos.

Encadeamentos muito usados com pedal de dominante:

1)   IIm7/dom   -   V7/dom   -   I7M(9)/dom

Observação: Os acordes acima podem vir acompanhados de notas de tensão.

2)   IIm7(9)/dom   -   V7(b9/13)/dom   -   I7M(9)/dom

   I7M(9)/dom   -   VIm7(9)/dom   -   IIm7(9)/dom

Pedal de tônica - mantém-se o baixo na tônica (primeiro grau) e passeia-se pelos demais acordes diatônicos do modo maior ou menor.

Observação: Podemos também usar acordes não-diatônicos.

Encadeamentos muito usados com pedal de tônica:

   I7M/ton -   IV7M/ton

   I7M/ton -   V7/ton

Mesmo que esses acordes venham acompanhados de notas de tensão:

   I7M(9)/ton   IV7M(9)/ton

Vejamos como podemos tocar alguns dos exemplos dados para pedal de dominante e de tônica:

1) Pedal de dominante

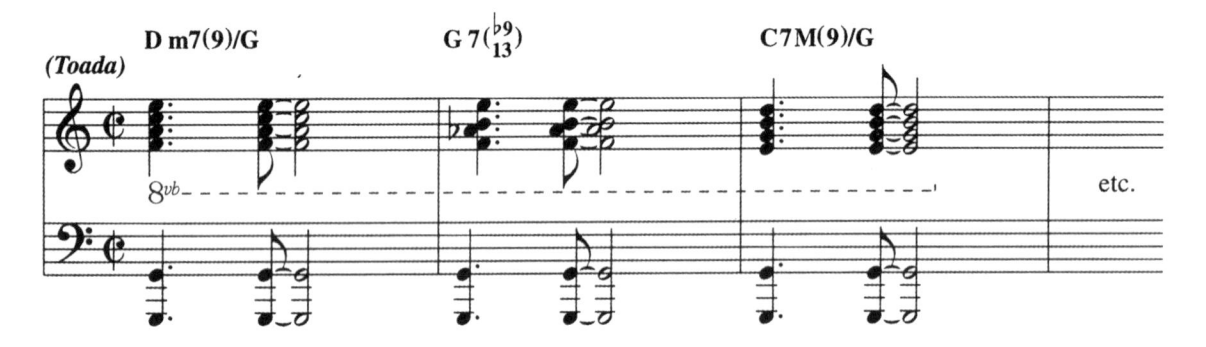

2) Pedal de tônica

Exercício 91: Escrever e tocar as marchas harmônicas para os encadeamentos abaixo, utilizando baixo pedal:

1) Dm7/G   -   G7/G

2) Dm7(9)/G -   G7$\left(\begin{smallmatrix}b9\\13\end{smallmatrix}\right)$/G

3) Dm7(9)/G -   G7(9)/G   -   C7M(9)/G   -   Am7/G

4) Dm7(b5)/G -   G7(b9)/G

5) Fm7(9)/G -   G7(b9)/G -   Cm7(9)/G

6) C7M/C   -   F7M/C

7) Cm7/C   -   Fm7/C

Exercícios adicionais: 1) O professor toca outras possibilidades com baixo pedal para que o aluno identifique e também para que pratique como encadeamento e como marcha harmônca
2) Identificar o baixo pedal em gravações e/ou partituras.

O baixo pedal é muito encontrado em músicas que apresentam harmonia sofisticada. É muito usado em introduções.
Pode ser empregado com rearmonização se quisermos transformar, por exemplo, uma **Balada Pop** em **Canção Jazzística**. Basta para isso, primeiramente, adicionarmos tensão harmônica a tríades e tétrades e depois tocarmos com pedal de dominante e tônica. É claro que teremos muito maior número de recursos depois de estudarmos rearmonização.

É chegado o momento de fazermos uma revisão geral de todos os estilos e matéria harmônica já estudados para que possamos prosseguir com tranqüilidade nas próximas etapas.
Temos certeza de que o aluno que tiver cumprido todas as etapas já deverá estar com uma boa base para iniciar o estudo do que chamamos de Harmonia Avançada.
Portanto, faça uma boa revisão dos pontos dados e siga em frente!

PARTE IV
Harmonia Avançada

Quando a Harmonia começa a tomar caminhos mais melódicos passamos para um outro nível.

É claro que esse estudo não tem fim e mesmo que você tenha dominado todos os caminhos aqui apresentados, ainda poderá evoluir muito, seja através da improvisação, dos arranjos, da técnica ou mesmo da própria Harmonia.

Nesta parte vamos tratar de uma pesquisa mais aprofundada do uso das tensões, dos acordes livres e da rearmonização.

O uso das tensões

Esse estudo baseia-se nos modos (escalas) que cada acorde, seja diatônico ou não, pode conter. E esses modos contêm o total das notas de um acorde. Ou seja, cada acorde contém um modo e cada modo contém um acorde.

Basicamente, um modo (escala) contém uma tétrade e mais as notas de tensão: sexta ou décima terceira, nona, e décima primeira.

Não devemos confundir esse estudo com o da Improvisação. Os modos são somente uma parte do estudo da Improvisação. Por conseguinte, conhecê-los pode ajudar muito, se o aluno quiser fazer algumas investidas naquela área, juntando o conhecimento adquirido ao talento.

1ª AULA
modos da escala maior

Como veremos a seguir, cada grau de uma tonalidade maior apresenta uma tétrade (o que já consideramos anteriormente) e mais três ou quatro notas de tensão, totalizando sete ou oito notas. Essas notas de tensão são as seguintes:

nonas (como já vimos anteriormente, têm a mesma classificação da segunda - segunda nota da escala maior);

décimas primeiras (como já vimos anteriormente, têm a mesma classificação da quarta);

sextas (sexto grau da escala maior, para os acordes dos tipos maior e menor);

décimas terceiras (têm a mesma classificação da sexta, mas são encontradas somente nos acordes do tipo **7** - não necessariamente dominantes) e nos acordes diminutos.

Observação: Não confundir acorde **7** com, simplesmente, tétrades. O acorde **7** é aquele que é formado pela fundamental, terça maior, quinta justa e sétima menor.

Observação: Alguns modos contêm notas evitáveis. Notas evitáveis são aquelas que, por motivos que o "ouvido" - o grande sábio que deverá sempre dar a última palavra - julga, não deverão ser usadas no acorde.

Vamos agora considerar cada grau da escala maior com suas respectivas tensões, formando os modos.

I 7M (modo Iônico)   **Exemplo:** acorde C7M(9/6)

F.   T.9   3   T.11   5   T.6   7M

Observação: F = fundamental
T = nota de tensão
( ) = nota evitável (não deverá constar do acorde)

Observação: Quando o algarismo não vier antecedido de # ou b, o grau será maior (terça, sexta, sétima, nona) ou justo (quarta, quinta, décima primeira).

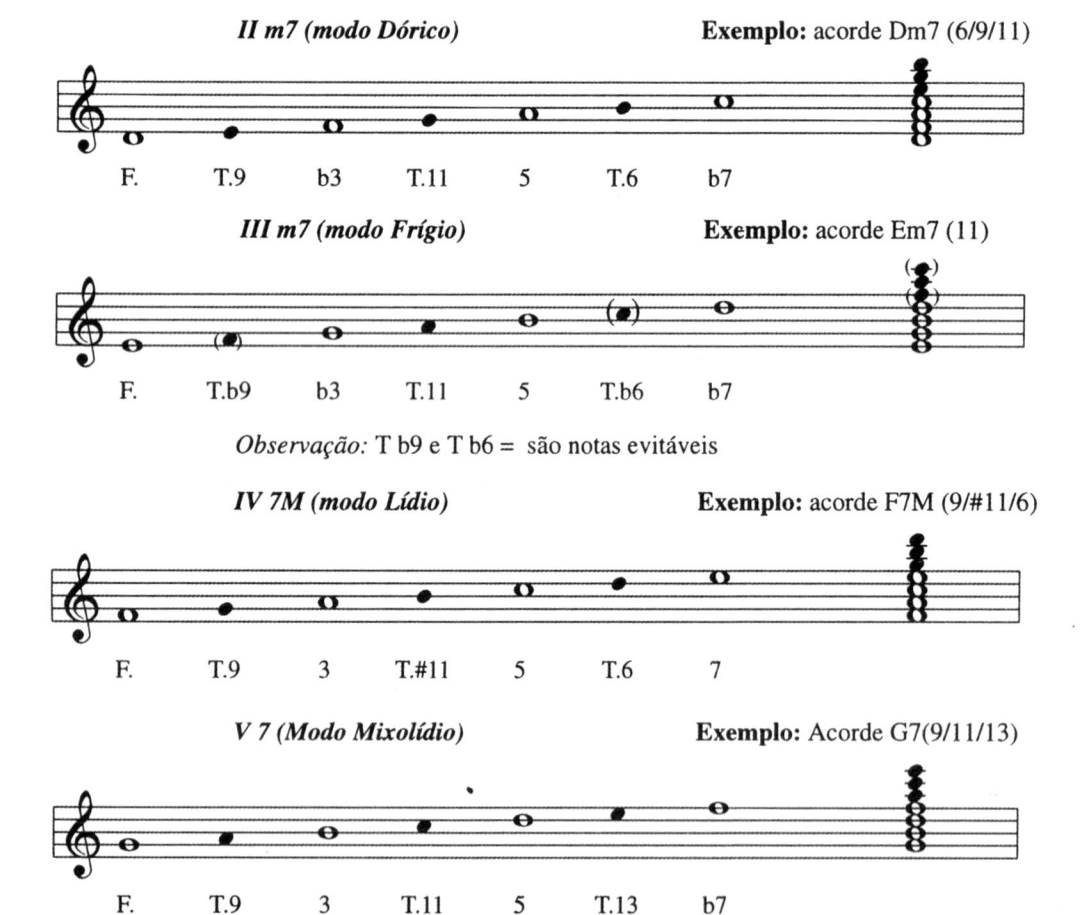

II m7 (modo Dórico)   **Exemplo:** acorde Dm7 (6/9/11)

F.   T.9   b3   T.11   5   T.6   b7

III m7 (modo Frígio)   **Exemplo:** acorde Em7 (11)

F.   T.b9   b3   T.11   5   T.b6   b7

Observação: T b9 e T b6 = são notas evitáveis

IV 7M (modo Lídio)   **Exemplo:** acorde F7M (9/#11/6)

F.   T.9   3   T.#11   5   T.6   7

V 7 (Modo Mixolídio)   **Exemplo:** Acorde G7(9/11/13)

F.   T.9   3   T.11   5   T.13   b7

Observação: A terça é incompatível com a décima primeira e vice-versa. Portanto, o acorde só pode conter uma ou outra. Ou será G7(9/11/13) ou G7 (9/13), neste caso sem a décima primeira.

VI m7 (modo Eólio)   **Exemplo:** acorde Am7 (9/11)

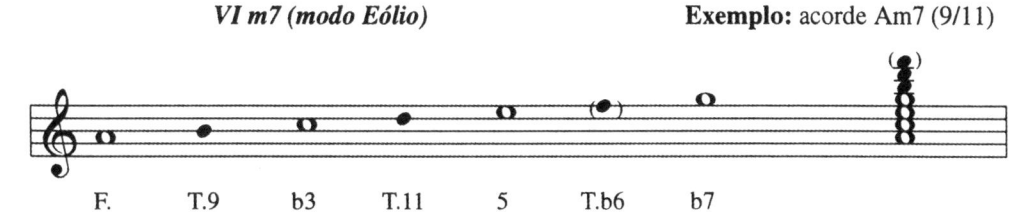

F.   T.9   b3   T.11   5   T.b6   b7

T b6 é nota evitável

VII m7(b5) (modo Lócrio)   **Exemplo:** acorde Bm7(b5/11/b6)

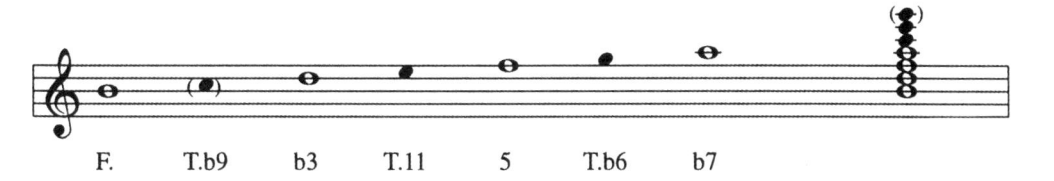

F.   T.b9   b3   T.11   5   T.b6   b7

Observação: Apesar de a b6 não ser tensão cifrável - não existe esse tipo de cifragem. Pode ser usada em acordes livres. Ver adiante.
T b9 = nota evitável

Resumindo, podemos dizer que:

1) As tétrades diatônicas das tonalidades maiores podem acolher as seguintes tensões:

I 7M(9/6)	IV 7M(9/#11/6)
II m7(6/9/11)	V 7(9/11/13) ou V7(9/13)
III m7(11)	VI m7(9/11)
	VII m7(b5/11/b6)

Isso não quer dizer que, se numa música encontrarmos acordes diatônicos, teremos que utilizar todas as tensões que aquele acorde puder incorporar conforme o que estamos explicando. Cabe ao aluno utilizar primeiramente bom gosto e também o conhecimento adquirido nos capítulos anteriores quanto à distribuição de vozes ou formação de cada acorde.

2) As notas evitáveis não poderão ser incorporadas aos respectivos acordes, a não ser como notas de passagem.

Exercício 92: Dizer, a partir dos graus dados, quais são os seguintes acordes diatônicos (incluindo suas tensões). Escrever e tocar:

- IV grau da tonalidade de Fá maior.

Exemplo: O acorde de IV grau da tonalidade de Fá maior é **Bb7M** e pode incorporar as seguintes tensões: 9 (nona maior), #11 (décima primeira aumentada) e 6 (sexta maior). Modo Lídio.

Bb7M(9/#11/6)

- V grau da tonalidade de Sib maior
- I grau da tonalidade de Ré maior

- II grau da tonalidade de Sib maior
- III grau da tonalidade de Lá maior
- IV grau da tonalidade de Láb maior
- VII grau da tonalidade de Sol maior
- VI grau da tonalidade de Ré maior
- III grau da tonalidade de Mib maior
- II grau da tonalidade de Mi maior
- V grau da tonalidade de Dó# maior
- II grau da tonalidade de Dó maior
- VI grau da tonalidade de Fá maior
- IV grau da tonalidade de Mi maior
- I grau da tonalidade de Mib maior
- V grau da tonalidade de Sol maior
- VII grau da tonalidade de Láb maior
- VII grau da tonalidade de Fá# maior
- III grau da tonalidade de Si maior
- IV grau da tonalidade de Ré maior
- III grau da tonalidade de Fá# maior

Exercício 93: Quais são os graus diatônicos que podem incorporar as seguintes tensões?

Exemplo: D7M (9/#11/6)   A resposta é: IV7M (Lídio) da tonalidade de Lá maior.

- Ebm7(6/9/11)
- F#m7(11)
- C7(9/11/13)
- Bbm(9/11)
- A#m7(b5/11/b6)
- Bm7(11)
- Dm7(9/11)
- A7M(6/9)
- Fm7(6/9/11)
- C7M(9/#11/6)
- B7(9/11/13)
- Bbm7(11)
- B7M(6/9)

Exercício adicional: O professor cria possibilidades semelhantes aos exercícios anteriores.

Exercício 94: Para a seqüência abaixo, indique (e toque) quais são as tensões que poderão ser incorporadas aos acordes. Considere o trecho todo.

Ré Maior (tonalidade)

‖ D7M | Bm7 | Em7 | A7 | D7M | G7M | Em7 | A7 |

| F#m7 | Bm7 | Em7 | C#m7(b5) | D7M | G7M | D7M ‖

   Para a seqüência acima tivemos certa facilidade, pois trata-se de uma seqüência diatônica (tonalidade de Ré maior). Mas como determinar quando se tratar de acordes não-diatônicos? Bem, isso veremos um pouco mais adiante. Por ora, convém registrar que certos graus diatônicos podem perder essa diatonicidade em algumas ocasiões, o que alterará o uso das tensões.
   Quais são esses graus?

2ª AULA
perda de diatonicidade do IIIm7 e do VIm7

Em tonalidades maiores temos graus considerados "leves" e que, por isso, podem facilmente perder sua relação diatônica, alterando suas notas de tensão. São eles o **IIIm7** e o **VIm7**.

Em que situações isso pode ocorrer?

1) *Se antecedidos de V7 deles ou de substitutos de V7*. Os substitutos de **V7** são **VIIm7(b5)**, **VII dim** e **bII7**.

Observação: Mais adiante, quando tratarmos de rearmonização, outros substitutos serão considerados.

Exemplo: Tomemos na tonalidade de Fá maior a seguinte seqüência de acordes:

F7M - Dm7 - Gm7 - C7 (todos acordes diatônicos: I 7M - VIm7 - II m7 - V7)

Porém, se o **Dm7** vier antecedido de **A7** (**V7 de Dm7**), **C# dim** (**VII dim** - substituto de **V7**), de **Eb7** (também substituto de **V7**) ou até mesmo de **C#m7(b5)** (que é também substituto de **V7**), perderá sua diatonicidade, ou seja, a relação diatônica com a tonalidade original.
O que isso significa? Significa simplesmente que as tensões que poderia incorporar, como sexto grau de Fá Maior, dão lugar a outras que qualquer acorde **m7** sem relação com a tonalidade original (Fá maior, no caso) pode incorporar: modo Dórico (consulte tabela do uso dos modos).

Exemplo: Como sexto grau, **Dm7** poderia incorporar somente a nona maior e a décima primeira justa. A partir do momento em que perdeu sua diatonicidade, poderá incorporar também a sexta, que o modo Dórico aceita.

O mesmo aconteceria ao acorde de **III m7**, se tivéssemos a seguinte seqüência:

F7M - E7 - Am7 - Dm7 - Gm7 etc.
ou
F7M - G# dim - Am7 - Dm7 etc.

2) *Se fizerem o papel de IIm7 antecedendo um V7 ou substituto*. Lembremos que os substitutos mais usados para **V7** são **VII dim**, **VIIm7(5b)** ou **bII7**.

Exemplo: Consideremos na tonalidade de Ré maior a seguinte seqüência de acordes:

D7M - Bm7 - Em7 - A7 (são todos acordes diatônicos)

Mas se o **Bm7** vier sucedido de **E7**, fazendo assim um encadeamento **IIm7 - V7**; sucedido de **G# dim**, de **G#m7(b5)** ou até mesmo de **Bb7** (todos substitutos de **E7**, que é **V7** na relação **Bm7 - E7**), também perderá a sua diatonicidade.
Portanto, **Bm7**, que era sexto grau de Ré maior e poderia incorporar como tensões somente nona maior e décima primeira justa, poderá incorporar ainda a sexta que o modo Dórico aceita.
Convém lembrar que outros graus podem também perder sua relação diatônica, mas só nos interessa saber quais os que se alteram com essa perda: **somente III e VI do modo maior.**

Exercício 95: A partir das seqüências em diferentes tonalidades abaixo, identifique os acordes de III e VI graus que perderam sua diatonicidade e diga por que a perderam.

Exemplo:

C7M | Am7 D7 | Gm7 | Bm7(b5) E7 | Am7 | G7 | C7M ||

O primeiro Am7 (VIm7) perdeu a sua diatonicidade porque foi sucedido de D7, fazendo, por isso, encadeamento IIm7-V7.
O segundo Am7 (VIm7) perdeu a sua diatonicidade por ter sido antecedido de E7, fazendo um encadeamento V7-Im7.
Continue apontando os acordes **IIIm7** e **VIm7** que perdem sua diatonicidade nas seqüências abaixo:

Tonalidade de Mib maior

Gm7 | Gb7 | Fm7 | E7 ||

Tonalidade de Sol maior

G7M | Em7 | Am7 | D7 | Bm7 | E7 | Em7 | E7 | D7 | G7M ||

Tonalidade de Si maior

B7M | E7 | D#m7 | G#m7 | C#7 | F#m7 | F dim | F#7 | B7M ||

Tonalidade de Lá maior

A7M | F dim | F#m7 | D7 | C#m7 | C7 | Bm7 | E7 ||

Tonalidade de Mi maior

E7M | G#m7 | C#7 | F#m7 | C#m7 | Bm7 ||

Exercícios adicionais: O professor cria situações semelhantes para que o aluno identifique a perda de diatonicidade do III e VI graus em tons maiores.
2) Identifique a perda de diatonicidade do III e VI graus em músicas do **Real** e dos **Songbooks** já sugeridos.

Prática: Tocar em várias tonalidades maiores os acordes diatônicos com suas respectivas tensões e seus respectivos modos (Iônico, Dórico etc.). Este treinamento deverá continuar até o final do nosso curso.

3ª AULA
acordes (blocos) baseados nos modos (parte I)

Podemos percorrer em acordes todos os graus de um modo qualquer sem termos sequer necessidade de apoiarmos com uma tríade ou tétrade na mão esquerda.
Trata-se do estilo para solos de muitas Big Bands, em que se utilizam blocos baseados nos modos.
Por exemplo, tomemos o modo Dórico (segundo grau):

Dm7 (Dórico)

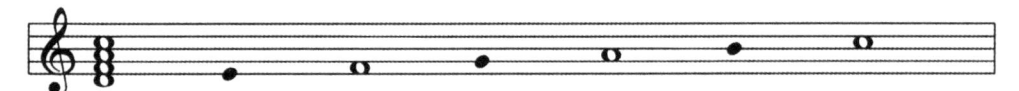

As notas do acorde serão os pontos de apoio e as notas de tensão usarão a mesma base das notas de apoio:

Dm7 (Dórico)

1ª inversão   2ª inversão   3ª inversão   posição fundamental

Como podemos notar acima, começamos com primeira inversão.

Apresentaremos, a seguir, a escala diatônica de Dó maior com os respectivos modos dos diferentes graus usando o estilo em Blocos (parte I):

C7M (Iônico):

Dm7 (Dórico):

Em7 (Frígio):

F7M (Lídio):

G7 (Mixolídio):

Am7 (Eólio):

Bm7(b5) (Lócrio):

Exercício 96: Usando acordes em bloco (parte I), tocar e escrever os modos diatônicos das seguintes tonalidades: Dó maior, Fá maior, Sol maior, Ré maior, Lá maior, Mib maior e Sib maior.

Exercício 97: Realizar o exercício anterior nas seguintes tonalidades:
Dó# maior, Fá# maior, Láb maior, Réb maior, Mi maior e Si maior.

Uso das sextas:

Nesse tipo de técnica é comum e eficiente o uso dos acordes de sexta substituindo **7M** ou **m7** em certos graus (normalmente os graus que correspondem aos modos Iônico, Dórico e Lídio).

Exemplo:

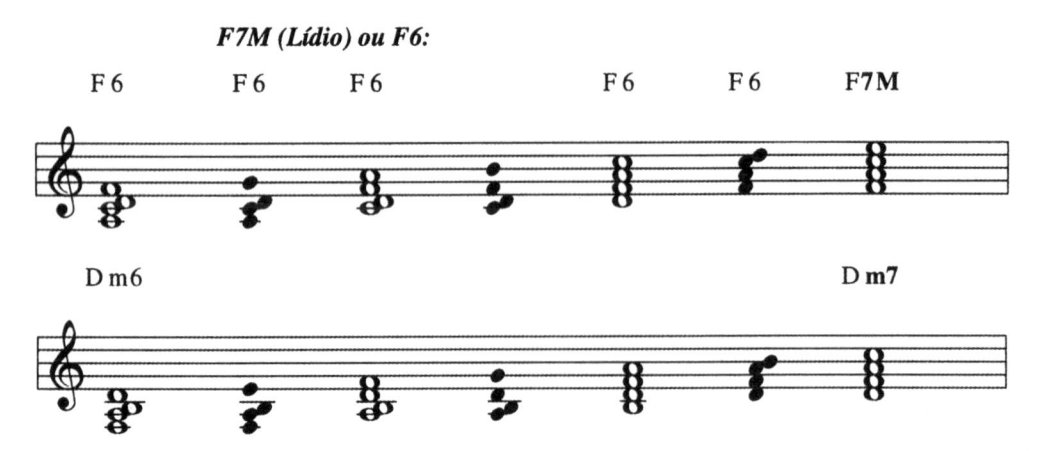

F7M (Lídio) ou F6:

[Notação musical com acordes: F6, F6, F6, F6, F6, F6, F7M]

[Notação musical com acordes: Dm6, ... , Dm7]

A utilização desse estilo é efetiva em estilos que usam tétrades e tétrades com tensões.

Uso das nonas:

Antes de realizarmos os exercícios, aqui vai mais uma dica: acordes de nona são também de eficiente uso nesse estilo, como base para a nota da melodia:

G7 (Mixolídio):

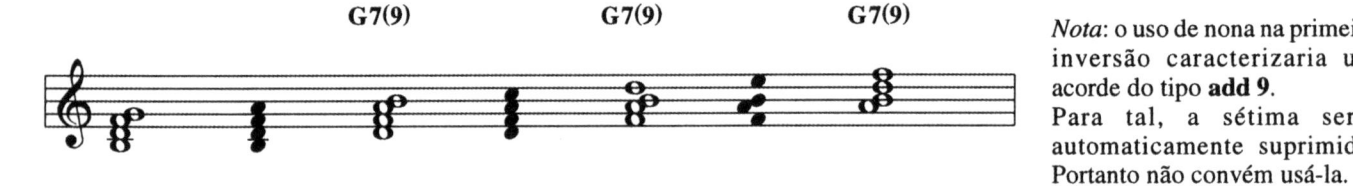

[Notação musical com acordes: G7(9), G7(9), G7(9)]

Nota: o uso de nona na primeira inversão caracterizaria um acorde do tipo **add 9**.
Para tal, a sétima seria automaticamente suprimida. Portanto não convém usá-la.

Dm6 (Dórico):

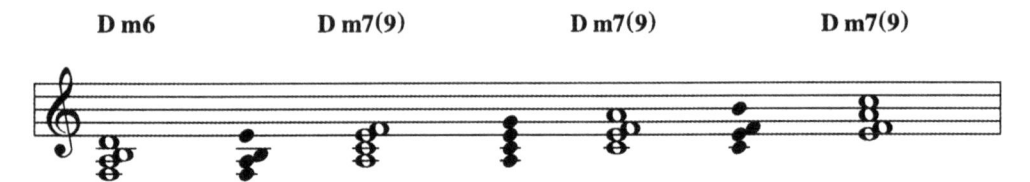

[Notação musical com acordes: Dm6, Dm7(9), Dm7(9), Dm7(9)]

Exercício 98: Usando acordes com sexta e acordes com nona como base, toque e escreva os modos diatônicos abaixo, utilizando blocos:
Dó maior, Sol maior, Lá maior, Fá# maior, Mi maior, Láb maior.

Exercício 99: Complemente os fragmentos apresentados a seguir com acordes em bloco (parte I), de acordo com o modo. Use sextas e nonas a seu critério.

1)
Dm7   G7   C7M

[Notação musical]

Exemplo de como deveremos proceder.
a - Dizer os graus e os modos correspondentes:

        IIm7 (Dórico)   V7 (Mixolídio)   I 7M (Iônico)

b - Realizar:

Dm7   G7   C7M

2)
Cm7   F7   B♭7M

3)
D7M   A7

4)
G7M   D7

5)
Gm7   C7   F7M

Exercício adicional: O professor extrai de músicas passagens diatônicas em tonalidades maiores para que o aluno complemente utilizando o estilo que estamos apresentando (acordes em bloco - parte I).

Observação: mais tarde, essa modalidade deverá ser aplicada em tonalidades menores e também em passagens não-diatônicas.

4ª AULA
tonalidades menores

A seguir, veremos as tétrades com notas de tensão nas tonalidades menores.

Im7 (modo Eólio) ou Natural

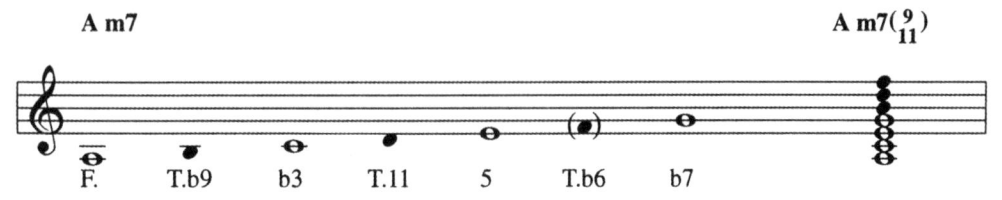

A m7   A m7($^9_{11}$)

F.   T.b9   b3   T.11   5   T.b6   b7

Observação: A T b6 é nota evitável. O modo de primeiro grau de uma tonalidade menor é igual ao modo de sexto grau de seu relativo maior. Em nosso exemplo, **Im7** é igual ao **VIm7**, ou seja, **Am7** é primeiro grau de Lá menor e é também sexto grau de Dó maior, e isso acontecerá com os seguintes graus de tonalidades menores em relação a seus relativos maiores, como já vimos:

> I do modo menor é igual ao VI do modo maior
> II do modo menor é igual ao VII do modo maior
> III do modo menor é igual ao I do modo maior
> IV do modo menor é igual ao II do modo maior
> VI do modo menor é igual do IV do modo maior

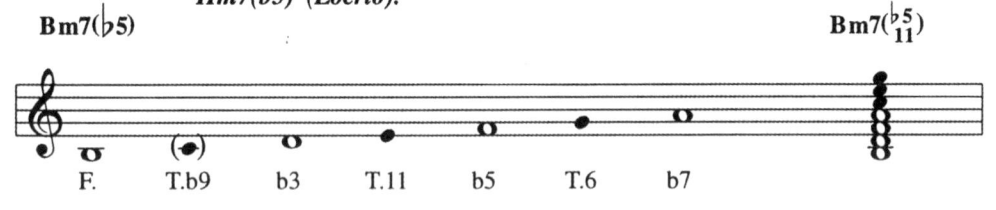

IIm7(b5) (Lócrio):

Bm7(b5)   Bm7($^{b5}_{11}$)

F.   T.b9   b3   T.11   b5   T.6   b7

bIII 7M (Iônico):

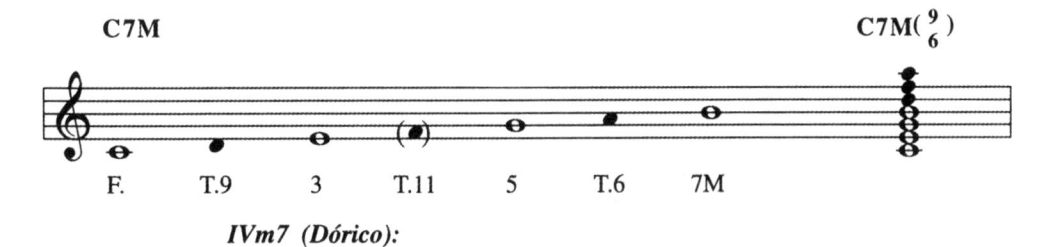

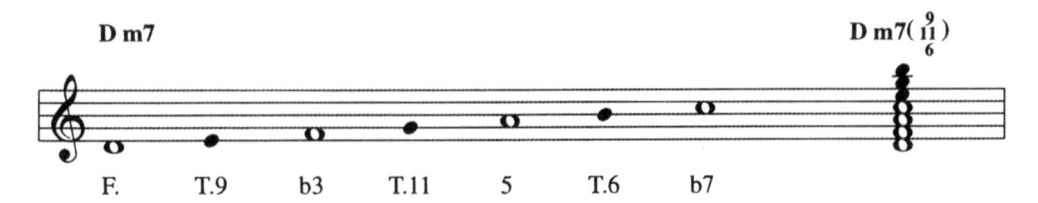

C7M   C7M($^9_6$)

F.   T.9   3   T.11   5   T.6   7M

IVm7 (Dórico):

D m7   D m7($^{9}_{11}_{6}$)

F.   T.9   b3   T.11   5   T.6   b7

V7 (Alterado de quinto grau):

[Musical notation: E7 chord with scale notes F., T.b9, T.#9, 3, T.11, 5, T.b13, b7 — E7(b9/11/b13)]

Observação:

1) O modo Alterado de V possui oito notas.

2) O acorde de **V7** do modo menor pode agregar duas nonas: menor e/ou aumentada. Deveremos optar por uma ou outra.

3) Como já vimos em tonalidade maior, a terça maior é incompatível com a décima primeira justa. Portanto, usaremos a terça maior para **V7** (b9/b13 ou #9) e décima primeira justa para **V7sus** (b9/b13 ou 9#).

bVI 7M (Lídio):

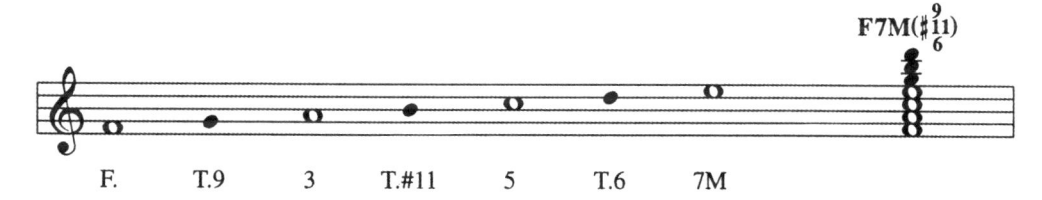

[Musical notation: F7M(9/#11/6) with scale notes F., T.9, 3, T.#11, 5, T.6, 7M]

VII dim (Diminuto de VII):

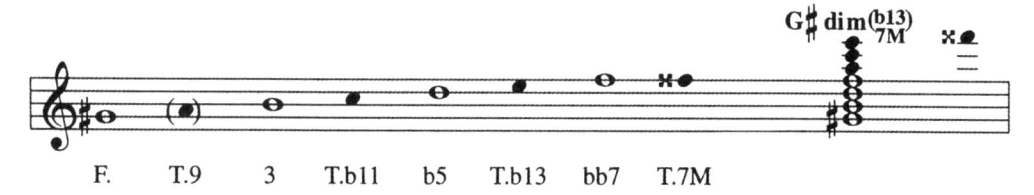

[Musical notation: G#dim(b13/7M) with scale notes F., T.9, 3, T.b11, b5, T.b13, bb7, T.7M]

Observação:

1) O modo Diminuto de VII grau, assim como o Alterado de V, possui oito notas.

2) As tensões de nona menor e de décima primeira diminuta são normalmente evitáveis.

3) O modo Diminuto de VII é igual ao Alterado de V, começando o primeiro na terça do último.

4) Chamamos a oitava nota (sétima maior) de nota de tensão pelo fato de ser uma nota (grau) extra à tétrade. Ao tocarmos seu acorde, deveremos optar entre a sétima diminuta e a sétima maior. (É o mesmo caso das nonas menor e/ou aumentada no acorde **V7** do modo menor.)

Resumindo, podemos dizer que:

1) As tétrades diatônicas das tonalidades menores podem acolher as seguintes tensões:

Im7(9/11)   V(b9/11/b13) ou #9
IIm7(b5) (11/b6)   bVI7M(9/#11/6)
bIII7M (9/6)   VII dim(b13/7M)
IVm7(9/11/6)

É claro que não teremos necessariamente que incluir todas essas tensões ao encontrarmos numa música os acordes diatônicos em uma tonalidade menor.

2) As notas evitáveis não poderão ser incorporadas aos respectivos acordes, a não ser como notas de passagem.

Exercício 100: Dizer, a partir dos graus dados, quais são os seguintes acordes diatônicos (incluindo suas tensões). Escreva-os e toque-os.
Exemplo: Dizer (escrever e tocar) II grau da tonalidade de Si menor
Resposta - O acorde de II grau da tonalidade de Si menor é **C#m7(b5)** e pode incorporar a tensão de décima primeira justa e sexta menor (modo Lócrio).

III grau da tonalidade de Fá menor

VI grau da tonalidade de Dó menor

V grau da tonalidade de Mi menor

VII grau da tonalidade de Ré menor

II grau da tonalidade de Láb menor

IV grau da tonalidade de Si menor

VI grau da tonalidade de Sol menor

I grau da tonalidade de Ré menor

VII grau da tonalidade de Mi menor

V grau da tonalidade de Fá menor

I grau da tonalidade de Sol menor

II grau da tonalidade de Mib menor

III grau da tonalidade de Fá# menor

IV grau da tonalidade de Sol# menor

VI grau da tonalidade de Mib menor

Exercício 101: Quais são os graus diatônicos que podem incorporar as seguintes tensões no modo menor?

Exemplo: Fm7(9/11) Resposta: é o Im7 (Eólio) da tonalidade de Fá menor.

- E(b9/11/b13) ou #9
- Ab7M (9/#11/6)
- E dim (b13/7M)
- Fm7 (b5) (b6/11)
- D7M (9/#11/6)
- Am7 (9/11/6)
- Dm7 (9/11)

- C dim (b13/7M)
- Bm7 (9/11/6)
- A7M (9/#11/6)
- D7 (b9/11/b13) ou #9
- Am7 (b5) (11/b6)
- Gm7 (9/11)
- F#m7 (9/11/6)

Exercício adicional: O professor cria possibilidades semelhantes aos dois exercícios anteriores.

Exercício 102: Para a seqüência abaixo, diga quais são as tensões que poderão ser incorporadas aos acordes, tocando-as. Considere o trecho todo:

Tonalidade de Si menor
|| Em7 | F#7 | Bm7 ||

Tonalidade de Fá menor
|| Fm | Gm7 (b5) | C7 | E dim | Fm7 | Bbm7 | C7 | Fm7 ||

Tonalidade de Dó menor
|| Dm7 (b5) | Cm7 | Ab7M | G7 | Cm7 ||

Tonalidade de Ré menor
|| Dm7 | F7M | Em7 (b5) | C# dim | Dm7 ||

Exercício adicional: O professor cria situações semelhantes para que o aluno identifique os modos.
Prática: Tocar em várias tonalidades menores os acordes diatônicos com suas respectivas tensões e seus respectivos modos. Exemplo: Dó menor, Lá menor etc.

5ª AULA
acordes baseados nos modos (parte II)

Os pianistas chamam de estilo George Shearing, mas é geralmente um dos estilos usados pelas Big Bands para os *soli* (solos) dos naipes de saxofones.
Trata-se da formação de acordes em blocos dobrando-se a melodia, que é tocada pela mão esquerda.
Exemplo:

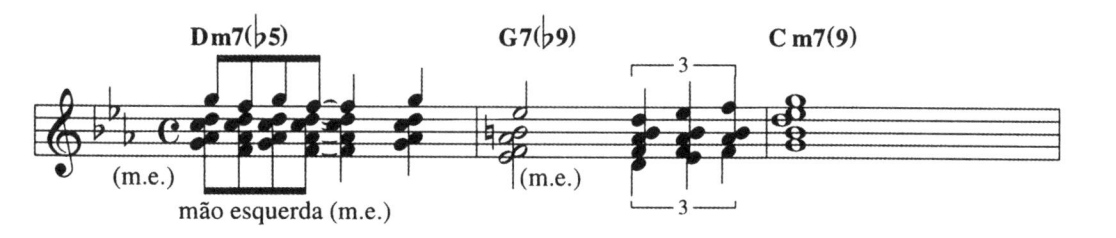

Observação: A quinta voz deverá ser tocada pela mão esquerda.
Apogiaturas são bem-vindas no estilo George Shearing. No exemplo acima, a melodia poderia ser tocada pela mão esquerda da seguinte maneira:

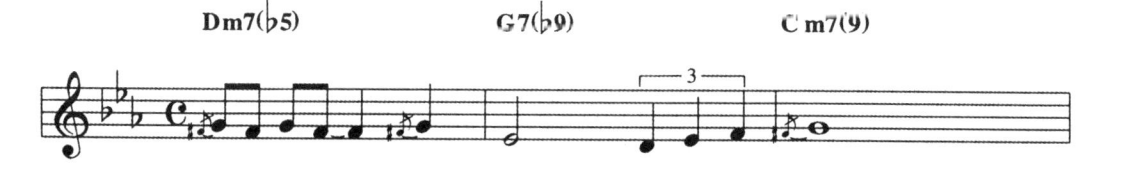

Convém lembrar que, assim como foi dito na última aula, os acordes em bloco aceitam muito bem as sextas E ainda as nonas, mesmo quando essas não estão cifradas.
Por exemplo, mesmo que o acorde **Cm7(9)** do exemplo anterior estivesse cifrado somente **Cm**, poderíamos usar a nona, pois sabemos que como primeiro grau aquele acorde pode agregar a nona, da maneira que expusemos. Esse tipo de raciocínio pode ser incorporado a outros acordes.

Exercício 103: Tocar no estilo George Shearing (em blocos a cinco vozes) os seguintes fragmentos melódicos.

1) Tonalidade de Ré menor:

Em7(b5) A7 Dm7

2) Tonalidade de Mi menor:

Am7 B7 Em

3) Tonalidade de Fá menor:

Fm7 Bbm7 C7 Fm7

4) Tonalidade de Si menor:

C#m7(b5) A#dim G7M

5) Tonalidade de Dó menor:

Cm7 Dm7(b5) G7 Eb7M Ab7M

G7 Bdim Cm7

Exercício adicional: O professor cria fragmentos diatônicos semelhantes para que o aluno utilize o estilo George Shearing.

Prática: Tocar trechos de músicas com passagens (seqüências) diatônicas, utilizando o estilo George Shearing. Deverão ser escolhidas músicas nos estilos **Swing, Bossa Nova, Samba-Canção e Baladas Jazzísticas.**

Observação: O estilo George Shearing é de grande efeito sonoro no piano. Como podemos notar, não apresenta o elemento "linha do baixo" e, por isso ao tocarmos sem acompanhamento de outro músico que desempenhe aquela função, convém que o utilizemos somente em trechos de música.

Para se fazer bom uso desse estilo, temos que ter um conhecimento maior sobre o uso das tensões, através dos modos não diatônicos - como veremos a seguir. Portanto, sugiro que se repita essa prática. Mais adiante devem ser reaplicadas depois de estudarmos as próximas lições. Por exemplo, podemos tocar a melodia com a mão esquerda em décimas. Para tanto, necessitamos de domínio total sobre o uso dos modos.

6ª AULA
acordes não-diatônicos

Estudaremos agora o uso das tétrades com notas de tensão para situações não-diatônicas.

Existem situações em que temos passagens totalmente diatônicas. O que caracteriza essas passagens é uma seqüência diatônica, seja em tonalidade maior ou menor, como por exemplo:

II	-	V	-	I			
I	-	II	-	III			
IV	-	V	-	I			
IV	-	I					
II	-	V					
I	-	VI	-	II	-	V	etc.

Existem modos que podem ser usados tanto para situações diatônicas quanto para situações não-diatônicas, além de serem usados como substitutos para acordes diatônicos, como por exemplo o **Dórico** e o **Lídio**, que são modos de grande elasticidade e não contém notas evitáveis.

Existem outros em que mudando apenas uma ou duas notas podem também ser usados em situações não-diatônicas. É o caso do **Mixolídio, Lócrio** e **Alterado de V**.

Existem ainda modos próprios para situações não-diatônicas.

Estudaremos esses modos a partir de agora.

Tomemos a nota **Dó** como fundamental e veremos os modos mais usados para tétrades em situações não-diatônicas. Consulte a tabela do uso dos modos mais adiante.

Nota: Alguns desses modos são conhecidos com outros nomes em diferentes métodos.

Primeiramente vamos rever o modo Dórico e o modo Lídio, que, como falamos, são usados também em situações não-diatônicas:

1) *modo Dórico* (usado para qualquer **m7** em situações não-diatônicas):

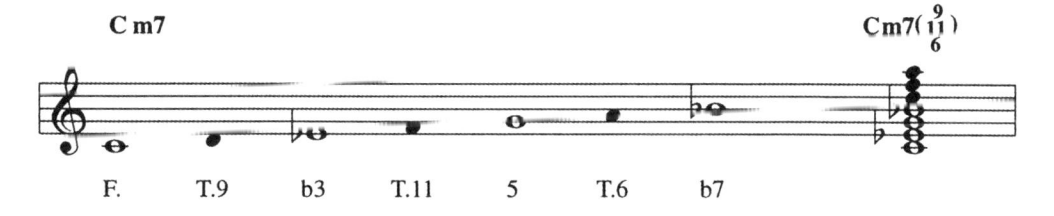

C m7   Cm7(9 11 6)

F.   T.9   b3   T.11   5   T.6   b7

2) *modo Lídio* (usado para qualquer **7M** ou **6** em situações não-diatônicas):

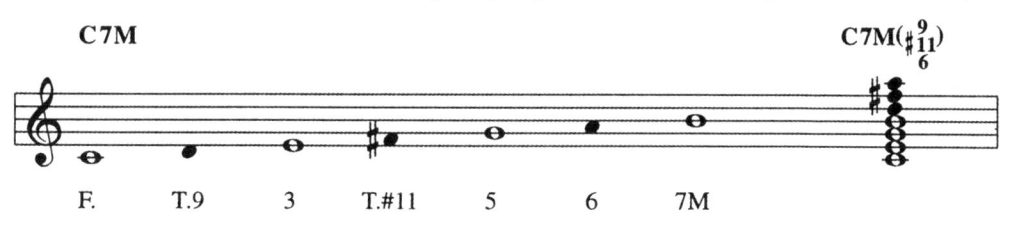

C 7M   C7M(#9 11 6)

F.   T.9   3   T.#11   5   6   7M

3) **modo Melódico Ascendente** (Melódico Real) - Esse modo poderia ser chamado de Dórico com sétima maior, devido à sua similaridade com o modo Dórico (usado para qualquer **m7M** ou **m6** como opção para acorde **m7M**):

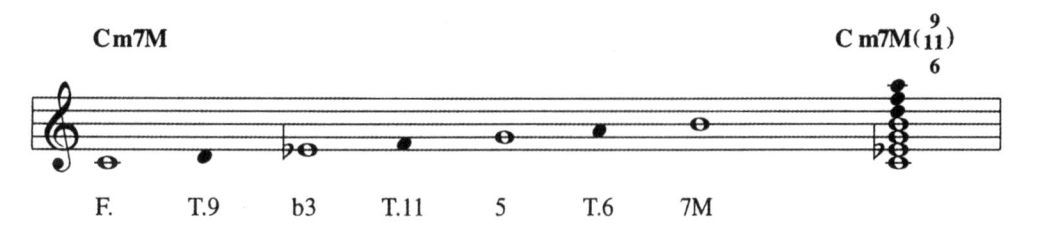

Cm7M   Cm7M(9/11)6

F.   T.9   b3   T.11   5   T.6   7M

4) **modo Lídio b7** (Lídio com sétima menor) - Usado para qualquer acorde **7** que não seja **V7**:

C7   C7(#11/9)13

F.   T.9   3   T.#11   5J   T.13   b7

5) **modo Lócrio com 9** (nona maior) - Usado para qualquer **m7(b5)** que possua nona maior:

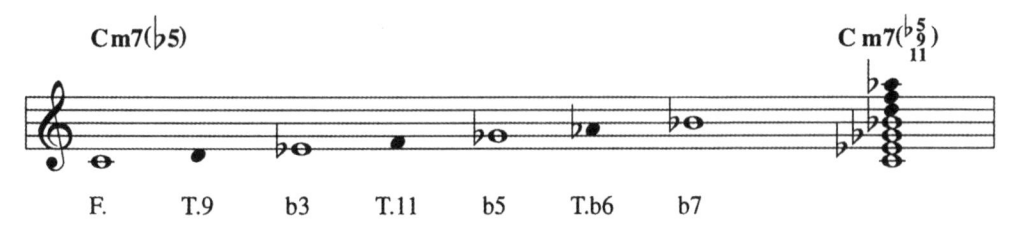

Cm7(b5)   Cm7(b5/9)11

F.   T.9   b3   T.11   b5   T.b6   b7

6) **modo Mixolídio com b13** - Usado para acordes **7** com nona maior e décima terceira menor:

C7   C7(9/b13)

F.   T.9   3   T.11   5   T.b13   b7

Observação: Como já vimos anteriormente, para o modo Mixolídio, a terça maior é incompatível com a décima primeira justa. Portanto, esse modo pode ser utilizável para **C7(9/b13)** ou **C7sus (9/b13)**.

7) **modo Lídio Aumentado** - Usado para acordes **7M (#5)**

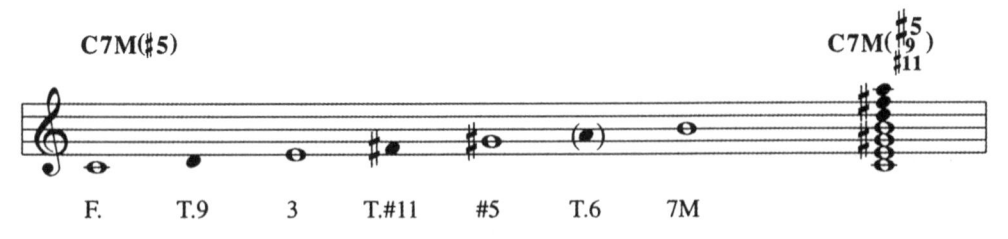

C7M(#5)   C7M(#5/9/#11)

F.   T.9   3   T.#11   #5   T.6   7M

Observação: a sexta maior é nota evitável devido à sua incompatibilidade com a quinta aumentada.

8) ***modo Alterado com #11 e 13*** (também conhecido como Alterado *semitom-tom* ou simplesmente *semitom-tom*). Serve como opção muito usada com tensão propositiva para acordes **V7(b9)** antecedendo **I7M**:

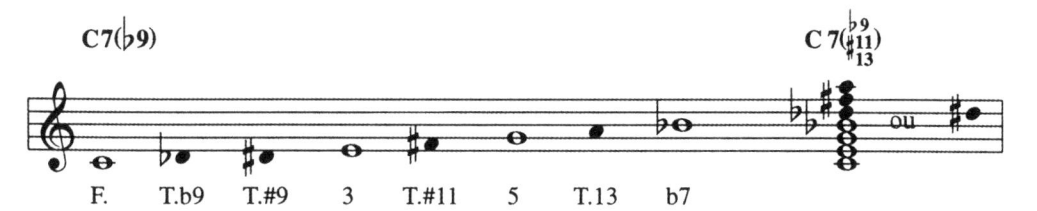

C7(b9)   C7(b9, #11, 13)

F.   T.b9   T.#9   3   T.#11   5   T.13   b7

Observação: Pode ser usado com nona menor ou com nona aumentada.

9) ***modo Alterado com 11 e 13*** - Serve como opção para os acordes **C7sus(b9)**, neste caso eliminando-se a terça maior, que passa a ser nota evitável:

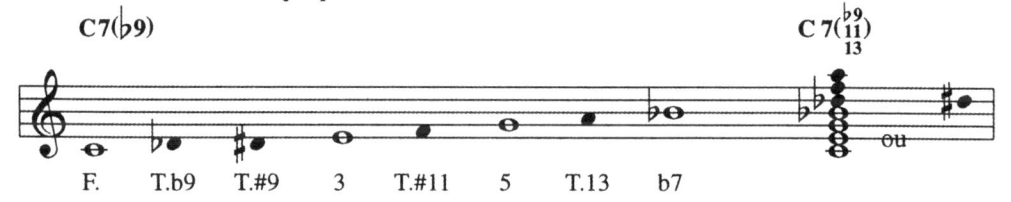

C7(b9)   C7(b9, 11, 13)

F.   T.b9   T.#9   3   T.#11   5   T.13   b7

Nota: Apesar de a cifragem colocada como décima primeira ser uma redundância, ela fica para lembrar a consideração que fizemos quando estudamos as tétrades com décima primeira e o acorde **7sus**.

10) ***modo Alterado com Tons Inteiros*** - Também conhecido em outros métodos como *Alterado*:

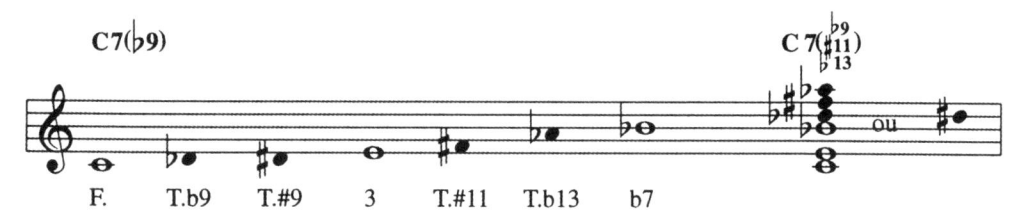

C7(b9)   C7(b9, #11, b13)

F.   T.b9   T.#9   3   T.#11   T.b13   b7

Observação: Como podemos observar, esse modo não contém a quinta, pois pelo fato de termos ao mesmo tempo décima primeira aumentada e décima terceira menor não há espaço para a utilização da quinta justa. No entanto, ela poderá ser usada se optarmos pela décima primeira aumentada ou décima terceira menor.
Devemos optar também entre a nona menor e a nona aumentada. Trata-se de um dos modos mais ricos e de vasta utilização como "tensão propositiva".

11) ***modo Tons Inteiros*** - Serve como opção para acordes **7(9)**:

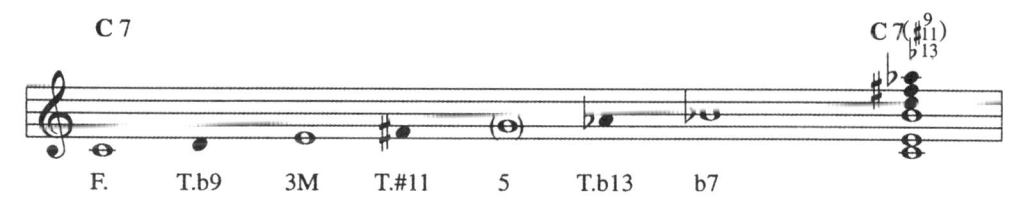

C7   C7(9, #11, b13)

F.   T.b9   3M   T.#11   5   T.b13   b7

Esse modo também possui uma quinta justa "fantasma", que pode, no entanto, ser utilizada desde que se faça uma opção entre a décima primeira aumentada e a décima terceira menor.

12) ***modo Diminuto*** - também conhecido como *tom-semitom*, pode ser usado para acordes diminutos em situações não-diatônicas ou como tensão proposital. Ver mais adiante.

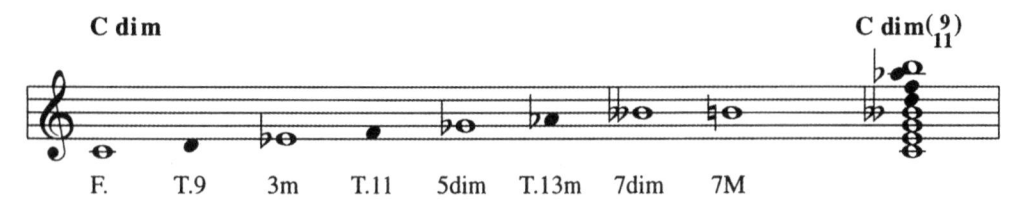

```
C dim                                          C dim(9/11)
F.   T.9   3m   T.11   5dim   T.13m   7dim   7M
```

A décima terceira menor é nota evitável nesses acordes.

13) ***modo Blues*** (Maior ou Menor) - dependendo do uso da terça.

Observação: Não poderíamos deixar de apresentar um modo com tão vasta utilização. O modo **Blues** serve como opção para diferentes situações, como veremos mais tarde.

```
C7   Cm7           C7   Cm7
V.   b3   4J   #4   5   b7
```

Nota: Em instrumentos temperados como o piano não podemos mostrar com eficiência o que se passa com o quarto grau do modo **Blues**, que na realidade é um modo pentatônico (cinco sons). Essas duas notas são apenas uma, que, com a variação de afinação *(pitch)*, pode passear por entre comas (subdivisão de um tom em nove diferentes gradações).

A Blue Note, como é chamada essa variação microtonal da quarta, é muito mais do que simplesmente uma ou duas notas, é muito mais do que nove comas. Elas representam uma cultura: a cultura **Blues**.

Conclusão:
A partir dos modos para situações não-diatônicas, poderemos chegar às seguintes conclusões sobre o uso das tensões para esses acordes:

1) Dórico	-	m7(9/11/6)
2) Lídio	-	7M(9/#11/6)
3) Melódico Ascendente	-	m7M(9/11/6)
4) Lídio b7	-	7(9/#11/13)
5) Lócrio 9	-	m7(b5/9/11/b6)
6) Mixolídio 13 menor	-	7(9/b13)
7) Lídio Aumentado	-	7M(#5/9/#11)
8) Alterado #11 e 13 (semitom-tom)	-	7(b9/#11/13) ou #9
9) Alterado 11 e b13	-	7(b9/11/b13) ou 9#
10) Alterado Tons Inteiros	-	7(b9/#11/b13) ou #9
11) Tons Inteiros	-	7(9/#11) ou b13
12) Diminuto (tom-semitom)	-	dim(9/11/b13)/7M
13) Blues	-	7 ou m7 (várias)

Observação: Como vimos, em situações diatônicas não somos obrigados a usar todas essas tensões.
Podemos fazer opções também para situações não-diatônicas.

Podemos, a partir de agora, com os conhecimentos adquiridos, escrever ou tocar um acorde tanto vertical quanto horizontalmente.

Dm7 (Dórico) verticalmente:

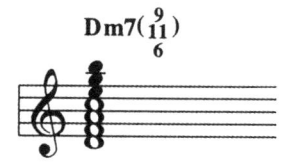

Dm7($^9_{11}$)
      $_6$

Dm7 (Dórico) horizontalmente:

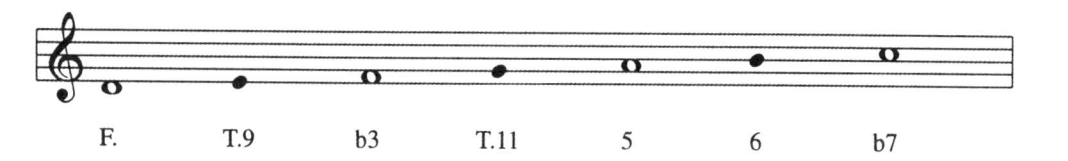

F.   T.9   b3   T.11   5   6   b7

Exercício 104: Escrever e tocar vertical e horizontalmente os seguintes acordes:

Fm7	-Dórico
D7M	-Lídio
Am7M	-Melódico Ascendente
Db7	-Lídio b7
Gm7(b5)	-Lócrio 9
E7	-Mixolídio b13
Eb7M(#5)	-Lídio Aumentado
B7	-Alterado #11 e 13
F 7sus(b9)	-Alterado 11 e b13
D7	-Alterado Tons Inteiros
A7	-Tons Inteiros
Bb dim	-Diminuto
F7	-Blues Menor
Em7	-Dórico
F# 7M	-Lídio
Dm7M	-Melódico Ascendente
F7	-Lídio b7
Am7(b5)	-Lócrio 9
D7	-Mixolídio b13
F7M (#5)	-Lídio Aumentado
C#7	-Alterado #11 e 13
A7	-Alterado Tons Inteiros
G #dim	-Diminuto
D7	-Blues

Observação: O aluno deverá atingir um ponto em que não existam barreiras para se construir vertical e horizontalmente qualquer acorde. Sendo assim, além dos exercícios adicionais que vamos sugerir, o estudante deverá praticar, depois da apresentação do quadro do emprego das tensões que daremos a seguir, com todos os acordes que encontrar nas músicas a serem pesquisadas.

Exercícios adicionais: 1) O professor cria possibilidades com acordes em situações não-diatônicas e substitutivas para que o aluno construa vertical e horizontalmente os acordes/modos com suas respectivas tensões.
2) O professor pergunta ao aluno, a partir do nome do modo, quais as tensões que poderão ser incorporadas ao acorde referente.

Exemplo: Quais as tensões que podem ser incorporadas a um acorde **G7** (Mixolídio com décima terceira menor)?

7ª AULA
utilização dos modos

Agora que estamos aptos a formar qualquer acorde vertical e horizontal, deveremos saber quando aplicá-los.
Sem necessidade de uma análise maior, criamos um resumo que a princípio deverá ser consultado pelo aluno e, mais tarde, totalmente assimilado através das pesquisas com músicas.
Convém dizer que este quadro cobrirá somente o básico, já que, adiante, apresentaremos mais possibilidades em termos de "tensão proposital", de uso muito eficiente como enriquecimento harmônico.
Mais tarde, com o estudo de rearmonização, tudo isso poderá ser ainda mais enriquecido.

TIPO DE ACORDE	MODO	USO
7M ou 6	a) Iônico	I7M (I grau do tom da armadura) bIII 7M (modo menor) I7M (I grau do tom da modulação)
	b) Lídio	Para qualquer outra ocasião (ver também tensão proposital)
m7 ou m6 *obs.:* m6 substituindo m7	a) Dórico	IIm7 (modo maior) IV m7 (modo menor) IIIm7 (modo maior) - que tenha perdido a diatonicidade VIm7 (modo maior) - que tenha perdido a diatonicidade Im7 (modo menor) - se a melodia passar por sexta maior para acorde m7 sem relação com a tonalidade (ver também tensão proposital)
	b) Frígio	IIIm7 (modo maior) - diatônico
	c) Eólio	VIm7 (modo maior) - diatônico
	d) Natural(Eólio)	Im7 (modo menor) - se a melodia passar por sexta menor
	e) Blues Menor	para acordes m7 quando se quiser dar uma característica Blues
m7(b5)	a) Lócrio b) Lócrio c/9	para qualquer m7(b5) quando a melodia passar por nona maior ou se quiser tensão proposital (ver tensão proposital)

m7M - m6 Obs.: m6 substituindo m7M	a) Melódico Ascendente	para qualquer caso (ver também tensão proposital)
7M(#5)	a) Lídio Aumentado	para qualquer caso (ver também tensão proposital)
7	a) Mixolídio	V7 antecedendo I7M ou I6 V7 sucedendo IIm7 V7 antecedendo outro V7 (Ex.: G7 - C7 - F7 etc.)
	b) Alterado de V	V7 antecedendo Im7 ou Im6 ou até Im7M V7 sucedendo IIm7(b5) ou IVm7 Obs.: normalmente o **V7** vem acompanhado de b9.
	c) Alterado (outros)	V7 antecedendo ou sucedendo os casos acima, ou quando se quiser tensão proposital (ver também tensão proposital)
	d) Mixolídio b13	se o acorde ou melodia contiver(em) nona maior e/ou b13. Muito usado para **V7(9/b13)** antecedendo I7M (ver também tensão proposital)
	e) Lídio b7	para acordes 7 que não forem de V grau e que não contenham b9 ou #9. (ver também tensão proposital)
	f) Tons Inteiros	para acordes 7(#5) com nona maior (ver tensão proposital)
	g) Blues	para acordes 7 quando se quiser dar uma característica Blues.
	h) Alterado com Tons Inteiros	para acordes 7(#5) ou 7(b5) com b9 ou #9 (ver tensão proposital) Obs.-1) #5 pode ser b13 - 2) b5 pode ser #11
Dim	a) Dim de VII	se o acorde for de VII grau (um semitom abaixo do acorde seguinte) Obs.: geralmente este acorde substitui o V7 em tonalidades menores.
	b) Diminuto	para qualquer outro caso (ver tensão proposital)

Antes de iniciarmos a pesquisa com músicas, devemos considerar alguns pontos:

a) A melodia é muito importante para decidirmos entre um modo e outro.

b) Os acordes **V7** normalmente têm duas interpretações: uma em relação ao acorde anterior e outra em relação ao acorde posterior, pois, às vezes, sucedem um acorde de **II** grau mas não antecedem um de **I** grau. Às vezes, por exemplo, um **V7(b9)** pode anteceder um **I7M** etc.

Exemplo: Numa seqüência como a que apresentamos a seguir, o acorde **V7** pode ser **Mixolídio** em relação ao anterior, porém **Lídio b7** em relação ao posterior:

    Dm7   G7   Ab 7M

          Mixolídio   **Lídio b7**

Vejamos agora um outro exemplo:

   Dm7 (b5)   G7   C7M

       Alterado de V **Mixolídio**

  No exemplo acima, **G7** em relação ao acorde anterior é **Alterado de V**, mas em relação ao posterior é **Mixolídio.** Portanto, uma boa opção para esse caso seria o modo **Alterado com #11 e 13.**
  Situações como essas são muito comuns. O fato de acordes **7** poderem absorver maior variedade de tensões nos dá chance, portanto, de escolher mais de uma possibilidade. Ver adiante tensão proposital.

c) O acorde com baixo trocado deverá ser interpretado, para efeito de indicação de modo a ser usado, como se não tivesse baixo trocado, ou seja, a inversão não modifica o modo.

Exemplo: **G/F** deve ser interpretado como **G7**. **Eb/Db**, interpretado com **Eb7**. No caso de acordes com baixo trocado sobre notas que não são da tríade ou da tétrade, deverão ser interpretados de acordo com o acorde com o qual se confunde.

Exemplo: **A/D** pode ser confundido com **D7M(9)**.

  Portanto, o acorde acima deverá ser interpretado simplesmente como **D7M(9)**, que poderá ser Iônico ou Lídio (consulte a tabela).

Exercício 105: Dizer quais são os modos para os acordes abaixo, considerando cada trecho. Escreva e toque vertical e horizontalmente cada acorde/modo.

Observações: a) não considere tensão proposital por enquanto.

       b) não considere melodia como elemento determinante de opção por um ou outro acorde/modo.

Dó maior
1) C7M | Am7 | Dm7 | G7 ||

Lá maior
2) A7M | A# dim | Bm7 | B dim | Cm7 | Fm7 | B7 | E7 | A7M ||

Fá maior
3) F7M | Gm7 | Am7 | Bb7M ||

Mi menor
4) Em7 | F#m7(b5) | B7 | Em7 ||

Si menor
5) Em7 | F#7 | Bm7 | C7 | Bm7 ||

Sib maior
6) Bb7M | Eb7M | F7 | Bb7M | Gm7 | Cm7 | Am7(b5) | Bb7M ||

Sol maior
7) G7M | C7M | Bm7 | E7 | Am7 | D7 | G7 | C7M | F#m7(b5) | G7M ||

Mi maior
8) G#m7 | G7 | F#m7 | F7 | E7M ||

Dó menor
9) Dm7(b5) | G7(b9) | Cm7 | Ab7 | Cm7 ‖

Lá menor
10) Bm7(b5) | E/D | Am7/C | Dm7 | G# dim | Am7M ‖

Dó maior
11) C7M | Dm7/C | Gm7/C C7(b9) | F7M(#5) | Fm7 | Em7 | A7/C# | D/C | G7 | C7M ‖

Exercício adicional: O professor cria seqüências para que o aluno continue a pesquisar sobre utilização dos acordes/modos.

Prática: Pesquisar sobre os acordes/modos utilizados em vinte músicas de diferentes estilos.

Observação: NÃO CONSIDERE POR ENQUANTO TENSÃO PROPOSITAL.

Importante! Escrever e tocar vertical e horizontalmente os acordes/modos.

8ª AULA
utilização dos modos - tensão proposital

Normalmente não somos obrigados a usar somente os acordes/modos determinados em nossa tabela.
Existem possibilidades que, se usadas com bom gosto, podem enriquecer uma passagem harmônica de tal modo que causam o que chamamos de **tensão proposital.**
Essas tensões propositais podem ser apenas o resultado de troca de uma das notas do modo referente àquela situação. Ou às vezes de um modo/acorde por completo.
Chegamos assim à fronteira da rearmonização, que, por sua vez, faz fronteira também com o arranjo. E por falar em fronteiras, convém considerar, mais uma vez, que o estudo das tensões e dos modos também consiste em fronteira da Improvisação.
Chegou o momento em que podemos fazer incursões em uma ou outra matéria.
No entanto, seguiremos mais um pouco no estudo da Harmonia.
Vejamos alguns exemplos do uso de tensão proposital.
É importante considerar que a melodia será importante para decidirmos entre uma ou outra possibilidade.

1) *Lídio substituindo Iônico em I7M* propicia o uso da décima primeira aumentada para acordes daquele tipo.

2) *Lócrio com nona maior substituindo Lócrio* (mesmo em acordes que não possuam nona maior ou mesmo que a melodia não passe por dito intervalo-tensão).

3) *Dórico substituindo Frígio ou Eólio* propicia uso de todas as notas de tensão (**6, 9, 11**).

4) *Diminuto substituindo Diminuto de VII* propicia o uso da nona maior e da décima primeira.

5) *Melódico ascendente substituindo Dórico* propicia o uso da sétima maior, transformando o acorde em **m7M.**

6) *Lídio aumentado substituindo Iônico ou Lídio* propicia o uso da décima primeira aumentada e da quinta aumentada no primeiro caso, e propicia o uso da quinta aumentada no segundo caso. Os acordes passam, por conseguinte, a ser cifrados **7M (#5).**

Para os **Modos de V** grau temos mais possibilidades por se tratar de um grau que pode acolher maior número de tensões.

7) Para **Mixolídio**, temos as seguintes substituições:

1) **Alterado com #11 e 13**
2) **Tons Inteiros**
3) **Lídio b7**
4) **Alterado com Tons Inteiros**
5) **Alterado com 11 e 13**
6) **Mixolídio com b13**

Observação: Cada um desses modos pode ser substituído pelos outros, desde que a melodia permita.

8) Para **Alterado de V**, podemos usar as seguintes substituições:

1) **Alterado com #11 e 13**
2) **Alterado com Tons Inteiros**
3) **Alterado com 11 e 13**
4) **Lídio b7** deixa de ser (b9 ou #9)

Observação: Cada um dos modos/acordes acima pode ser substituído pelos outros, desde que a melodia permita, naturalmente.

Observação: As outras possibilidades usadas como substituições causadoras de tensão proposital para V7 **Mixolídio** podem também ser usadas como substituições para V7 **Alterado de V,** porém a **b9** e/ou **#9** substituídas por nona maior. Por isso, deveremos usá-las com cautela. Não são aconselháveis em Harmonia.
Acordes com baixo trocado poderão usar também tensão proposital com os critérios já colocados anteriormente.

Exercício 106: Vistas as possibilidades causadoras de tensão proposital, fazer substituições de acordes no mínimo em vinte músicas, escrevendo e tocando vertical e horizontalmente os acordes/modos.

Observação: Esse trabalho deverá ser repetido até o final do nosso estudo, visto que completa a rearmonização.

9ª AULA
acordes baseados nos modos (parte III)

Podemos tirar bom proveito dos modos aplicáveis a cada tipo de acorde, se considerarmos que formatos melódicos/harmônicos afastados podem, combinados com acordes básicos usados na mão esquerda, criar possibilidades bem amplas.

Acordes básicos são tríades, tétrades e tétrades com tensões que já vimos ao tratar estes assuntos nas respectivas etapas.

Uma tríade aberta: Possibilidades com II - V:

F7M   D m7   G 7

Uma tétrade fechada na posição fundamental ou invertida:

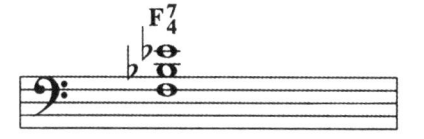

Ou, se contarmos com algum outro instrumento (por exemplo: guitarra ou contrabaixo) desempenhando o papel da "linha do baixo", poderemos usar uma tétrade ou tríade com tensão.

E para a mão direita, os formatos afastados baseados nos modos:

Outras sugestões para formatos simétricos que devem ser lidos de baixo para cima:

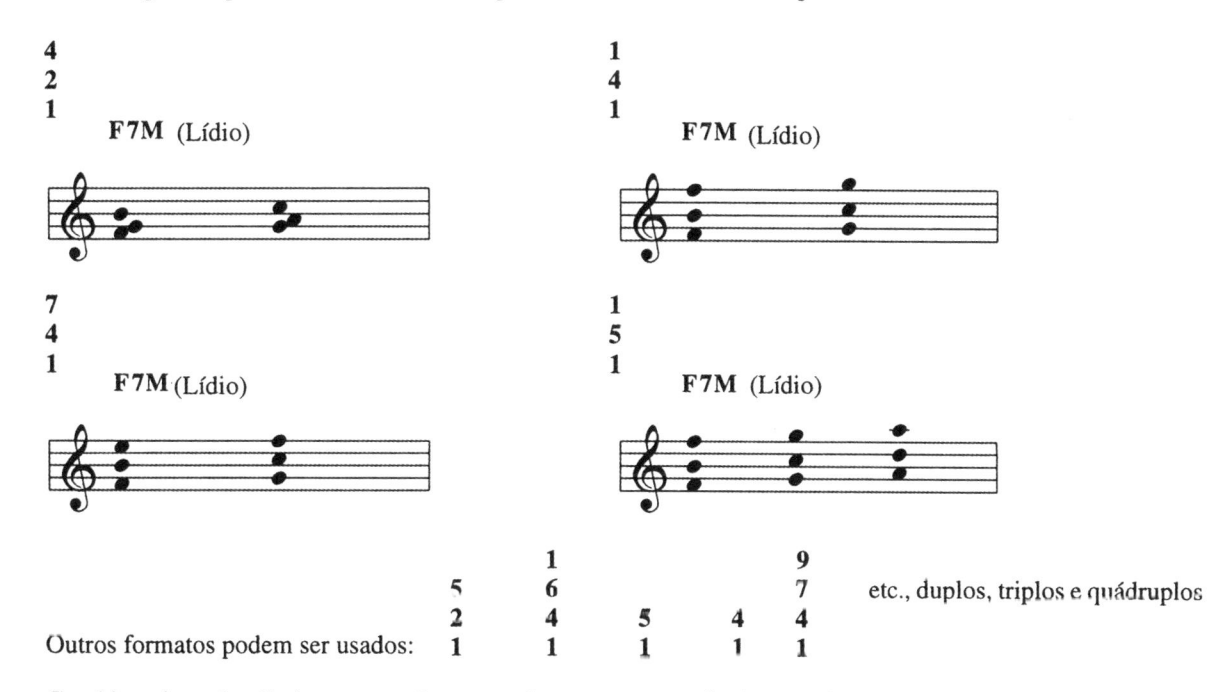

Outros formatos podem ser usados:

	1		9	
5	6		7	etc., duplos, triplos e quádruplos
2	4	5	4	4
1	1	1	1	1

Combinando mão direita com mão esquerda temos então *"voicings"* interessantíssimos, seja tocando-os simetricamente ou não:

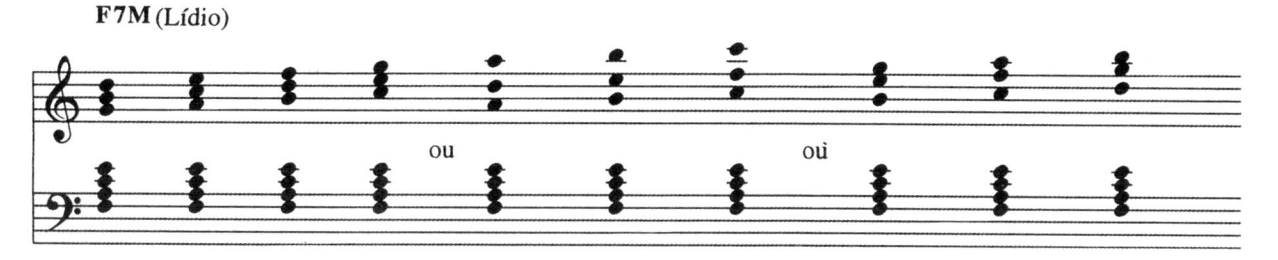

Mesmo que não sejam necessariamente em blocos:

F 7M (Lídio)

ou que não sejam de forma simétrica ou tenham o mesmo número de notas:

F 7M (Lídio)

Observação: Não confunda números de graus com dedilhados.
Todos os estilos dados podem funcionar com essa modalidade harmônica sofisticada.
Se contarmos com alguém tocando a "linha de baixo", podemos usar os formatos simétricos e mesmo os formatos irregulares na mão esquerda:

Observação: a região média é a mais apropriada.

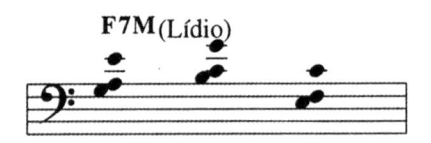

F 7M (Lídio)   **F 7M** (Lídio)

ou

E essa modalidade é muito funcional para estilos jazzísticos, como por exemplo **Swing**, **Bossa Nova** etc.

Bossa Nova:

F 7M (Lídio)   **G 7** (Lídio b7)

etc.

Mesmo não usando formatos repetidos:

F7M (Lídio)

[sheet music example]

Vamos dar um exemplo que mostra a eficência dessa técnica harmônica, usando blocos (parte III) para solo:

Todo Dia
de Antonio Adolfo e Xico Chaves

[sheet music excerpt]

Observação: Para formatos paralelos simétricos, assentam melhor os acordes/modos que não tenham notas evitáveis como, por exemplo, Dórico, Lídio etc.

Exercício 107: Usando os formatos paralelos simétricos para a mão direita e uma simples tétrade para a mão esquerda, escreva e toque em blocos os seguintes acordes/modos:

Observação: utilizar combinações duplas, triplas e quádruplas (no mínimo duas de cada).

    Dm7 (Dórico)   Fm7M (Melódico Ascendente)
    A7M (Lídio)   Bm7 (b5) (Lócrio com 9)
    G7 (Lídio b7)   Db7 (Tons Inteiros)
    C7M (#5) (Lídio Aumentado)

Exercício adicional: O professor cria outras possibilidades para que o aluno escreva e toque com formatos paralelos e simétricos os acordes/modos.

Exercício 108: Escrever e tocar, com formatos não-simétricos para a mão direita e simplesmente uma tétrade ou tríade na mão esquerda, os seguintes acordes/modos:

Dm7 (Frígio)
Am7 (Eólio)
G7M (Iônico)
Em7(b5) (Lócrio)
F7 (Mixolídio)
B7 (Alterado de V)

F#7 (Alterado com #11 e 13)
A7 (Alterado com Tons Inteiros)
E7 (Alterado com #11 e 13)
D#7 (Diminuto de VII)
Ab dim (Diminuto)

Exercício adicional: O professor cria situações semelhantes às do exercício anterior para que o aluno escreva e toque com formatos não-simétricos os acordes/modos.

Exercício 109: Tocar com a mão esquerda os acordes/modos dados nos exercícios referentes a acordes (blocos) baseados nos modos (parte I) com formatos simétricos e não-simétricos.

Prática: Usar em solos e em acompanhamentos a técnica harmônica dada nessa etapa em vinte músicas.

Sugestões 1) O aluno pode usar trechos como solo imaginando que teria um baixista ou guitarrista acompanhando (linha do baixo).

2) trechos usando, por exemplo, os acentos de **Bossa Nova** e **Swing** como acompanhamento.

Observação: Cada música deverá ter o uso dos acordes/modos pesquisados antes de serem interpretados (tocados).

10ª AULA
rearmonização

A rearmonização é um dos estudos mais importantes em Harmonia e também em Arranjo. Observando-se as características harmônicas de cada estilo musical, podemos facilmente transformar uma música. É preciso entender que às vezes um compositor já compõe rearmonizando. Muitas vezes são músicas de melodia e harmonia muito simples que ficam camufladas por uma vestimenta harmônica sofisticada.

Vejamos um exemplo:

Corcovado, de Tom Jobim (harmonia criado pelo autor).

pode ser uma rearmonização para:

D m7   **G 7**

Sabendo disso, poderemos simplificar uma harmonia e até transformar o estilo da composição, considerando que harmonias sofisticadas ou simples são características diferentes de cada estilo. Por exemplo, normalmente a **Bossa Nova** ou o **Jazz** (Swing) apresentam harmonias sofisticadas. O mesmo ocorre com o **Samba-Canção** ou uma **Toada Moderna**. Já estilos como o **Blues, o Rock** ou a **Balada 12/8** normalmente apresentam como características harmonias simples. Por outro lado podem ser ricos em ornamentos.

Um dos segredos para um bom arranjo é se criar uma boa harmonia para uma música. E, para realizarmos uma boa rearmonização, devemos considerar seis técnicas básicas:

a) Substituição dos acordes sem mudar o sentido harmônico.

1) Substituições por acordes diatônicos de uma tonalidade maior ou tonalidade menor. Esse tipo de substituição independerá da melodia.

I substituído por III e vice-versa

Tonalidades Maiores: I7M substituído por IIIm7

                                   IIIm7 substituído por I7M

Tonalidades Menores: Im7 substituído por bIII7M

                                   bIII7M substituído por Im7

Observação: podemos incluir nessa modalidade a substituição por acordes com baixo trocado, como por exemplo **C7M/E** substituindo **C7M** ou **Cm7/Bb** substituindo **Cm7** e vice-versa.

II substituído por IV e vice-versa

Tonalidades Maiores: IIm7 substituído por IV7M

                                     IV7M substituído por IIm7

Tonalidades Menores: IIm7(b5) substituído por IVm7

                                   IVm7 substituído por IIm7(b5)

Observação: podemos incluir nessa modalidade a substituição por acordes com baixo trocado como por exemplo **Dm7/F** substituindo **Dm7** ou ainda **Dm7(b5)/F** substituindo **Dm7(b5)** e vice-versa, **Dm7/A** ou **Dm7/C** substituindo **Dm7**, **Dm7(b5)/Ab** ou **Dm7(b5)/C** substituindo **Dm7(b5)** e vice-versa.

V substituído por VII e vice-versa

Tonalidades Maiores: V7 substituído por VIIm7(b5)

                                   VII7(b5) substituído por V7

Tonalidades Menores: V7 substituído por VII dim

                                   VII dim substituído por V7

Observação:
     1) Podemos incluir nessa modalidade a substituição por acorde com baixo trocado como por exemplo **G7/B** ou **G7/D** ou **G7/F** substituindo **G7** ou ainda **G7(b9)/B**, **G7(b9)/D**, **G7(b9)/F** substituindo **G7** e vice-versa.
     2) É muito comum e aceitável como substituição diatônica o tipo de substituição feita através de **empréstimo modal,** para os acordes de **V** ou de **VII**. Por exemplo, **VII dim** substituindo **V7** em tonalidade maior.

Exercício 110: Rearmonize e toque (usando substituição diatônica) os acordes marcados por asterisco (*) nas seguintes sequências:

Dó maior	Dm7	G7*
Fá maior	Gm7*	C7
Ré maior	G7M*	A7
Si b maior	F7*	Bb7M
Sol menor	Am7(b5)	D7*
Si maior	Em7*	F#7
Lá menor	Am7*	E7
Fá# maior	Gm7	A#m7*
Dó menor	Fm7*	G7
Lá maior	Bm7	E7*
Lá maior	Bm7*	E7
Mi menor	Em7*	Am7
Mi menor	Em7	Am7*
Sol maior	C7M*	D7
Sol maior	C7M	D7*

Exercício adicional: 1) O professor cria outras possibilidades para que o aluno substitua (rearmonize) os acordes diatônicos.

b) Outras substituições sem mudar o sentido harmônico.

Para essa modalidade de rearmonização, as notas da melodia são importantes para decidirmos entre um acorde e outro.

As possibilidades mais usadas são:

Para acorde de II grau:	**Exemplo em Dó**
Substituição por II7	D7
Substituição por bVI7(#11)	Ab7(#11)
Substituição por IIm7(b5)	Dm7(b5)
Substituição por bVI7M(#11)	Ab7M(#11)
Substituição por VIm6	Am6
Substituição por #IVm7(b5)	F#m7(b5) e vice-versa

Observaçao: Possibilidades com baixo trocado devem ser consideradas. Considere também baixo-pedal.

Para acorde de V grau *(o mais rico em possibilidades)*	**Exemplo em Dó**
Substituição por bII7(#11)	Db7(#11)
Substituição por V7 sus	G7 sus
Substituição por V7 sus (b9)	G7 sus (b9)
Substituição por bII7M(#11)	Db7M(#11)
Substituição por bVI dim	Ab dim
Substituição por bVIm6	Abm6
Substituição por IIm6	Dm6
Substituição por II dim	D dim e vice-versa.

Observação: Possibilidades com baixo trocado e com baixo-pedal devem ser consideradas.

Para acorde de I grau:	**Exemplo em Dó**
Substituição por I dim	C dim
Substituição por I7	C7
Substituição por V6	G6
Substituição por Vm6	Gm6 e vice-versa.

Observação: Possibilidades com baixo trocado e com baixo pedal devem ser consideradas.

Para acorde de VI grau *(tonalidades maiores)*	**Exemplo em Dó**
Substituição por bIII dim	Eb dim
Substituição por bIII7	Eb7
Substituição por VI7	A7
Substituição por bIII7(9)	Eb7(9)
Substituição por bVIIm6	Bbm6
Substituição por bVII dim	Bb dim e vice-versa.

Observação: Possibilidades com baixo trocado e com baixo-pedal devem ser consideradas.

Exercício 111: Rearmonize, usando a modalidade que acabamos de ver, os acordes marcados com asterisco. Use o maior número de possibilidades que encontrar, não se esquecendo de que as notas da melodia deverão ser consideradas. Toque no teclado.

1) G m7*   C 7   F7M*   F7M

2) G7M   G 7*   C7M

3) C7M   F7M*   C7M

4) C7M   A m7*

5) D m7   G 7 *   C7M

Exercício adicional: O professor extrai de músicas trechos para o aluno rearmonizar usando **outras substituições sem mudar o sentido harmônico**.

c) Enriquecimento dos acordes com notas de tensão.

Para essa modalidade, bem como para outras modalidades de rearmonização que daremos a seguir, é muito importante o conhecimento sobre o uso dos modos e sobre tensão proposital.

Por isso, antes de mostrarmos os exemplos sobre o enriquecimento dos acordes com notas de tensão, teremos que fazer o seguinte exercício:

Exercício: Indique todos os acordes possíveis para cada fragmento melódico. Toque cada possibilidade.

Essa modalidade de rearmonização é muito eficaz quando queremos transformar, por exemplo, uma música de característica **Pop** em **Canção Jazzística**, ou um antigo **Samba** numa **Bossa Nova**. Consiste em, com base no uso dos modos, adicionar tensões decorrentes desses modos. O uso das tensões propositais é também de grande eficiência nessa modalidade.

Imaginemos um encadeamento **II-V-I-VI** em que os acordes estejam cifrados **Dm7-G7-C7M-Am7**. Podemos enriquecer esses acordes usando as notas de tensão baseados nos modos. Então teremos:

Dm7(9) - G7(9/13) - C7M(9) - Am7(9).

Se quisermos adicionar tensão proposital, poderemos ter:

Dm7M(9) - G7(b9/b13) - C7M(#5/9) - Am7M(9/11)

Partindo desses princípios, poderemos rearmonizar enriquecendo os acordes através do uso de notas de tensão.
Convém estar atento, no entanto, à melodia para que não haja choque entre a mesma e os acordes. Consulte capítulo referente a "tensão proposital".

Exercício 112: Rearmonizar e tocar no teclado, enriquecendo os acordes com notas de tensão, os fragmentos abaixo:

Nota: adicione notas de tensão para tantos acordes quanto possível.

2)
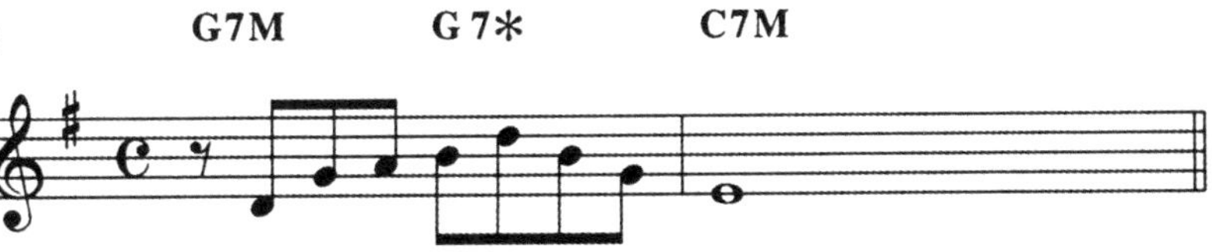

3)
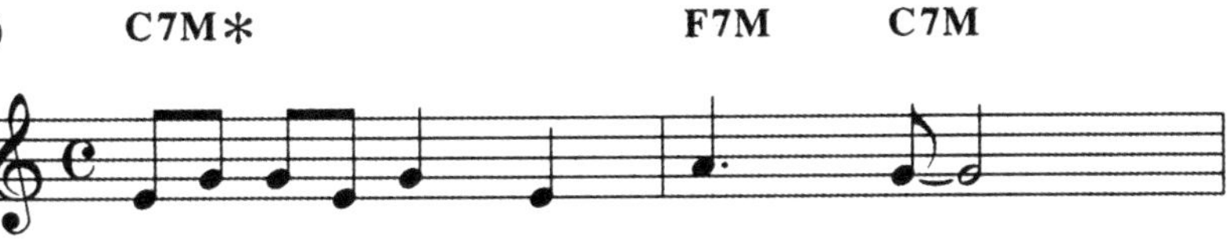

4)
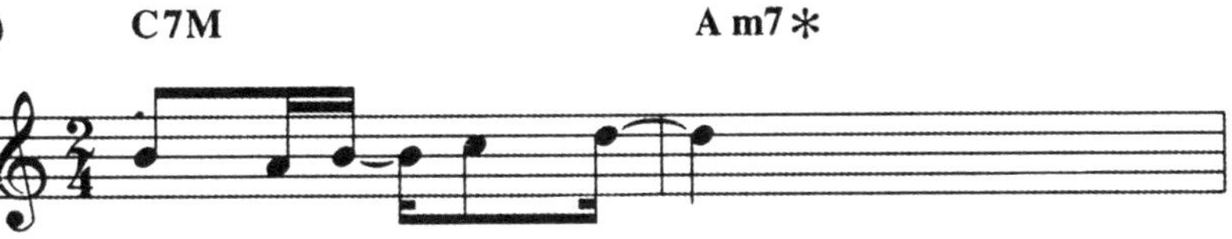

5)
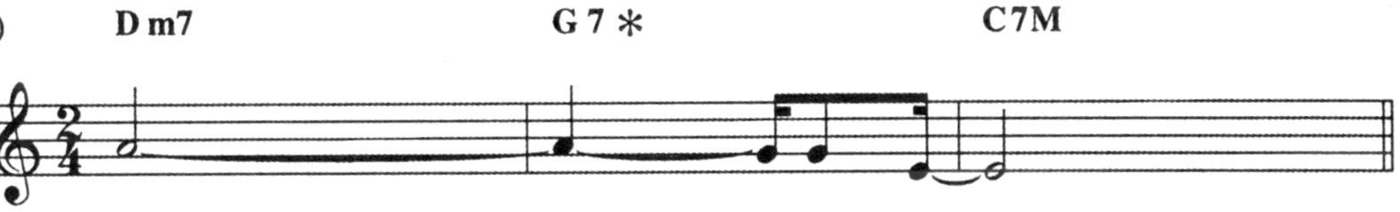

6)
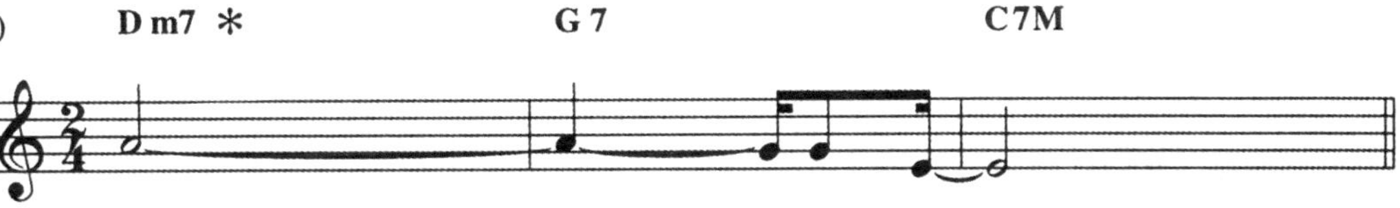

7)
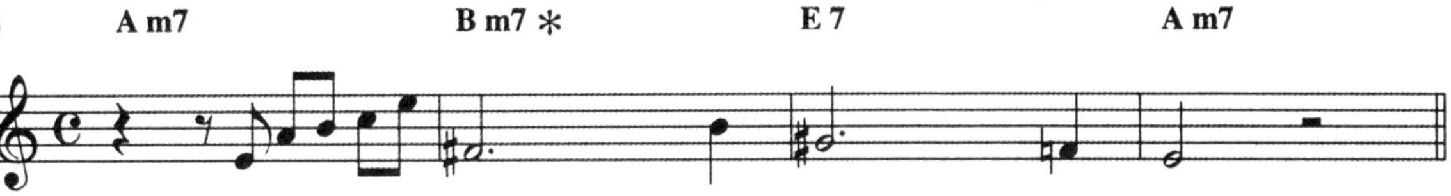

8)
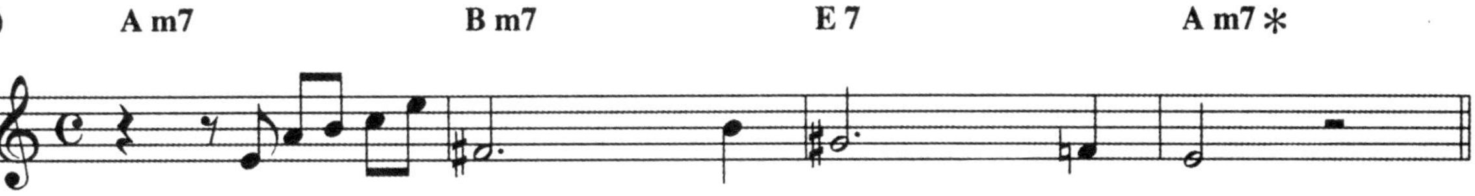

9)
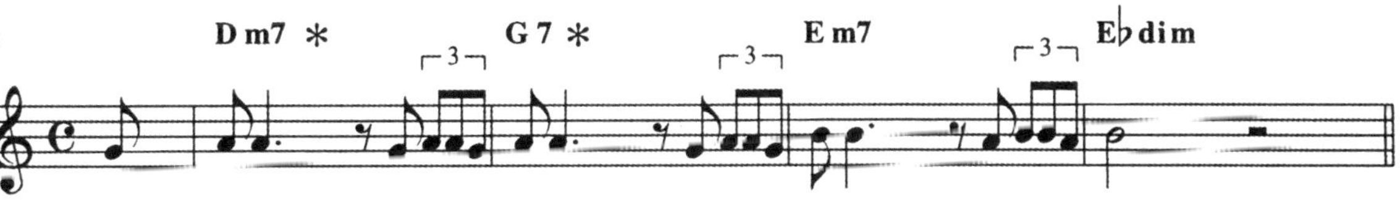

10)
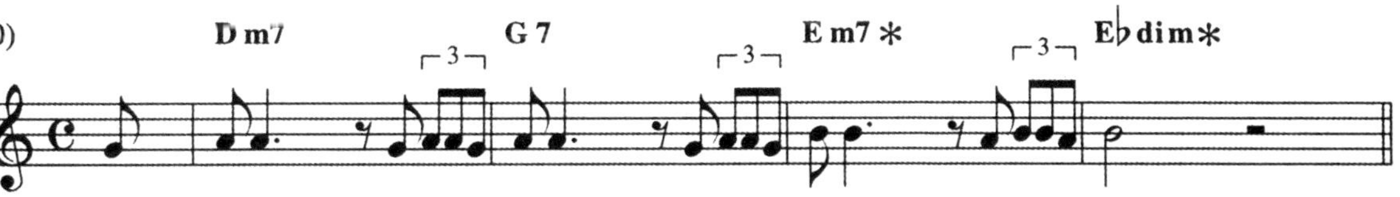

11)
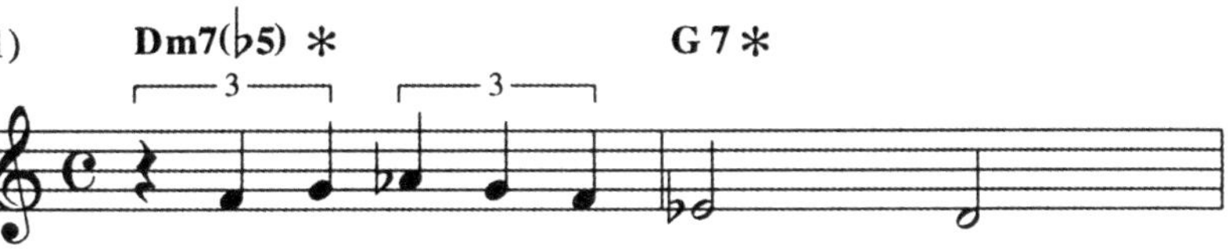

12) Dm7   G7 ✶   C7M   Am7

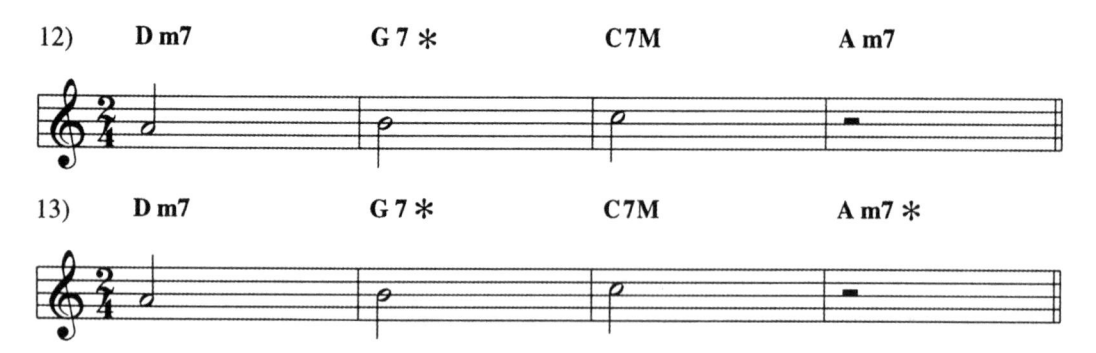

13) Dm7   G7 ✶   C7M   Am7 ✶

Exercício adicional: O professor cria outras possibilidades para que o aluno rearmonize usando essa mesma técnica.

d) Adição de acordes intermediários - acordes de passagem.

Essa modalidade consiste em adicionarmos acordes intermediários entre um acorde e outro. Neste caso, é importante o papel melódico do baixo como ligação entre os graus.

1) *O baixo poderá caminhar por direção ascendente*:

Exemplo:
(Fragmento não- rearmonizado)

Dm7   G7

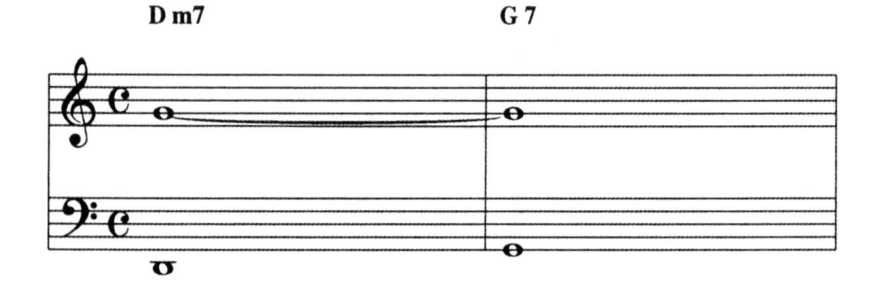

Rearmonização:

Dm7   Em7   F7M   G7

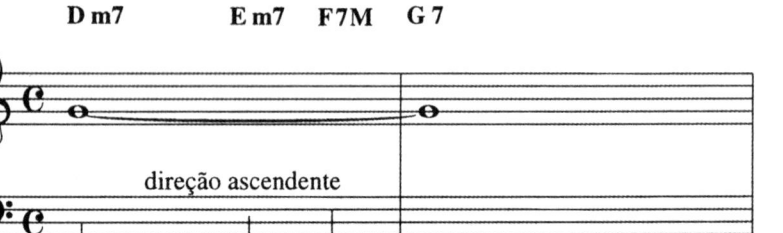

direção ascendente

2) *O baixo poderá caminhar por direção descendente:*
(Fragmento não- rearmonizado)

Dm7   G7

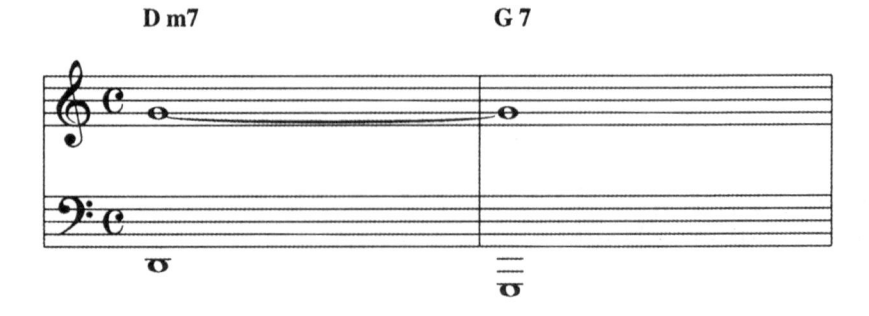

Rearmonização:

D m7   A m7   Ab7M   G 7(13)

direção descendente

3) *O baixo poderá caminhar em sentido cruzado:*

D m7   F 7   Bb7(13)   G 7

sentido cruzado

Essa modalidade de rearmonização é possível e efetiva mesmo para situações onde encontrarmos melodias com ritmo mais ativo:

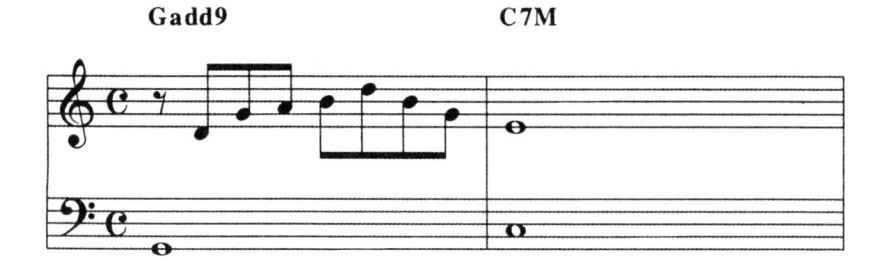

G add9   C 7M

Rearmonização:

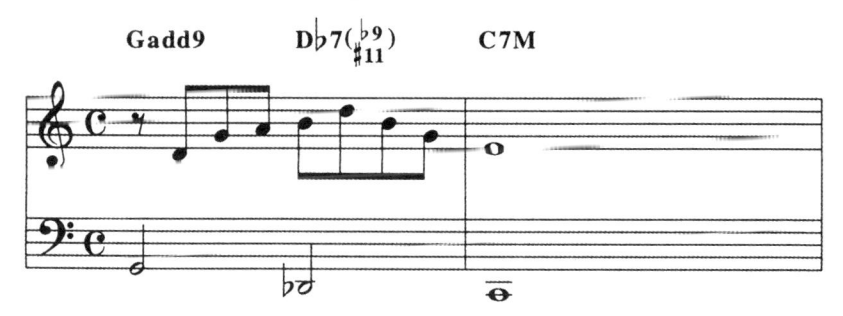

G add9   Db7(b9/#11)   C 7M

No exemplo acima, a seqüência de notas **Si-Ré-Si-Sol** e mais o fato de sabermos que **Db7** é substituto de **V7** nos levaram a optar por **Db7(b9/#11)**.

Poderíamos também ter optado por:

Gadd9   **Gadd9/B**   **C7M**

ou por:

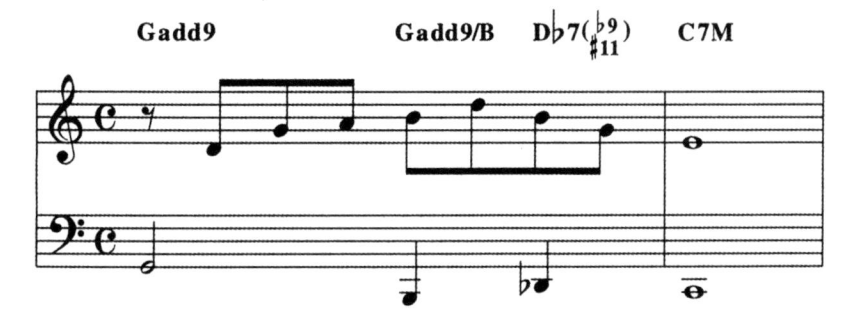

Gadd9   **Gadd9/B**   **Db7(b9/#11)**   **C7M**

Exercício 113: Rearmonizar, adicionando acordes intermediários, somente onde estiver marcado com asterisco (*).

Nota: A seta indica que o acorde anterior deverá ser deslocado para adiante (exatamente para o lugar onde se localiza a ponta da seta).

1) **Am7** *   **E7** *   **Am7** *   **Am7** *

2) **G7**   **C7M** *   * **A7** ⟶   **Dm7** *

   * **E7** ⟶   **Am7** *   * **D7** ⟶   * **G7** ⟶ *

3) **C7M** *   * **A7** ⟶   * **Dm7** ⟶ *   * **G7**

4) **C7M** *   **Dm7** *   * **G7** ⟶   **C7M** *

6)   C m7   *   * F 7 ——>   * B♭ ——————————>   *

Exercício adicional: O professor extrai fragmentos de músicas e cria trechos em que a modalidade de rearmonização usando acordes intermediários possa ser aplicada.

e) Substituição dos acordes mudando o sentido harmônico.

Para esta técnica consideramos principalmente que, se uma nota ou fragmento melódico corresponder a um acorde ou a alguns acordes, rearmonizamos sem nos preocupar com o sentido harmônico. Ou seja, sem nos preocupar com que os acordes cumpram aquelas funções: **II, V, I,** substitutos etc.

Vejamos um exemplo:

D m7   G 7   C7M

Rearmonizado:

D 7M   B m7   A 7M

Como podemos notar no exemplo anterior, o sentido harmônico fica totalmente mudado propiciando um colorido bem diferente e de grande sofisticação.

Exercício 114: Rearmonizar os trechos abaixo, mudando o sentido harmônico mediante troca dos acordes marcados por asterisco:

1)   D m7   G 7   C7M *

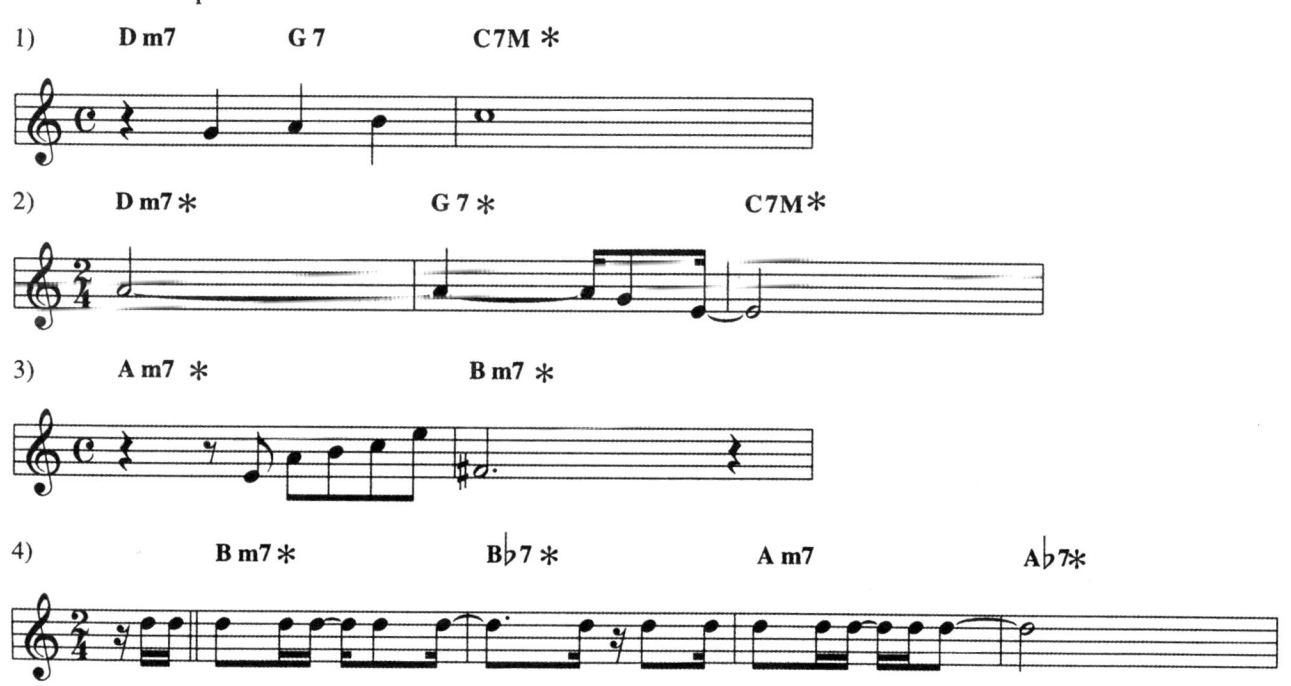

2)   D m7 *   G 7 *   C7M *

3)   A m7 *   B m7 *

4)   B m7 *   B♭7 *   A m7   A♭7 *

5) G7*   C7M*   A7*   Dm7*

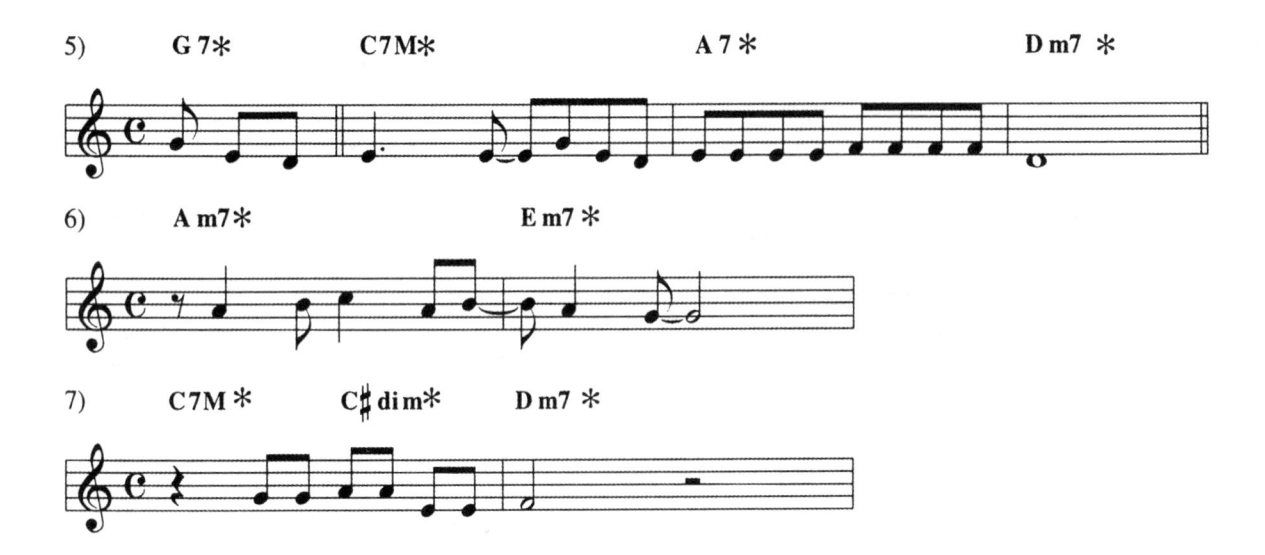

6) Am7*   Em7*

7) C7M*   C#dim*   Dm7*

Exercício adicional: O professor extrai de músicas trechos pequenos para serem rearmonizados pelo aluno, usando mudança de sentido harmônico.

f) Uso de um acorde para cada nota.

É uma técnica de rearmonização muito eficiente quando se quer dar sofisticação harmônica a trechos melódico-harmônicos não muito ativos.
Vejamos um exemplo:

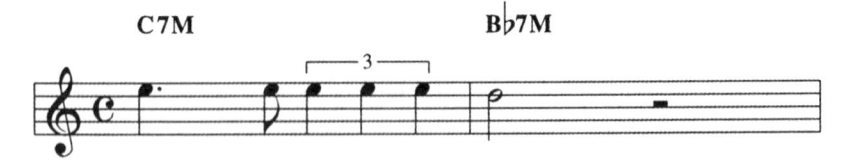

C7M   Bb7M

Rearmonizado, usando-se um acorde para cada nota, pode ficar assim:

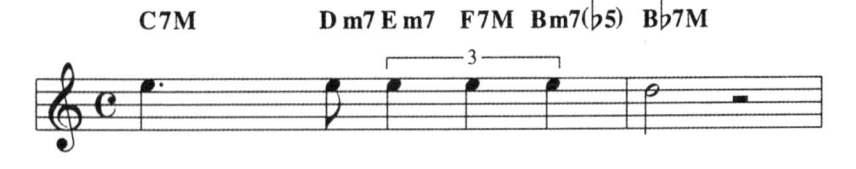

C7M   Dm7 Em7   F7M Bm7(b5)   Bb7M

Outro exemplo:

Dm7(b5)   G7   Ab7(#11)

Rearmonizado:

Dm7 C#m7 Cm7 Bm7 Bbm7 Am7 Abm7 Gm7   Ab7(#11)

Para essa técnica é muito importante o caminho melódico do baixo. É muito comum, e eficaz, o baixo caminhar em direção oposta à melodia:

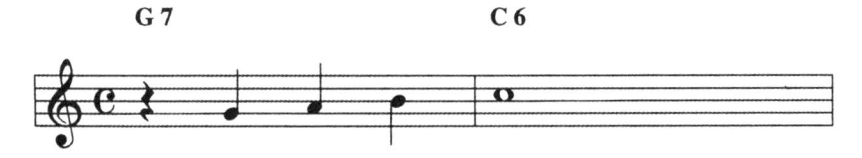

Rearmonizado:

Exercício 115: Rearmonizar os fragmentos a seguir, usando um acorde, para cada nota. Substituir o acorde escrito só onde tiver asterisco por quantas forem as notas de fragmento.

1) G7 * * * C7M

2) C7M * * * Dm7

3) Dm7 * * * * * G7

4) Cm7 * * * D7 *

5) E7 * * * * * Am7 *

6) Am7 * * * F7M *

7) A m7 * * * * * B m7 *

8) C 7M * * * G 7M

9) C 7M * * * F 7M *

Exercício adicional: O professor extrai fragmentos de músicas ou cria outros para que o aluno rearmonize, usando um acorde para cada nota.

g) Combinação das seis técnicas dadas.

Esta é a maneira "profissional" de se rearmonizar.

Lembramos, porém, que o aluno deve usar de bom gosto para obter bons resultados.

Enquanto estamos nos exercitando, podemos exagerar, mas quando estivermos criando um arranjo "para valer", é preciso certa parcimônia. Existem músicas que, por estarem bem construídas harmonicamente, não devem ter sua harmonia mexida. Nesses casos, convém, como exercício, simplificar a harmonia. De uma coisa podemos estar certos: o aluno que dominar bem essa matéria já terá dado um grande passo em direção a ser um bom arranjador.

Exercício 116: Combinando as seis modalidades dadas, rearmonize vinte músicas de diferentes estilos.

Exercício adicional: O professor escolhe músicas diferentes para que o aluno as rearmonize simplificando-as.

REPERTÓRIO ADICIONAL

A considerar:
1) Hoje em dia a fusão de estilos típicos com o Pop.
2) A possibilidade de uma música, originalmente num estilo, poder ser transformada, através de arranjo, (mudança de ritmo, harmonia, modalidade etc) em estilo totalmente diferente.
3) Alguns Songbooks denominam estilos específicos para certas músicas. Mas, na essência, ou os próprios autores ou outros, não determinam corretamente o estilo apontado.
4) Algumas dessas músicas, no entanto, podem ser tocadas com os estilos sugeridos neste livro.
5) Conforme novos lançamentos da Lumiar Editora, ou de outras importantes editoras, estiverem no mercado, adicionaremos um número maior de músicas.
6) Existem músicas nos Songbooks não apropriadas para piano-solo, e sim para voz e violão. Porisso, deixamos escapar algumas grandes canções de hoje e de sempre.

Algumas sugestões

Songbook Beatles: *Beatles Complete*

Because (Balada Pop), *Blackbird* (Balada Pop), *Carry That Weight* (Pop), *Come Together* (Pop), *A Day In The Life* (Pop), *Day Tripper* (Pop), *Eleanor Rigby* (Pop), *The Fool On The Hill* (Pop), *Get Back* (Pop), *Girl* (Balada Pop), *A Hard Day's Night* (Pop Rock), *Help* (Pop Rock), *Here There And Everywhere* (Balada Pop), *Hey Jude* (Balada Pop), *I Want To Hold Your Hand* (Pop), *I'm So Tired* (Balada Pop), *Let It Be* (Balada Pop), *Lucy In The Sky With Diamonds* (Pop 3/4), *Michelle* (Balada Pop), *Norwegian Wood* (Pop 3/4), *Oh Darling* (Balada 12/8), *Penny Lane* (Marcha Inglesa), *She's Leaving Home* (Pop 3/4), *With A Little Help From My Friends* (Balada Pop), *Yellow Submarine* (Marcha Inglesa), *Yesterday* (Balada Pop), *You Won't See Me* (Pop Rock),

Real Book:

A Foggy Day (Swing), *A Night In Tunisia* (Swing), *All The Things You Are* (Swing), *As Time Goes By* (Balada jazzística), *Bewitched* (Swing), *Blue Monk* (Swing), *Bluesette* (Valsa jazzística), *But Beautiful* (Swing), *Days of Wine and Roses* (Balada jazzística), *Georgia* (Balada/Blues), *God Bless The Child* (Balada jazzística), *Green Dolphin Street* (Swing), *Hey There* (Swing), *Heaven* (Swing), *How High The Moon* (Swing), *I Love You* (Swing), *In A Sentimental Mood* (Balada jazzística), *Invitation* (Swing), *I Should Care* (Swing), *Just Friends* (Swing), *Just In Time* (Swing), *The Lady Is A Tramp* (Swing), *Like Someone In Love* (Balada jazzística), *Long Ago And Farway* (Balada jazzística), *Lullaby Of Birdland* (Swing), *My Foolish Heart* (Balada jazzística), *My Funny Valentine* (Balada jazzística), *My One And Only Love* (Balada jazzística), *My Romance* (Swing), *Night And Day* (Swing), *Round Midnight* (Balada jazzística), *Satin Doll* (Swing), *The Shadow Of Your Smile* (Balada jazzística ou Bossa Nova), *Someday My Prince Will Come* (Valsa jazzística), *Sophisticated Lady* (Balada jazzística), *Stella By Starlight* (Balada jazzística ou Swing), *Watch What Happens* (Bossa Nova).

Songbook Caetano Veloso vol. 1:

Avarandado (Canção Brasileira), *Como dois e dois* (Slow Rock), *De manhã* (Bossa Nova ou Samba), *Dom de iludir* (Samba-canção), *Eclipse oculto* (Pop), *Esse cara* (Canção Brasileira), *Irene* (Baião), *London, London* (Toada), *Menino do Rio* (Toada), *Lua de São Jorge* (Baião), *Meu bem, meu mal* (Samba-canção), *Não identificado* (Toada ou Rhythm & Blues), *Onde andarás* (Samba-canção), *Quero ir a Cuba* (Salsa), *Saudosismo* ((Toada ou Bossa Nova), *Tropicália* (Baião), *Vai levando* (Samba ou Bossa Nova), *Você é linda* (Toada).

Songbook Caetano Veloso vol. 2:

Atrás do trio elétrico (Marcha), *Baby* (Canção Brasileira), *Cajuína* (Xote), *Chuva, suor e cerveja* (Marcha), *Coração vagabundo* (Samba-canção), *Deixa sangrar* (Marcha), *Diamante verdadeiro* (Choro), *Festa imodesta* (Samba), *Luz do sol* (Canção Brasileira), *Lua,lua,lua,lua* (Toada), *Minha voz, minha vida* (Samba-canção), *Muito romântico* (Slow Rock), *Sampa* (Samba-canção), *Shy moon* (Canção Brasileira), *Surpresa* (Toada), *Tigresa* (Swing).

Songbook Bossa Nova vol. 1: (além das diversas músicas no estilo Bossa Nova, também podemos encontrar outros estilos):

Atrás da porta (Canção Brasileira), *Deixa* (Samba), *Esse mundo é meu* (Baião), *Demais* (Samba-canção), *Estrada do Sol* (Canção Brasileira), *Maria Ninguem* (Samba-canção), *Mais que nada* (Samba), *Preciso aprender a ser só* (Samba-canção), *Razão de viver* (Toada),

Songbook Bossa Nova vol. 2: (idem acima)

Ana Luiza (Samba-canção), *Bloco do eu sozinho* (Marcha), *Bye, bye Brasil* (Baião), *Canção do amanhecer* (Canção Brasileira), *Canção que morre no ar* (Canção Brasileira ou Samba-canção), *Eu e a brisa* (Samba-canção), *Eu não existo sem você* (Samba-canção), *Eu vim da Bahia* (Samba), *Fim de noite* (Samba-canção), *Foi a noite* (Samba-canção), *Ilusão à toa* (Samba-canção), *Lugar comum* (Toada), *Marcha da quarta-feira de cinzas* (Marcha), *Manhã de carnaval* (Samba-canção), *Minha* (Canção Brasileira), *O nosso olhar* (Canção Brasileira), *Por causa de você* (Samba-canção), *Seu encanto* (Valsa Swing), *Tetê* (Samba-canção).

Songbook Bossa Nova vol. 3: (idem acima)

A morte de um Deus de sal (Valsa Swing), *Até quem sabe* (Toada), *Borandá* (Baião), *Canto triste* (Canção Brasileira), *Chovendo na roseira* (Valsa Swing), *Disa* (Samba-canção), *Ligia* (Samba-canção), *Luiza* (Valsa Brasileira), *Maria do Maranhão* (Canção Brasileira), *Pelas ruas do Recife* (Marcha), *Praias desertas* (Canção Brasileira e Samba-canção), *Teresa da praia* (Samba-canção), *Upa neguinho* (Baião).

Songbook Bossa Nova vol. 4: (idem página anterior)

A paz (Toada), *Anos dourados* (Samba-canção), *Beijo partido* (Samba-canção), *Estrada branca* (Canção Brasileira), *Eu te amo* (Valsa Brasileira), *No cordão da saideira* (Marcha), *O cantador* (Toada), *Prá dizer adeus* (Canção Brasileira), *Sabiá* (Canção Brasileira), *Se todos fossem iguais a você* (Samba-canção), *Simples Carinho* (Samba-canção ou Toada), *Viola enluarada* (Toada),

Songbook Bossa Nova vol. 5: (idem página anterior)

Cansei de ilusões (Samba-canção), *Chegança* (Baião), *Derradeira primavera* (Canção Brasileira), *Duas contas* (Samba-canção), *Fotografia* (Samba-canção), *Modinha* (Canção Brasileira), *Onde está você* (Canção Brasileira), *Ponteio* (Baião).

Songbook Tom Jobim vol. 1:

A Felicidade (Bossa Nova), *Ana Luiza* (Samba-canção), *Brigas nunca mais* (Bossa Nova), *Caminhos cruzados* (Bossa Nova ou Samba-canção), *Demais* (Samba-canção), *Eu não existo sem você* (Samba-canção), *Eu te amo* (Valsa Brasileira), *Ligia* (Samba-cancão), *Luciana* (Valsa Swing), *O morro não tem vez* (Bossa Nova), *Luiza* (Valsa Brasileira), *Olha Maria* (Canção Brasileira), *Outra vez* (Bossa Nova), *Por toda a minha vida* (Samba-canção), *Retrato em branco e preto* (Bossa Nova), *Só em teus braços* (Bossa Nova), *Só tinha de ser com você* (Bossa Nova), *O nosso amor* (Samba).

Songbook Tom Jobim vol. 2:

Águas de março (Bossa Nova), *Discussão* (Bossa Nova), *Anos dourados* (Samba-canção), *Chega de saudade* (Bossa Nova), *Eu sei que vou te amar* (Samba-canção), *Modinha* (Canção Brasileira), *Samba de uma nota só* (Bossa Nova), *Triste* (Bossa Nova), *Wave* (Bossa Nova),

Songbook Tom Jobim vol. 3:

Água de beber (Bossa Nova), *Amor em paz* (Bossa Nova), *Andam dizendo* (Samba-canção), *Chovendo na roseira* (Valsa Swing), *Corcovado* (Bossa Nova), *Desafinado* (Bossa Nova), *Dindi* (Samba-canção), Foi a noite (Samba-canção), Garota de Ipanema (Bossa Nova), Insensatez (Bossa Nova), *Meditação* (Bossa Nova), *Passarim* (Bossa Nova), *Por causa de você* (Samba-canção), *Sabiá* (Canção Brasileira), *Samba do avião* (Bossa Nova).

Songbook Rita Lee:

Ando meio desligado (Pop), *Arrombou a festa* (Pop Rock), *Baila comigo* (Pop), *Cor-de-rosa-choque* (Pop), *Desculpe o auê* (Pop), *Doce vampiro* (Pop), *Lança perfume* (Pop), *Mania de você* (Pop), *Papai me empresta o carro* (Pop Rock), *Saúde* (Pop Rock), *Ovelha negra* (Pop), *Flagra* (Pop)

Songbook Cazuza:

Balada do Esplanada (Balada Pop), *Brasil* (Pop), *Bete Balanço* (Pop Rock), *Codinome Beija-flor* (Balada Pop), *Faz parte do meu show* (Bossa Nova), *O nosso amor a gente inventa* (Pop Rock), *O tempo não para* (Pop Rock), *Pro dia nascer feliz* (Pop Rock)

Songbook Carlos Lyra:

Coisa mais linda (Bossa Nova), *Influência do Jazz* (Bossa Nova), *Auto de São Jorge* (Baião), *Lobo bobo* (Bossa Nova), *Marcha da quarta-feira de cinzas* (Marcha-rancho), *Maria Moita* (Samba), *Maria ninguem* (Samba-canção), *Minha namorada* (Bossa Nova ou Samba-canção), *O negócio é amar* (Bossa Nova), *Pau de arara* (Baião), *Primavera* (Bossa Nova ou Samba-canção), *Sabe você* (Bossa Nova), *Samba do carioca* (Samba), *Saudade fez um samba* (Bossa Nova), *Se é tarde me perdoa* (Bossa Nova), *Você e eu* (Bossa Nova).

Songbook Vinicius de Moraes vol. 1:

A tonga da mironga (Samba), *Canto de Ossanha* (Samba), *Chora coração* (Canção Brasileira), *Formosa* (Samba), *Gente humilde* (Samba-canção), *Onde anda você* (Samba-canção), *Olha Maria* (Canção Brasileira), *Samba da rosa* (Samba), *Samba de Orly* (Samba), *Só danço Samba* (Samba), *Sei lá* (Samba), *Só por amor* (Bossa Nova), *Tempo feliz* (Bossa Nova ou Samba).

Songbook Vinicius de Moraes vol. 2:

Deixa (Samba), *A Felicidade* (Samba ou Bossa Nova), *Amor em paz* (Bossa Nova), *Bom dia tristeza* (Samba-canção), *Chega de saudade* (Bossa Nova), *Luciana* (Valsa Swing), *O astronauta* (Bossa Nova), *Samba da benção* (Bossa Nova), *Sem mais adeus* (Bossa Nova), *Tarde em Itapoã* (Bossa Nova ou Toada).

Songbook Vinicius de Moraes vol. 3:

Amei tanto (Samba), *Berimbau* (Samba), *Canção do amanhecer* (Canção Brasileira), *Canto triste* (Canção Brasileira), *Consolação* (Samba), *Lamento* (Choro ou Samba), *Lamento no morro* (Samba), *O morro não tem vez* (Samba), *Prá que chorar* (Bossa Nova ou Samba), *Regra três* (Samba), *Samba em preludio* (Samba ou Bossa Nova), *Tem dó* (Samba ou Bossa Nova), *Valsinha* (Valsa).

Songbook Dorival Caymmi vol. 1:

Acalanto (Canção Brasileira), *Doralice* (Samba), *Maracangalha* (Samba), *Lá vem a baiana* (Samba), *Modinha de Gabriela* (Cancão Brasileira e Samba), *Nunca mais* (Samba-canção), *Sábado em Copacabana* (Samba-canção), *Saudade da Bahia* (Samba).

Songbook Dorival Caymmi vol. 2:

Dois de fevereiro (Samba), *Dora* (Samba-canção), *João valentão* (Samba e Samba-canção), *Eu não tenho onde morar* (Samba), *Marina* (Samba-canção), *Morena do mar* (Samba), *Não tem solução* (Samba-canção), *Nem eu* (Samba-canção), *Oração de Mãe Menininha* (Toada), *O Samba da minha terra* (Samba), *Pescaria* (Baião), *Rosa morena* (Samba), *Saudade de Itapoã* (Canção Brasileira), *Só louco* (Samba-canção), *Você já foi à Bahia* (Samba), *Você não sabe amar* (Samba-canção).

Songbook Noel Rosa:

A-e-i-o-u (Marcha), *O orvalho vem caindo* (Samba), *Pastorinhas* (Marcha-rancho), , *Conversa de botequim* (Samba), *Feitiço da Vila* (Samba), *Feitio de oração* (Samba), *Com que roupa* (Samba), *Fita amarela* (Samba), *Palpite infeliz* (Samba), *Pierrot apaixonado* (Marcha).

Songbook Gilberto Gil:

Amor até o fim (Samba), *Anda com fé* (Afoxé), *Aquele abraço* (Samba), *Aqui e agora* (Balada Pop), *Copo vazio* (Toada), *Deixar você* (Canção Brasileira), *Ela* (Samba), *Eu vim da Bahia* (Samba), *Drão* (Balada Pop), Esotérico (Reggae), Ladeira da preguiça (Samba), Lugar comum (Toada), Mancada (Samba), *Preciso aprender a só ser* (Canção Brasileira), *Procissão* (Baião), *Refazenda* (Baião), *Se eu quiser falar com Deus* (Balada Pop ou Slow Rock), *Realce* (Pop), *Toda menina baiana* (Afoxé), *Viramundo* (Baião).

Repertório Choro: (na dificuldade de se encontrar esse tipo de material sugerimos aqui alguns compositores com suas músicas naquele estilo):
Ernesto Nazareth: *Escorregando, Apanhei-te cavaquinho, Tenebroso, Não caio noutra, Nenê, Feitiço, Beija-flor, Odeon.*
Chiquinha Gonzaga: *Faceiro, Atraente, Satan, Angá, Corta-jaca.*
João Pernambuco: *Interrogando, Mimoso, Graúna, Choro em Sol, Dengoso, Sons de carrilhões.*
Pixinguinha: *Lamento, 1X0, Cuidado colega, Ingênuo, Cochichando, Segura êle, Ainda me recordo.*
K-ximbinho: *Katita, Sonoroso, Sempre, Eu quero é sossego, Ternura.*
Garoto: *Nosso Choro, Enigmático, Tristezas e um violão.*
Hermeto: *Chorinho prá êle, Sorrindo.*
Jacob do Bandolim: *Doce de côco, Noites cariocas, Assanhado,*
Waldir Azevedo: Brasileirinho, Carioquinha, Pedacinho do céu.
Antonio Adolfo: *J P Saudações, Cromático.*

Várias estrangeiras e nacionais:

Your Latest Trick (Pop), *Love OF My Life* (Pop), *Glory Of Love* (Pop), *Stars War* (Pop), *Over The Rainbow* (Balada), *Spending My Time* (Pop), *Memory* (Balada), *The Sound Of Silence* (Pop), *New York, New York* (Swing), *Unchainned Melody* (Balada Pop), *The Phantom of The Opera* (Pop), *Summertime* (Blues), *Blade Runner* (Pop), *Carruagens de Fogo* (Pop), *In The Mood* (Swing), *I Just Called To Say I Love You* (Pop), *Unforgetteable* (Swing), *Blowing In The Wind* (Pop), *Somewhere In Time* (Balada Pop), *Flashdance* (Pop), *Call Me* (Pop), *By The Time I Get To Phoenix* (Balada Pop), *Moon River* (Balada Pop), *Nos bailes da vida* (Pop Brasileiro), *Planeta Sonho* (Pop Brasileiro), *Lanterna dos Afogados* (Pop), *Maria, Maria* (Pop Brasileiro), *Canção da América* (Pop Brasileiro), *Gita* (Pop Brasileiro), *Metamorfose ambulante* (Pop Brasileiro), *As Rosas nãm falam* (Samba-canção), *Caçador de mim* (Pop Brasileiro),* ....

RELAÇÃO DAS OBRAS MUSICAIS POPULARES INSERIDAS NESTE LIVRO E RESPECTIVOS TITULARES

Caminhada: Antonio Adolfo e Tibério Gaspar

Influência do Jazz: Carlos Lyra

Sá Marina: Warner/Chappell Edições Musicais Ltda
Rua General Rabelo, 43 Rio de Janeiro / Brasil

Todo dia: Antonio Adolfo e Xico Chaves

Todos os direitos reservados

As músicas inseridas neste livro foram autorizadas graciosamente pelos autores e editoras por tratar-se de obra didática.

centro musical antonio adolfo ♪

Cursos livres e profissionalizantes

Rua Almirante Pereira Guimarães, 72 cob. 01/02
Leblon - Rio de Janeiro - RJ - Brasil
Cep: 22440-005
Fone: (21) 2274-8004 / 2294-3079
E-mail: cmaa@antonioadolfo.mus.br
www.antonioadolfo.mus.br